项目资助：

黑龙江省哲学社会科学研究规划年度项目"政治认同视域下红色文化融入大学生思想政治教育的生成逻辑与实践路径"（项目编号：23KSD129）

黑龙江省哲学社会科学研究规划年度项目"习近平现代化发展观的历史超越研究"（项目编号：19KSB003）

哈尔滨商业大学博士科研支持计划项目"地方红色文化资源助推党史学习及大中小学生思政一体化教育的生成逻辑与实践路径研究"（项目编号：22BQ87）

新时代大学生创新能力开发
与职业规划研究

周长胜　李春梅　著

中国商业出版社

图书在版编目（CIP）数据

新时代大学生创新能力开发与职业规划研究／周长胜，李春梅著. -- 北京：中国商业出版社，2024.1
ISBN 978-7-5208-2853-6

Ⅰ.①新… Ⅱ.①周… ②李… Ⅲ.①大学生-创造力-能力培养-研究②大学生-职业选择-研究 Ⅳ.①G305②G647.38

中国国家版本馆 CIP 数据核字（2023）第 235537 号

责任编辑：孔祥莉

中国商业出版社出版发行

（www.zgsycb.com　100053　北京广安门内报国寺 1 号）
总编室：010-63180647　编辑室：010-63180647
发行部：010-83120835/8286
新华书店经销
北京虎彩文化传播有限公司印刷

*

710 毫米×1000 毫米　16 开　20.5 印张　325 千字
2024 年 1 月第 1 版　2024 年 1 月第 1 次印刷
定价：58.00 元

* * * *
（如有印装质量问题可更换）

前　言

　　党的二十大报告明确指出，教育、科技、人才是全面建设社会主义现代化强国的基础性、战略性支撑。必须坚持科技是第一生产力、人才是第一资源、创新是第一动力，深入实施科技兴国战略、人才强国战略、创新驱动战略，开辟发展新领域新赛道，不断塑造发展新动能新优势。这既是对社会主义新时代人才和创新的科学定位，指明了前进的方向，也为我们今后做好人才工作提出了新的要求。

　　创新驱动本质上是人才驱动，面对社会主义新时代的创新需求，我们必须深入实施科技兴国战略、人才强国战略、创新驱动发展战略，把人才资源开发放在最优先的位置，夯实创新发展的人才基础。高等院校学生创新素质的培养，是高等院校实施全面素质教育的核心内容，也是高等院校特色办学的关键。创新意识和创新能力是人的综合能力的外在表现，它是以深厚的文化底蕴、高度综合化的知识、个性化的思想和崇高的精神境界为基础的。创新意识和创新能力是大学生素质教育的核心，是大学生获取知识的关键。在创新意识和创新能力的指引下，大学生在毕业之后，可以利用各种有利条件，根据所从事的工作不断完善自身的知识和能力结构，更好地达到完善自我和适应社会的目的，从而为终身教育打下坚实基础。高等院校最重要的工作是培养学生，一方面，使学生通过学习形成一种有益于人类幸福、有利于个体全面发展的价值观，即人一生的道德遵循；另一方面，培养学生的创造力，即发现问题、分析问题、解决问题的能力。高等教育既是提高一个人综合素养的主渠道，也是提升一个人职业竞争力的重要途径。当今社会，大学生择业的机会很多，就业压力也很大。"政府高校设市场、用人单位找市场、学生择业进市场"已经成为大学生就业的基本趋势。大学生的就业与其说是社会需求的问题，不如说是成才理念和就业观念的问题。因此，我们既要研究大学生就业市场，也要提高就业技巧，更要在创新驱动下转变成才与就业理念。

本书将"创新能力开发""职业规划"两个热点问题结合起来，研究新时代背景下如何进行大学生创新能力开发和提升就业能力。其目的是引导大学生更好地认清两者的关系，在就业前谋划成长，在成长中思考就业，处理好就业与人生长远发展的关系。

本书出版得到黑龙江省哲学社会科学研究规划年度项目"政治认同视域下红色文化融入大学生思想政治教育的生成逻辑与实践路径"（项目编号：23KSD129），黑龙江省哲学社会科学研究规划年度项目"习近平现代化发展观的历史超越研究"（项目编号：19KSB003）和哈尔滨商业大学博士科研支持计划项目"地方红色文化资源助推党史学习及大中小学生思政一体化教育的生成逻辑与实践路径研究"（项目编号：22BQ87）的资助。

本书在写作过程中借鉴了有关专家学者的观点，参考了相关资料，在此表示感谢！由于作者水平有限，书中难免有疏漏和不妥之处，期待广大读者提出宝贵意见。

周长胜　李春梅

2023 年 9 月 13 日

目　录

第一章　创新内涵与意义

　　一部社会文明史，就是一部人类不断创新和创造的历史。人类对自身和客观事物的强烈兴趣和持续探究，不断推动人类与社会经济的发展。人类生生不息的创新精神是创造并不断改变世界的动力。在校大学生充满朝气，有梦想，有热情，有知识，是最具创新潜力的群体。大学生要树立超越前人成就的雄心壮志，要了解国家需要和社会需求，在创新创业中增长智慧才干，实现个人价值。

第一节　创新概述

一、创新基本内涵

　　"创新"一词最早见于《南史·后妃传上》，"据《春秋》，仲子非鲁惠公元嫡，尚得考别宫。今贵妃盖天秩之崇班，理应创新"。这里创新的意思为"创立或创造新的"。《现代汉语词典》对"创新"一词的基本释义是"抛开旧的，创造新的"。创新的英文单词 innovation 是一个起源于15世纪的古老词语，《韦氏大词典》将其解释为"引入新的东西和新的概念，制造变化"。作为一种理念、能力，创新既可以被认知，也可以被设计和实践。

（一）定义

创新是人类根据社会需求或自身实践需要，突破常规认识或已有观念，运用创造性思维，利用现有资源，改进或创造出新观念、新技术、新事物等的一种创造性实践行为。创新包含观点、思想、方法、技术、路径、物体、成效等的改变、更新与创造。只要在现有基础上开始改变、更新或创造，就走上了创新的道路。

（二）本质

本质上，创新是一种积极向上的人生态度、生活方式和对美好生活的不懈追求，是创新主体的创造性思维和群体智慧的结晶。创造性思维是一种开拓人类认识新领域、开创人类认识新成果的思维活动，群体智慧是一种共享的或者群体的智能。人类提出新假说、创建新理论、发明新事物、创造新技术等都是基于前人的认知成果或者集众人的智慧进行改变、更新与创造的实践成果。

（三）基本特征

1. 目的性

任何创新活动都有着明确目的，如个人目的（目标）、组织或群体目的（目标）。先有明确目的（目标），再根据目的（目标）进行构思、创意、创造性实践。创新的目的性贯穿于创新过程的始终，保证着创新的发展方向与效果。

2. 新颖性

新颖是指从未有过、独一无二。新颖性是创新的显著特征。创新是对现状的改变和超越，是突破已有观念、改进现有做法或者创造新的事物，包括但不限于方法、技术、元素、路径等。

3. 可行性

创新的内容具有可实现性，也就是能操作、能执行、能实现。创新需要根据实际条件确定方案，付诸行动。较复杂、重大的创新必须先进行可行性论证，证明可行后才能实施。可行性决定创新的科学性、合理性、可靠性以及实践价值。

4. 价值性

创新的成果能在一定程度上满足理想化需要或者社会需求，对社会具有一定的实用性、示范性、可推广性等有益效果。创新会给社会带来价值，个人、组织也能在创新中获益。

（四）不同视角下的创新含义

1. 经济学视角

美籍奥地利经济学家熊彼特（Joseph Alois Schumpeter）在其 1912 年出版的《经济发展理论》一书中首先提出创新理论。他认为，创新是建立一种新的"生产函数"，是把一种关于生产要素和生产条件的"新组合"引入生产体系，分技术性和非技术性两类。创新包括以下五种情况：开发新产品或研究出产品新特性的产品创新；采用新的生产方法的工艺创新；开辟新市场的市场创新；获得新的供给来源的资源开发利用创新；实行新的组织形式的体制和管理创新等。

经济领域的技术创新、组织创新、管理创新等是经济发展的本质规定。先有技术发明、后有技术创新，技术创新必须将技术发明应用到经济活动中，并创造出新的经济价值。企业家是经济领域创新的主要组织者和推动者，企业家的创新活动是经济体系从一种均衡走向另一种均衡的根源。

2. 科技视角

科技创新是将科学发现和技术发明应用到生产体系，创造新价值的过程，包括科研院所、高等院校科研工作者的发明与发现，经科学实验、研究而创造的新技术、新能源、新材料等。科技创新的判别标准是实现市场价值。如果没有实现市场价值，只能称为科技进步，而不是科技创新。在科学与技术日益融合背景下，科技创新越来越受到世界各国的重视。

科技创新是科学发现、技术发明与市场应用共同演进的产物。推进科技创新的关键主体是市场、政府以及市场和政府之外的第三方（指既没有纳入市场规范也没有纳入正式制度的非正式关系）。市场机制是推动科技创新的首要力量。科技创新在全面创新中具有引领作用，为经济社会发展提供关键动力。重大原始性科技创新及其引发的技术革命和进步是产业革命的源头。

3. 管理学视角

现代管理学开创者彼得·德鲁克（Peter F. Drucker）第一个将创新引入管理领域。他提出，凡是能够使现有资源的财富创造潜力发生改变的活动都是创新。在《创新与企业家精神》一书中，德鲁克探讨了应如何进行创新，提出七大创新机会，包括意外情况、实际和设想的不一致性、过程的需要、行业和市场结构的变化、人口状况的变化、观念和认识的变化、新知识和新技术。

管理实践创新与企业家精神是所有企业和机构有组织、有目的、系统化的工作，应成为社会、经济和组织维持生命活力的主要活动。管理领域的创新始于有意识地寻找机遇，不一定与技术有关，甚至根本就不需要是一个"实物"，关键是其能否为客户创造出新的价值。

4. 社会学视角

解决社会多样化、复杂化的问题，需要社会成员广泛参与，多主体、多要素相互作用，共同探索更大的发展空间和潜在价值。各种平台和组织能够发挥聚集创新要素的作用。在社会成员广泛参与中，传统的创新组织变得模糊，活动边界变得不确定，形式也更加多变和富有弹性。

社会创新形态具有开放性、跨界性、再组合性及临时性等特点，创新过程开放，创新主体多样，自下而上自主进行。每个人都可以成为社会创新的主体，但在很多情况下，创新成果是"集体智慧"的结晶。

（五）相关概念辨析

1. 创造与创新

创造是指将两个或两个以上概念或事物按一定方式联系起来，产生或者制造出以前没有的事物。创造是一种典型的人类自主行为，其最大特点是人类有意识地对世界进行探索性劳动。与创新相比，创造作为一种实践活动，必须以"第一"或"非重复"形式表现出来。从哲学意义上看，创造是人的最高本质体现，是人类有意识、有目的改造世界的一种具有普遍意义的活动，也是人类社会得以存在的前提和基础。而创新的外延相对更宽广，它泛指一切相对"新"的产生过程。二者本质上相通，区别见表 1-1。

表 1-1　创造与创新的区别

项目	创新	创造
含义	更多体现认识论和方法论层面的变革	体现基本思维层面的原创性

续表

项目	创新	创造
应用范围	更多地被应用于技术、制度、管理等具体的事物方面	主要体现在理论和思想的原创性，以及现实世界和万事万物的原创性方面
思维差异	兼有继承和发展双重因素，是逻辑过程的连续性和非连续性的统一	体现人类思维的跳跃，体现逻辑过程的中断和非连续性
形成机理	对事物或理论的修正、补充、完善以及推陈出新，使其日趋完美	理论从无到有或完成事物的过程

2. 发明与创新

发明与"工艺"和"技术"相关联，是指通过思维或实验过程，首次为一项科学或技术难题提出创新性的技术解决方案。《中华人民共和国专利法（2020 修正）》将发明界定为对产品、方法或者其改进所提出的新技术方案。发明有基本发明和改进发明两种类型。综合运用各种科学原理而进行新的发明属于基本发明；改进发明是对已有产品或方法提出实质性改革的新技术方案，以提高其使用效率，或使之具有某种新用途。如"刳木为舟"，将大木头中间挖空而制成独木舟，属于基本发明；"刻木为桨"，将木头削成桨用来推进舟的行驶，则属于改进发明。

发明是创新，但创新不一定是发明。发明具有独创性、首创性、新颖性和实用性。发明是创造新事物的过程和结果，发明物在被发明出来之前，客观上是不存在的。发明过程既有继承又有创造。

3. 革新与创新

革新是人们改变原有观念、制度、习俗或者生产、生活方式的行为与过程。革新是革旧创新的行为或过程，革新通常是在已有基础上进行更新、变革，做出新改造。例如，人们根据需要对原有的生产技术不断进行革新，以满足新的发展需要。

与创新相比，革新以核心特质为基础，创新以核心竞争力为目的；革新在于不断精进，创新在于不断发展；革新追求精益求精，创新追求奇思妙想。两者方向一致，路径不同。革新是改变已有的，创新还包括创造出没有的，这是两者的本质区别。

二、创新基本要素和类型

（一）基本要素

1. 创新主体

创新主体是指实际从事创新活动的人或社会组织。创新主体负责将创新成果付诸实施，并参与、管理创新的全过程。创新主体具备在一定创新环境下进行创新所需要的能力，具有对创新对象的选择权、创新过程的决策权，承担创新活动的责任风险，以及获取创新活动的收益。

2. 创新对象

创新对象是指创新活动所指向领域的具体事物，涉及政治、经济、社会、文化、科技等诸多领域，包括人类认识和实践活动中的一切事物。例如，哥白尼以天体的运行规律为研究对象，提出"日心说"，推翻了长期居于统治地位的"地心说"，实现了天文学的根本变革，是对天体运行规律研究的理论创新。

3. 创新过程

无论哪一种创新活动，也无论其规模大小，创新过程一般都必须经过准备、酝酿、启发和检验四个时期。准备期是发现并提出有意义、有价值的问题；酝酿期是让"无意识的大脑活动"继续发散思维；启发期又称顿悟期或灵感期，是指经过长期专注于某一对象进行反复思考，突发灵感，有所发现或新感悟；检验期则需要对创意进行仔细研究和验证。

4. 创新环境

创新环境是指创新主体在创新活动中所处的环境条件。创新环境对主体的创新效率和效果会产生重要影响。创新环境既包括实体和刚性的硬环境，也包括非实体和非刚性的软环境。例如，在科学研究活动中，科研设施、科研经费和管理体制等属于实体和刚性的硬环境，而科研传统、人文环境、研究氛围等则属于非实体和非刚性的软环境。

（二）创新聚类

1. 聚类的含义

聚类是人类的一种探索性行为，是将物理或抽象对象的集合分组为由类似对象组成的多个类或者簇的过程。聚类后的同一个类（簇）中的对象有很大的相似性，而不同类（簇）间的对象有很大的相异性。聚类结果可解释、可理解和可利用。

聚类方法有系统聚类法、动态聚类法、图论聚类法等。系统聚类法是把每个分析对象作为一类，按类间距离不断聚合，最后把一切子类聚合到一个大类；动态聚类法是先预分类，然后逐步调整，直到分类比较合理为止；图论聚类法是建立与问题相适应的图，图的节点对应于被分析数据的最小单元，图的边或弧对应于最小数据之间的相似性度量的方法。

对于同一组分析对象，由于研究者应用目标不同，选择不同的聚类方法，会得出不同的聚类分析结果。

2. 常见的创新聚类

（1）模仿式创新

模仿式创新是指通过模仿而进行的创新活动，包括完全模仿和先模仿再创新两种类型。模仿创新具有积极跟随的特点，往往是基于已有制度模式、商业模式、产品技术等进行本土化或复制改进。在我国互联网科技发展初期，国外互联网科技创新成功的案例往往会直接复制到我国。而近几年，对国外成功案例进行本土化改造的趋势逐渐加强，不再仅是简单的复制，而是对其加以改进，来适应我国的市场环境。依靠模仿式创新取得成功的典型案例不胜枚举。

以淘宝为例，其最初的模仿对象"eBay"是一个全球线上购物网站，而淘宝则是中国本土网购平台。作为市场的后来进入者，淘宝首先向"eBay"学习，支付宝来源于"eBay"的PayPal，评价体系也参照"eBay"评价体系，继而创新推出"淘宝旺旺"这个保障售前售后的聊天工具。由模仿开始到创新超越，淘宝设计并推出更加符合国内用户在线交易习惯的功能，迅速占领国内电商市场的半壁江山，进而改变游戏规则，确立自己的行业地位。可以说，淘宝是典型的模仿式创新案例。

（2）微创新

微创新是指在模仿他人的模式、产品、技术之后，发现其中需要调整之处，进而产生微小的创新。微创新通常是在原有项目上增加一些功能，减少一些冗余。例如，21世纪初杀毒软件盛行，各软件公司纷纷效仿，同质化现象严重,且"流氓软件"成为用户使用的一大痛点。当时已创办网站的周鸿祎迅速调整市场策略,免费为用户提供杀毒和流氓软件清理服务,小小的改动给用户带来新的体验。很多公司无法立刻适应这种免费模式的转型,周鸿祎在短时间内积累了大量的用户,成为微创新创造价值的典范。

(3)自主创新

自主创新是相对于技术引进、模仿而言的一种创造活动,是在拥有自主知识产权的独特核心技术基础上实现新产品价值的过程。自主创新包括原始创新、集成创新和引进技术再创新。自主创新的成果一般体现为新的科学发现及拥有自主知识产权的技术、产品、品牌等。原始创新是指前所未有的重大科学发现、技术发明、原理性主导技术等创新成果,原始创新是最根本的创新,是最能体现智慧的创新,是一个民族对人类文明进步做出贡献的重要体现。

3. 创新聚类的意义

创新不具有同一性,需要将不同种类的创新进行聚类。通过对每一聚类创新进行集中分析,可以更有效地了解创新、学习创新、实践创新。将创新聚类成模仿式创新、微创新、自主创新,对大学生的具体价值体现在以下几个方面。

(1)进一步升华对创新的认识

创新的方式并不唯一,自主创新难度系数相对较大,但模仿式创新、微创新难度系数相对较小。将创新分三步走,从模仿式创新到微创新,再到自主创新,可以逐步提升创新层次。

(2)有助于创新者调整思维方式,创新可以先易后难

刚涉足创新的人不妨从模仿式创新、微创新开始,通过借鉴、模仿、迁移、微小的改进,逐步实施创新行动。

(3)使创新者有意识地去培养创新技能

模仿式创新的关键在于找到模仿对象与被模仿对象之间的联结点。联结是把不相关的某些事物关联起来,通过整合产生新的事物。掌握联结技能就找到了最简单的模仿式创新的方法。

(4)指导科学研究创新,为促进创新成果的产生提供基础

自主创新需要运用科学方法、发扬攻关精神。科学研究创新是自主创

新，没有捷径可走，需要按照正确的科研方法十年磨一剑，潜心积累。

（5）指导创新设计和实践，创造社会价值

模仿式创新、微创新、自主创新的共同之处在于解决现实问题。因此，有了创新意愿后，对创新项目的选择、创新目标的设计和创新过程的安排必须基于现实需要进行创新设计和实践。

（三）创新类型

创新都是具体的。为了分析创新特征的需要，依据表现形式、创新领域、创新主体、创新方式、创新层次等不同，可将创新分为不同类型，如表1-2所示。每种创新类型之间并不能截然分开，如知识创新、技术创新、管理创新三者相互促进，密不可分。知识创新为技术创新和管理创新奠定基础；技术创新在促进管理创新的同时为知识创新提供机会；管理创新在两者基础上进行，可以有效激发组织创新热情，从而促进知识创新和技术创新。三个方面的创新交互作用、互相促进，共同推动人类社会不断发展与进步。

表1-2　创新的分类

标准	创新类型
表现形式	知识创新、技术创新、服务创新、制度创新、组织创新、管理创新等
创新领域	文化创新、教育创新、工业创新、农业创新、国防创新、社会创新等
创新主体	政府创新、企业创新、大学创新、科研机构创新、团队创新、个体创新等
创新方式	独立创新、合作创新、自主创新等
创新层次	微创新、渐进性创新、突破性创新、颠覆性创新等

三、创新内外条件

（一）内驱力

内驱力是指在创新主体需要基础上产生的一种内部推动力，是一种内部刺激。创新主体会产生各种需要，当需要没有得到满足时，创新主体会产生内驱力，内驱力引起反应，反应导致需要的满足。创新主体进行创新活动的内在动力因素是需要、利益、价值和理想，创新的内驱力主要有以下几个方面。

1. 好奇心

好奇心是指对未知事物感到新奇和兴趣。心理学研究表明，好奇心可被未知激发产生，它是人类行为的基本动机之一，是一种探索动机、进取动力。好奇心是求知和创新的原动力，在好奇心的驱动下，人们会保持探索和尝试的激情，创新的可能性和可实现性就会增加。

2. 质疑精神

质疑就是心有所疑，提出问题，以求解答。敢于质疑，就是面对权威、权贵和经典，也能发现疑点，提出自己不同的见解。创新必须从怀疑前人所不疑开始。敢于质疑是创新的源泉和起点，而创新是质疑的目的和落脚点。在创新实践活动中，首先要运用批判性思维去发现问题，进行独立思考和分析问题，并做出自己的判断。

3. 冒险精神

冒险精神就是追求成功又不怕失败，勇于创新又敢于承担可能失败的风险的精神。创新面对的是不确定性因素，不确定性是指并不知道未来事件发展的状态，因此，创新本身就是冒险，需要具备冒险精神。这种冒险不是蛮干，而是富于理性的探索，是需要和科学精神相统一的冒险。

4. 想象力

想象力是人在头脑中设想出一个新形象、画面、念头、思想的能力，一般在掌握一定知识面的基础上展开。想象能够赋予思维一定的超越性，不但能引导人们发现新事物，而且还能激发创造新形象、新艺术、新文化等。一切创新活动都需要想象力。

5. 成就感

成就感是成功者为所取得的成就而产生的一种心理满足感。许多创新主体进行创新的直接动机就是追求成就和成就感，因为他们把自己的成就看得比其他一切更重要。对这些人来说，创新工作取得的成功未必给他们带来多少经济利益，却能为其带来自信与尊重，从中得到的乐趣和心理满足，胜过物质激励。

6. 责任心

责任心是创新主体另一个重要的创新动机，因为创新主体在其工作范围内是一个责任人，他要对所做的工作或思想、行为负责。只有具备高度责任心的人才会寻找当前工作中的毛病或缺陷，从中找到改进和提高的方向，进行创新，使自己的工作做得更好、更有成效。责任心会使创新主体在思想意识中产生一种使命意识，促使他们坚持不懈地努力，最终获得创新成功。

（二）外部条件

纵观古今中外各个主要历史时期，创新繁荣需要以下几个外部条件。

1. 相对开放自由的思想氛围

历史上思想文化繁荣的时期也是科学技术快速发展、社会激烈变革的时代，如中国的春秋战国时期，欧洲的古希腊罗马时期、文艺复兴时期、宗教改革时期、启蒙运动时期等。相比之下，神学禁锢的中世纪，思想的镣铐限制了思维的发展，鲜有人敢于闯入神学的"禁区"，即使产生了新的想法，大多也不敢公之于众，否则，有可能被判作"异端"引火烧身。当今世界，绝大多数的创新也多发生在思想自由、文化开放的国家，这些国家因为创新而成为在科技、经济、文化等方面先进的国家。

2. 较高的社会整体受教育水平

教育是人类社会的一种基本活动，是人的基本权利。教育能够使人摆脱愚昧无知，开阔眼界，并让人意识到知识、能力和创新的重要性。教育是创新生成的基础，对创新有良好的催化作用。教育水平的高低决定人才培养的数量和质量，社会整体的受教育水平的提高有利于构建尊重知识、鼓励创新的社会环境。我国非常重视社会整体受教育水平，2019 年 2 月，中共中央、国务院印发的《中国教育现代化 2035》明确提出，到 2020 年，劳动年龄人口平均受教育年限明显增加；到 2035 年，迈入教育强国行列，成为学习大国、人力资源强国和人才强国。

3. 较强的创新需求

随着人类社会的发展，创新日益显示出它的重要性。近代以来，以劳动力、资源和资本投入为主的发展模式逐渐显现弊端与局限，三次技术革命的兴起与发展，以及由此引发的深层次社会变革，可以印证创新在相应时期的社会需求、作用显现。进入21世纪，为了破解资源、环境瓶颈对发展的制约，创新解决社会问题的潜力进一步凸显，不仅成为世界各国在激烈竞争中获胜的关键筹码，而且成为人类社会能否继续健康发展的重要助推器。在新时代背景下，必须牢固树立和贯彻落实新发展理念，确保全面建成小康社会。坚持创新发展，必须把创新摆在国家发展全局的核心位置，不断推进理论创新、制度创新、科技创新、文化创新等各方面创新，让创新在全社会蔚然成风。

第二节　创新价值与意义

一、引领发展的第一动力

（一）科技创新引领经济社会全面进步

科技创新开启了人类生存方式、生产方式和生活方式的变革，决定了社会的物质财富、精神面貌和发展方向。在每一轮的科技革命和产业变革孕育兴起之后，变革突破的能量就会不断积累，就将带来一次历史性跨越，不仅能够破解人类发展难题，而且将厚植发展优势，引领经济社会发展全局的深刻变革。科技创新及其引发的技术革命和进步成为产业革命的源头。第一次工业革命的技术标志是珍妮纺纱机的发明和蒸汽机的使用；第二次工业革命是电力和内燃机的广泛应用；第三次工业革命以原子能、电子计算机、空间技术和生物工程的发明和应用为主要标志。进入21世纪以来，人类进入了第四次工业革命时代，这场革命伴随着人工智能、机器人、物联网、无人驾驶交通工具、3D打印、纳米技术、生物技术、材料科学、能源储存、量子计算等诸多领域的快速发展。

目前，中国科技创新进入了新阶段、站上了新平台。发挥科技创新在全面创新中的引领作用，需要更多地依靠创新驱动引领发展。一是完善国家创新体系，包括创新网络和创新制度；二是健全科技立法体系；三是完善资本市场环境；四是保证研发投入；五是重视本国国民教育和对别国优秀人才的引进；六是积极推动企业增强创新能力。

（二）人文创新不断激发社会的创造潜能

人文创新在观念、制度、伦理、价值观等多个层面体现价值，并对科技创新起着促进、催化和导向作用。人文作为人类的一种文化基因，一种朴素的习惯和意识，为更广泛的人群共同拥有，并成为稳定的价值观和规范，始于人类文明开始传播之后。人类文明的传承和发展，靠的是一代代人将自己的探索、思考和发现传递下去，后人在前人的基础上进行突破和创新。

中国先秦时期，儒、道、法、墨等各家学派荟萃，各种新观点、新思想层出不穷，不仅直接带来了秦汉农业文明的成熟，而且迎来中国古代科技创新的繁荣期。近代以来，语言学家周有光用汉语拼音方案作为全世界拼写汉语的唯一标准，架起了一座现代的文化桥梁，也方便了中国文化走向世界。改革开放以来，中国取得一切成绩和进步的根本原因之一，就是发展了中国特色社会主义文化。作为中国特色社会主义的重要组成部分，中国特色社会主义文化是激励各族人民奋勇前进的强大精神力量。

（三）社会治理创新推动基层实践的深入开展

社会治理是为了更好地凝聚社会共识、优化社会秩序、推动社会发展、促进社会和谐。社会治理创新是指依据政治、经济和社会发展态势，对传统治理模式及相应的治理方式和方法进行改造、改进和改革，包含社会治理体制、基层社会治理、公民参与、社会服务、风险管理、网络舆情管理、社会组织的发展与管理等的创新。社会治理的创新与发展是适应时代变革需要、推动社会公平正义、确保社会持续稳定和实现社会和谐发展的重要途径。

养老服务是中国社会治理与创新的重要组成部分。随着经济社会发展水平的不断提高和人口老龄化程度的逐步扩大，养老问题逐渐被提到各级政府社会治理和民生工程的能力建设的重要高度。我国政府先后发布了一系列加快养老服务业发展和提高养老服务质量的文件，基层社会治理的动力只能"从改革中来，从调整中来，从创新中来"。在探索具有地方特色的养老服务举措方面，各级地方政府积极尝试：一是整合行政管理部门的养老服务资源；二是拓展养老服务的供给主体，养老服务不仅仅依靠家庭、社会组织，还发挥民营养老机构与志愿者的互助合作作用；三是探索跨区域养老新模式等。

二、价值创造与实现源泉

（一）创新是企业发展的生命线

创新对于企业的生存与持续发展意义重大。互联网时代的企业创新包括很多方面。例如，战略创新使企业适应产业组织变革，获得持续竞争优势；商业模式创新使企业在与利益相关者交易与合作变化带来的新规则中，寻找到新的竞争优势；组织创新使企业进行层级制组织模式的变革，形成自组织、平台组织等新的组织优势。

由于缺乏创新而被市场无情抛弃的企业不胜枚举。例如，诺基亚公司有150多年历史。20世纪90年代，随着通信技术的成熟，移动电话的需求日益增大，人们开始注重对其性能和外观设计的追求。诺基亚公司准确地把握市场需求及消费者意愿，不断开发出个性化产品，一度成为移动通信企业的全球领先者。而在随后的发展中，诺基亚公司拒绝使用开放式操作系统，缺乏有效的创新措施，2012年诺基亚手机帝国倾覆。

（二）创新是个人事业成功的关键

创新作为一种创造性劳动，对于成就个人事业同样是原动力，具有重要的价值。所谓事业，是指人们所从事的，具有一定目标、规模和系统的，对社会发展有影响的经常性活动。事业是解决人的最高层次需求——社会认可和真正实现自我价值的重要途径。一个人可以终其一生为自己的事业而坚持不懈地努力，不管前路多艰，也不管生活多难。很多人常说要拥有自己的事业，但并非人人都能实现自己的事业梦想。

具有创新精神、品格、技术和能力的人，往往更容易成就自己的一番事业。孟加拉国人穆罕默德·尤努斯（Muhammad Yunus）对传统银行规则进行彻底颠覆，创办了格莱珉乡村银行。项目实施后，借款者的生活和收入都得到了明显的改善。这一无抵押小额信贷模式先后在世界许多国家得到成功复制，并探索出类似的成功经验。因为"从社会底层推动经济与社会发展的努力"，他获得了2006年度诺贝尔和平奖，享年66岁。

三、人的生存与发展需要

（一）职业选择面临新挑战

1. 人工智能技术迅猛发展

人工智能（Artificial Intelligence），英文缩写为 AI。它以机器学习，特别是深度学习为核心，在视觉、语音、自然语言等应用领域迅速发展，已经开始引发诸多领域产生颠覆性变革。人工智能技术带来的产业浪潮将不可避免。

近年来，人工智能成为国家之间竞争的关键赛场。世界各国关注和推进人工智能领域研究，围绕人工智能发展制定相应的国家战略和政策。美国白宫接连发布数个人工智能政府报告，将人工智能发展上升到国家战略层面。英国、欧盟、日本等纷纷发布人工智能相关战略、行动计划，着力构筑人工智能先发优势。我国高度重视人工智能产业发展，坚持人工智能研发攻关、产品应用和产业培育"三位一体"推进，强化人工智能对科技经济、社会发展和国家安全的全面支撑。世界主要经济体的人工智能重点研发和应用领域如表 1-3 所示。

表 1-3 国际人工智能重点研发和应用领域

国家	重点研发领域	重点应用领域
美国	自主、无人系统；国土安全；军事国防；医疗	脸部识别；可穿戴警报系统；医疗影像
德国	人机交互；网络物理系统；云计算；计算机识别；智能服务；数字网络；微电子；大数据；网络安全；高性能计算	智能交通（陆海空）；健康护理；农业；生态经济；能源；数字社会
英国	中央处理器（CPU）；身份识别	水下机器人；海域工程；农业；太空宇航；矿产采集
法国	超级计算机	生态经济；性别平等；电子政府；医疗护理

续表

国家	重点研发领域	重点应用领域
日本	机器人；脑信息通信；声音识别；语言翻译；社会知识解析；创新型网络建设；大数据分析等	生产自动化；物联网；医疗健康及护理；自动驾驶
中国	关键共性技术体系"1+N"计划；人工智能前沿领域交叉学科研究和自由探索	智能制造；智能农业；智能物流；智能金融；智能家居；智能医疗；环境保护；海洋空间探索

人工智能的发展，给大学生就业带来机遇和挑战。2020 年疫情影响下中国人工智能核心产业明显扩张，报告显示，2020 年，我国人工智能产业规模为 3031 亿元人民币，同比增长 15%，增速略高于全球增速。"十三五"期间，人工智能行业产业规模不断壮大，发展速度明显提高。未来有望发展为全球最大的人工智能市场。后疫情时代，在"十四五"五年规划期内人工智能行业市场规模有望迎来高速发展时期。我国人工智能相关企业的注册量从 2020 年起开始爆发，当年共注册了 17.2 万家企业；2021 年上半年，相关企业注册量已达到 15.3 万家；我国人工智能相关企业共有 43.9 万家。人工智能是新形势下数字经济的重要基础设施，具备同各行各业结合的能力，越来越多的行业和领域都在进行不同层次的智能化升级。新人工智能时代将是泛智能时代，覆盖的范围也远远不止传统理解中的互联网和科技行业，将给全社会带来生产力和连接度的飞跃。在产业政策支持下，市场立法逐渐健全，未来中国人工智能市场规模将高速增长，到 2025 年将突破 3000 亿元人民币。当前，全球 AI 市场规模正在快速扩大，预计到 2025 年将达到 1.9 万亿美元。这一市场的增长主要源于 AI 技术的应用范围不断扩大，包括自动驾驶、智能家居、医疗保健、金融服务、教育、工业制造等众多领域。作为全球最大的人工智能应用市场，中国人工智能技术落地迅速，已经广泛应用于多个行业和场景。未来，随着技术的不断进步和应用场景的不断拓展，人工智能行业的前景将会更加广阔，也将会带来更多的商机和发展机会。

2. 人类职业安全受到威胁

人工智能时代的到来，给人类的生存和发展不仅带来机遇，而且带来挑战。据国外媒体报道，德国大众汽车集团在汽车制造生产线中，工业机器人已经占生产员工总数量的40%；日本的 Henna 酒店已经实现了全机器人服务。科学技术将又一次代替部分人或人的一部分。对于重复性、高强度体力劳动可能被人工智能替代不难理解。一些所谓的专业性较强的职业如医生、律师、会计师等似乎也岌岌可危。从历史上看，随着技术更新，人类的新旧职业更迭是历史的必然。20世纪，机器证明它可以取代人的臂力。21世纪，科技证明智能机器可以比人的左脑表现得更好，可以比人类更好、更快、更准确地完成排序、信息搜索、计算等工作。在高频率、高容量的工作任务上，人类不可能和人工智能相匹敌，因为机器人的强项是按照设定的程序一丝不苟地完成，擅长领域是重复、高效、规格、精确、搜寻……新一轮自动化的结果将深刻改变人机协作方式，完全或者部分地替代人类。

3. 部分职业前景不容乐观

加强对社会职业需求的分析和预测，了解社会需求情况是成功择业并就业的关键。2017年10月，英国广播公司（British Broadcasting Corporation, BBC）基于剑桥大学研究者迈克尔·奥斯本（Michael Osborne）和卡尔·弗雷（Carl Frey）的数据体系，分析了365种职业在未来的"被淘汰概率"。部分具体职业的前景展望如表1-4所示。

表1-4　BBC 关于部分职业的前景预测

12 种最难被淘汰的职业及被淘汰概率		12 种最易被淘汰的职业及被淘汰概率	
职业	被淘汰概率	职业	被淘汰概率
电话推销员	99.00%	程序员	8.50%
打字员	98.50%	记者	8.40%
会计	97.60%	保姆	8.00%
保险业务员	97.00%	健身教练	7.50%
银行职员	96.80%	艺术家	3.80%
政府职员	96.80%	律师、法官	3.50%

续表

12种最难被淘汰的职业及被淘汰概率		12种最易被淘汰的职业及被淘汰概率	
职业	被淘汰概率	职业	被淘汰概率
接线员	96.50%	牙医、理疗师	2.10%
前台接待	95.60%	建筑师	1.80%
客户服务	91.00%	公关员	1.40%
人力资源管理师	89.70%	心理医生	0.70%
保安	89.30%	教师	0.40%
房地产经纪人	86.00%	酒店管理者	0.40%

虽然说 BBC 分析的仅仅是这些职业在英国的前景,所基于的也是英国本土的数据,但不同类型的职业具有一些共性特征,如表1-5所示。

表1-5 不同类型职业的共性特征

职业类型	职业特征
被机器人取代可能性大的职业	无须天赋,职业技能经由训练即可掌握;大量重复性劳动;工作中配合少,靠个体就能完成
被机器人取代可能性小的职业	需要人际交往技能;需要洞察和根据具体情景做出反应的能力;需要创新和审美

(二) 职业发展有了新要求

1. 社会亟须创新

进入新时代,科学、技术与社会一体化使得经济、技术和社会的内部联系日益密切。过去的序列变化(如利率上升则消费下降)正在转变为快速变化和系统性变化的全新格局。

全球化背景下的国际竞争进一步加剧,创新要素开放性流动显著增强。全球范围内的创新活动呈现三方面趋势:一是提供新型的核心技术、新产品和新服务;二是加强经济、技术和社会体系的密切协作;三是在更大的环境中,创新出可靠的组织结构,满足复杂系统创新的需求。

随着全球竞争和多方面的变化，创新成了当今时代经济、社会、文化领域最紧迫的任务。经济、社会、文化领域对创新的要求越来越高，主要表现特征如表1-6所示。

表1-6 传统创新和现代、未来创新比较

项目 ＼ 类型	传统创新	现代和未来的创新
创新要素	孤立、分散状态	汇聚、融合方向
创新类型关联程度	知识创新、技术创新、产品创新处于分割状态	向联合、贯通方向转变
特点	个体、封闭方式	流动、开放方式
复杂性程度	相对不高	越来越复杂
综合程度	相对较低	越来越高

2. 职场环境需要突破常规思维的局限

职场环境与学校学习环境的区别在于：职场环境特别需要人们面向问题、解决问题；而学习环境对此要求不高。解决问题的方式分为创造性解决问题和常规思维解决问题两种。创造性解决问题必须运用创新思维，面向未来，分析发展瓶颈，提出解决问题的新观念、新思路、新办法；常规思维解决问题往往表现为面对现状、发现问题、提出解决方案，这一解决问题的方式存在一定的局限，如表1-7所示。

表1-7 常规思维解决问题的局限

认知类型	主要症状	局限
传统管理团队的神话	为维护表面团结，努力消除意见不合，避免严重分歧，以能接受的妥协代替集体决策	无法集思广益
	不愿涉足没有把握或根本不懂的问题，自我保护，避免暴露自己的无知	阻止进一步尝试探索

续表

认知类型	主要症状	局限
我就是我的职位	把个体责任限定在职位界限之内，对职位间关联性认识不足	不能进行系统思考
掌控的幻觉	没有找到并开始纠正核心问题，就积极主动试图解决问题，意识不到自己是问题的始作俑者之一	属于被动反应的另一种表现
执着于事件	认为生命可拆分为一系列独立的事件，每一个事件有一个显而易见的起因，个体思维被短期事件主导	就事论事，被动回应

3. 创新人格具有发展优势

人格泛指一个人具有一定倾向性的心理特征的总和。研究表明，创新不仅需要能力的开发，也需要特质的培养。创新人格是有利于创新活动顺利开展的个性特质。创新人格的发展优势主要表现在以下几个方面。

（1）强烈的好奇心与创造动机

好奇心驱使的创造动机是激发人们从事创新的内部动力，它直接影响人们对创新活动的期待、对创新结果的评价，并进一步影响人们从事创造性活动的积极性。

（2）坚忍不拔的创新意志

意志是人们在社会实践中坚持不懈的一种坚定毅力，是创新主体最可贵的品质，创新活动中存在巨大的障碍和困难，意志力就是继续克服困难、勇往直前的推动力。

（3）敢于冒险的精神

任何一种创新活动都需要突破，承担风险成为创新活动必然要考虑的因素。不冒风险，不大胆挑战，不勇于试错，不可能有创新。

（4）善于创造性思维与合作

创造性思维不仅能揭示事物的本质和规律，而且能够产生新颖的思维成果。合作是降低创新风险、获取外部支持和提升创新能力的重要途径。

作为创新个体相对稳定的心理素质，创新人格所表现出的好奇心、独立思考的能力、坚韧不拔的毅力、自我控制的意志、包容、合作等都是进行创新活动不可或缺的要素。离开自信与进取、独立思考与自制自控，缺乏积极向上、不断进取的学习和创新心态，不可能形成个体的创新能力。

（三）人才评价突出创新性

人才评价是特定主体为了特定目的对人才个体和群体的评估，由评价主题、评价目的、评价标准、评价规则、评价方式或方法等要素构成，是复杂的行为过程和管理体系。在人才管理中，人才评价成为人才识别、引进、培养、配置、激励等管理行为的有机组成部分。人才评价不仅是实现人才管理功能的手段或工具，而且从根本上决定其他管理行为的价值或有效性，决定管理战略和目标的实现程度。调整人才评价的价值导向，不以成败论英雄，不以单一标准论人才，才能让人才评价更加科学，更加符合市场规律，更加适应创新驱动发展的时代要求。人才是指具有一定的专业知识或专门技能、进行创造性劳动，并对社会能作出贡献的人。具有一定的专业知识或专门技能是一个人成为人才的基础；进行创造性劳动是一个人成为人才最显著的标志；对社会作出贡献是一个人成为人才的集中体现。人才所具有的知识结构、能力结构、个性品质，使其成为人力资源中能力和素质较高的劳动者。衡量一个人到底是不是人才，是哪一层次的人才，有相对客观的标准。人才有多种分类方法。国际上普遍将人才分为学术型人才、工程型人才、技术型人才、技能型人才四类；按照知识技能的专精和广博程度，分为专门人才、复合型人才；按照年龄段，可分为离退休人才、中老年人才、中青年人才等。

1. 创新人才的特点

创新人才是与常规人才相对应的一种人才类型，是指具有创新的意识、精神、能力并能够取得创新成果的人才。常规人才是指常规思维占主导，习惯按常规方法处理问题的创新意识、精神、能力不强的人。

创新人才与通常所说的理论型人才、应用型人才、技艺型人才，是按照不同的划分标准而产生的不同分类。无论是理论型人才、应用型人才，还是技艺型人才，都需要有创造性才能成为创新人才。

创新人才和创造性人才同等重要，但又有所区别、有所侧重。从某方面来说，创新人才比创造性人才的要求更高、范围更广。创造性人才侧重指那些在自己的工作中，运用自己的创造力和丰富知识，取得具有新颖性、独创性、进步性成果的人。创新人才更强调人才的效益性和价值性，不仅指那些取得卓越成就的社会精英，也指能够提出问题和有效解决问题、有所突破和有所发展、创造新业绩或开创新局面的人才。

2. 创新人才的特征

（1）具有创新志向与特质

创新在未来会越来越需要、越来越迫切、越来越关键。创新曾经只属于精英，是少数人对人类发展作出的杰出贡献，但是在未来，创新会越来越成为对每一个人的要求。会创新、能创新逐渐成为组织和个人持续价值创造的源泉，成为判定一个人是否为人才的重要特征。

大学生立下坚定的创新志向的同时，还要努力开发创新人格，养成创新特质。创新特质不仅包括批判性思维、独立思考和独立判断，还应该在追求创新目标上坚持不懈，在实施创新构想上敢想敢为，在克服创新困难上永不言弃，在控制创新行为上理性自律。这些特质都为创新者整合资源、学习新知、适应环境，最终形成创新能力提供了坚实的基础。没有创新特质，人的创新潜能很难充分发挥。

（2）找到自己的创新入口

创新从哪里开始，没有定论，但至少包括循着对某件事情的热爱、解决现实需求的痛点、价值观的驱动等方向去探索。

个人热爱之事。古人云："知之者不如好之者，好之者不如乐之者。"兴趣对培养创新意识具有促进作用。将兴趣和事业相结合，将其创造性地转化为一种生产力，对于社会能产生一定的贡献。"中国近代工程之父"詹天佑，对机器十分感兴趣，幼时常和邻里孩子一起用泥土仿做各种机器模型，有时还偷偷把家里的自鸣钟拆开，并琢磨里面的构件。1888年，詹天佑大胆采用"压气沉箱法"进行横跨滦河的铁路桥桥墩的施工，解决了工程难题。1905年京张铁路正式开工，詹天佑创造性地运用"折返线"原理，在青龙桥地段设计了"人"字形线路，从而减少了隧道的开挖，降低了铁路坡度。

现实需求的痛点。想达成创新，实现个人价值，需要有一双洞悉生活的慧眼，去发现现实需求中的痛点，加以剖析分解，寻找创新点，运用现有资源，不断尝试和改进，最终实现创新。在许多国家，人们在处理废旧垃圾时，希望能将电子垃圾中有价值的部分重新利用，但是有较高的安全风险，因为电子产品有些器件本身就具有一定的危险性。哈佛大学的工程师雷切尔·费尔德（Rachel Field）开发了 Bicyclean 技术，研制出一种可以将有价值的电子产品从危险废物中提取出来的低成本的环保设备，提高了处理安全性。

价值观驱动。价值观是人们在做选择和判断时最为倚重的原则、标准。价值观不同，创新的动机也会有所不同。开一代山水画风的张大千，少时临摹前清著名画家石涛的作品，能以假乱真，但他并不满足于这些，他在对美感追求的驱动下，毅然放弃模仿，以无穷的勇气开创了自己的山水画法，震动了画坛。假如他没有勇气停止制造石涛赝品，没有勇气自己探索，那世上就多了一位平庸的画家，少了一位彪炳画史的巨匠。

（3）成为创新团队一员

创新复杂性日益增加，尽管少数具有高创新素质的个体能独立解决个别问题，但是不能独立胜任复杂的系统创新问题。复杂系统创新的困难在于以下几个方面：一是系统创新包括大量各种各样的问题，如技术、流程、市场和顾客需求、制度和政治问题。二是复杂系统经常出现反直觉的现象和结果，需要围绕系统可靠性、导入时机、成本及质量问题，实现期望的绩效。这些问题的解决通常要将个人和团队的才能发挥到极限。三是复杂系统很难优化。系统动力学的定律可以优化整个系统或者每个子系统，但不能两者都实现优化。最优化的系统创新，经常是以牺牲次优化的子系统为代价。

成功实现非线性的复杂系统创新，并不是去消化大量的信息或者遵守固化的线性规则，而是一个由进取性的学习、改进和突破所组成的动态过程。在这个过程中，要求快速学习，跨越许多不确定性的问题，但很少有人能够做到始终有效地学习、捕捉和应用所有的新知识。为了全面开展系统创新，需要来自不同背景、拥有各种各样技能的人组成创新团队。由于团队的网络结构，人们之间知识节点联结越来越多，创新的思维空间被急剧扩大，团队整体呈现为具有超级学习力的一个大脑，具有按指数速率学习的力。例如，迅速出现的生物技术产业就充满了复杂创新，这种复杂创新需要一支涵盖各方面的专家组合，从化学工程师到分子生物学家、流程工程师和品牌经理等。

四、全球共识和战略选择

（一）联合国的创新行动

2017 年 4 月 27 日，联合国大会将每年 4 月 21 日定为世界创意创新日，并写入联合国决议。联合国设立世界创意创新日，呼吁各国支持大众创业、万众创新，对于发展中国家积累资本、换取技术、发展经济尤其重要。这将为各国实现经济增长、创造就业凝聚新动力，为包括妇女和青年在内的所有人创造新机遇，对促进经济可持续发展具有重要意义。

全球科技创新大会 2017 年、2018 年，由联合国工业发展组织主办的第一、二届全球科技创新大会在上海举行，来自世界各地的专家、学者出席会议。全球科技创新大会旨在瞄准世界科技前沿，强化基础研究，实现前瞻性基础研究、引领性原创成果重大突破，促进各地区经济发展、繁荣稳定，建立以科技创新为核心，科技创新、产业创新、金融创新、商务模式创新、治理创新等多领域互动、多要素联动的创新生态体系。

世界知识产权组织从 2001 年起将每年 4 月 26 日定为"世界知识产权日"，在 2017 年的"世界知识产权日"纪念活动中，联合国呼吁探讨如何通过创新使人类的生活更健康、更安全、更舒适；同时，关注知识产权制度如何通过吸引投资、回馈创新者、鼓励发挥创意、确保新知识免费为人所用等方式来支持创新。

（二）国家和地区间的合作创新平台

1. 夏季达沃斯论坛

夏季达沃斯论坛是一个为"全球成长型公司"定制，与成熟企业共同讨论、分享经验的平台。创新是该论坛的重要主题，论坛每一次都会强调创新，如经济上的创新、质量上的创新等。正是源于对创新的关注，这个论坛才具有活力，才能对经济产生深远影响，才会为经济发展带来新能量。

2. 博鳌亚洲论坛

博鳌亚洲论坛由 25 个亚洲国家和澳大利亚发起举办。论坛坚持贸易自由化，坚持开放创新理念，维护经济全球化秩序，促进全球化经济的繁荣发展，给更多国家带去便利和发展。其开放、自由、创新、包容的全球共识，使得参与国家经济得到快速发展，人民生活水平不断提高。

3. 世界互联网大会

世界互联网大会由中国倡导并且每年在浙江乌镇举办，大会旨在解决如何让互联网更好地服务于人类这一重要问题。大会产品涵盖云计算、物联网、人工智能等全球互联网技术和应用创新及数字经济发展的最新成果，凸显全球视野、创新驱动和开放合作的特点。

（三）中国创新型国家建设

创新型国家是将科技创新作为基本战略，大幅度提高科技创新能力，形成日益强大竞争优势的国家。创新型国家对创新活动投入较高，重要产业的国际技术竞争力较强，投入产出绩效较高，科技进步和技术创新在产业发展和国家的财富增长中起重要作用，以技术创新作为经济社会发展核心驱动力。

1. 建设目标

2016 年发布的《国家创新驱动发展战略纲要》明确提出，到 2020 年中国创新型国家建设要达到的目标是：基本建成适应社会主义市场经济体制和符合科技发展规律的中国特色国家创新体系。党的十九大报告提出，加快建设创新型国家，到 2035 年，中国科技实力大幅跃升，跻身创新型国家前列。党的二十大报告指出，必须坚持科技是第一生产力、人才是第一资源、创新是第一动力，深入实施科教兴国战略、人才强国战略、创新驱动发展战略。

2. 建设现状

经过多年努力，中国科技发展取得举世瞩目的成就，科技整体能力持续提升，一些重要领域已跻身世界前列，某些前沿方向开始进入并跑、领跑阶段，正处于从量的积累向质的飞跃、点的突破向系统能力提升的重要时期。

（1）中国 PCT 国际申请量蝉联全球第一

PCT 为 Patent Cooperation Treaty（专利合作协定）的简写。PCT 国际申请限发明专利和实用新型专利。全球 PCT 申请主要集中在美国、中国、日本、德国和韩国等国家。2023 年 2 月 28 日，世界知识产权组织（WIPO）在日内瓦发布的最新报告显示，2022 年中国 PCT 国际专利申请量再次蝉联全球第一，华为凭借 7689 件 PCT 国际专利申请量持续排名榜首，OPPO 以 1963 件 PCT 国际专利申请量位列申请人排行榜全球第六，这也是 OPPO 连续四年跻身全球前十。2021—2022 年 PCT 国际专利申请量前 10 的国家申请情况见表 1-8。需要注意的是，PCT 国际专利申请量是衡量创新活动的重要指标。从 PCT 申请提交的国别看，2022 年，中国仍然是 PCT 申请量最大的来源国，有 70015 件申请，同前一年相比小幅增长 0.6%。美国以 59056 件申请位居第二位（同 2021 年相比下降 0.6%）。日本以 50345 件申请（+0.1%）紧随其后。排在前五位的还有韩国和德国，分别有 22012 件和 17530 件申请，这两个国家分别增长了 6.2% 和 1.5%。

表 1-8　PCT 国际申请量前 10 的国家申请情况（2021—2022 年）

国家	PCT 专利申请量（件）		增长率
	2021 年	2022 年	
中国	69604	70015	0.6%
美国	59403	59056	-0.6%
日本	50275	50345	0.1%
韩国	20723	22012	6.2%
德国	17266	17530	1.5%
法国	7334	7764	5.9%
英国	5841	5739	-1.7%
瑞士	5461	5367	-1.7%
瑞典	4441	4471	0.7%
荷兰	4119	4092	-0.7%

数据来源：世界知识产权组织（World Intellectual Property Organization，简称 WIPO）统计数据库，2023 年 2 月。

（2）中国的研发能力和效率领先于其他发展中国家

研发支出和研发人员数量属于创新活动的投入，是衡量一个国家创新能力的指标。表 1-9 列出了 2022 年创新活动投入较高国家的研发支出，可以看出，以色列、韩国、瑞典、比利时、日本等发达国家的研发支出占 GDP（Gross Domestic Product，国内生产总值）的比重较高。在研发投入总额上，欧盟委员会发布了 2022 欧洲工业研发投入记分榜《2022 EU Industrail Research and Development Scoreboard》，在这份榜单里面，不管是在研发投入上，还是在入榜数量上，美国都以绝对领先的优势取得第一名，其中研发投入占入榜者的 40.2%；第二名则被中国获得，其研发投入占据该榜单 17.9%，首次超过了欧洲所有国家上榜企业研发占比。近年来，美国的公共投入停滞不前，但在研发投入方面的地位依然强劲。中国的研发投入虽然与美国还有差距，但在数学和物理科学及工程方面的产出已世界领先，并产出了越来越多的高价值专利。创新型经济不仅需要对研发进行投入，还需要有一支能够进行研发并利用其产生知识的劳动力队伍。根据经合组织的测算，中国的全职研究人员总数增长迅速。截至 2020 年的最新数据显示，目前中国有 200 多万名全职研究人员，而美国的全职研究人员数量刚刚超过 150 万。同时，中国与其他国家在科学与工程（S&E）博士学位数量上的差距也在持续缩小。截至 2018 年，美国产生了 41071 个科学与工程博士学位，而中国产生了 39768 个。印度排名第三，拥有 26890 名 S&E 博士学位。研发人员数量在总人口数量中占比也较高；中国的研发支出占比与发达国家相比，差距不算很大，中国的研发能力和效率明显超过其他发展中国家。

表 1-9 研发支出的国际比较（2022 年）

国家	研发支出占 GDP 的比重
以色列	5.9%
韩国	5.0%
瑞典	3.7%
比利时	3.6%

国家	研发支出占 GDP 的比重
日本	3.4%
德国	3.3%
瑞士	3.3%
奥地利	3.3%
丹麦	3.3%
芬兰	3.3%
中国	3.1%
土耳其	3.1%
美国	2.6%
冰岛	2.4%
巴西	2.3%
英国	2.2%
俄罗斯	2.2%
法国	2.0%
澳大利亚	1.6%
加拿大	1.3%

数据来源：世界银行发展指标数据库，2023 年 1 月。

（3）中国的国际学术期刊论文发表量居世界前列

技术创新离不开基础的科学研究，科学研究水平决定技术创新的潜力和后劲，科技论文产出情况是测度科学技术发展水平的重要指标。表 1-10 对 2010—2020 年发表科技论文数及被引用情况进行国际比较，中国已经成为国际学术期刊发表论文数量第二的国家，仅次于美国。截至 2020 年 10 月，中国科技人员共发表国际论文 301.91 万篇，连续四年居世界第二位，数量比 2019 年统计时增加了 15.8%；论文共被引用 3605.71 万次，增加了 26.7%，居世界第二位。

表 1-10 科技论文发表数量及被引用情况的国际比较（2010—2020 年）

国家及地区	论文数		被引用次数	
	篇数	位次	次数	位次
美国	4205934	1	80453805	1
中国	3019068	2	36057149	2
英国	1068746	4	21240295	3
德国	1131812	3	20708536	4
法国	773555	6	13818958	5
加拿大	712343	7	13040162	6
意大利	704225	8	11845007	7
澳大利亚	637463	10	11334092	8
日本	847352	5	11307529	9
西班牙	610413	11	9933003	10
荷兰	420842	14	9350962	11
瑞士	314919	16	7330311	12
韩国	587993	12	7293015	13
印度	656758	9	6797314	14
瑞典	284063	17	5579579	15
比利时	231108	20	4667754	16
巴西	466067	13	4611085	17
中国台湾	281521	18	3476899	18
伊朗	328477	15	3134120	19
波兰	280990	19	2930617	20

数据来源：科技部中国科学技术信息研究所，2020 年 10 月。

（4）中国与主要创新型国家的差距

2019 年 1 月，美国彭博新闻社发布《彭博创新指数 2019》。报告构建了衡量经济体创新力水平的指数体系，利用世界银行、国际货币组织、世界知识产权组织等来源的数据，对全球 200 多个经济体进行创新综合评价，公布创新排名前 60 位的国家。《彭博创新指数 2019》的创新排名前三的国家依次为韩国、德国、芬兰,中国位列第 16 位。创新指数总排名前 20 的国家的分项指标情况见表 1-11。由表 1-11 可知,中国的专利活动排名第二,高等教育率排名第六,研发强度、制造业附加值、生产率、高科技密度及研发人员密集度指标均需要提升。中国的创新与发展呈现出良好的正向关系,创新投入转化为更多更高质量的创新产出。2022 年 9 月 29 日,世界知识产权组织发布《2022 年全球创新指数》,报告显示,中国排名从 2021 年的全球第 12 位升至第 11 位,连续十年稳步提升,在 36 个中高收入经济体中位列第一。瑞士、美国、瑞典、英国和荷兰位列前五,新兴经济体保持强劲表现。

表 1-11　创新指数总排名前 20 的国家的分项指标情况

国家	2019 年总排名	分项指标排名						
		研发强度	制造业附加值	生产率	高科技密度	高等教育率	研发人员密集度	专利活动
韩国	1	2	2	18	4	7	7	20
德国	2	7	3	24	3	14	11	7
芬兰	3	9	16	5	13	9	8	5
瑞士	4	3	4	7	8	13	3	27
以色列	5	1	33	8	5	36	2	4
新加坡	6	13	5	11	17	1	13	14
瑞典	7	4	15	9	6	20	5	25
美国	8	10	25	6	1	43	28	1
日本	9	5	7	22	10	39	18	10
法国	10	12	41	13	2	11	20	15
丹麦	11	8	21	15	12	19	1	28
奥地利	12	6	11	12	24	8	9	18
比利时	13	11	26	10	9	41	16	9
爱尔兰	14	32	1	1	16	15	14	38
荷兰	15	16	29	21	7	42	12	12
中国	16	14	13	47	11	6	39	2

国家	2019年总排名	分项指标排名						
		研发强度	制造业附加值	生产率	高科技密度	高等教育率	研发人员密集度	专利活动
挪威	17	17	49	23	15	17	10	11
英国	18	20	45	26	14	5	21	19
澳大利亚	19	19	56	17	20	18	15	6
加拿大	20	22	39	27	22	31	19	8

数据来源：《Bloomberg 2019 Innovation Index》。

3. 发展路径

创新型国家建设是一项系统性和基础性工程。创新型国家从建成到走向前列，中国拥有诸多有利条件，也面临很大挑战。在这一阶段，中国创新型国家建设需要既强化基础研究，又加强应用基础研究，为建设科技强国、质量强国、航天强国、网络强国、交通强国、数字中国、智慧社会提供有力支撑。

（1）坚持自主创新

发展科技必须具有全球视野、把握时代脉搏。应着力瞄准世界科技前沿，强化基础研究，实现前瞻性基础研究、引领性原创成果重大突破，抢占事关全局和长远的科技战略制高点。须加强应用基础研究，拓展实施国家重大科技项目，突出关键共性技术、前沿引领技术、现代工程技术、颠覆性技术创新。

（2）加强国家创新体系建设

加快建设创新型国家，必须着力提升科技创新能力，拥有一批世界一流科研机构、研究型大学、创新型企业。要以国家实验室建设为抓手，以重大科技任务攻关和国家大型科技基础设施为主线，强化战略科技力量。要深化科技体制改革，建立以企业为主体、市场为导向、产学研深度融合的技术创新体系，加强对中小企业创新的支持，促进科技成果转化。要倡导创新文化，强化知识产权创造、保护、运用。激发各类人才的创新活力和潜力。

（3）加强创新人才队伍建设

加快建设创新型国家，关键是建设一支规模宏大、结构合理、素质优良的创新人才队伍。要努力造就一大批能够把握世界科技大势、研判科技发展方向的战略科技人才，培养一大批善于凝聚力量、统筹协调的科技领军人才，培养一大批勇于创新、善于创新的企业家和高技能人才，培养一大批熟悉市场运作、具备科技背景的创新创业人才，还要培养更多高水平的创新团队。

第三节　大学生创新实践之路

一、把握创新发展主动权

（一）明确发展方向

当代大学生是国家未来的创新生力军。大学生所处的历史方位、所承担的历史使命、所肩负的历史责任要求大学生积极进行知识积累和创新准备。从接受教育的角度来看，大学与小学、中学没有本质上的区别，但是，大学之后是职场，是工作，是事业。大学对于大学生的成长成才极为关键。有些大学生能提前确定自己的人生理想和职业目标，通过四年的努力，为自己的理想打下扎实的基础；也有一些大学生只是机械地将努力学习与找到好工作画等号，并未意识到大学学习究竟对自己未来的发展有怎样的影响，很难形成持久的发展动力。

迎接未来最好的方式是为未来做好充分的准备。在过去、现在和未来这个连续的时间轴上，现在是过去的积累，未来是现在的延伸。大学生要做自己人生的主人，就要在大学阶段把握个人创新发展的主动权，明确大学期间的发展方向。一是增强自主意识，培养、提高任务取向能力与行动力。二是开始自主决策并负责，增强自我掌控感。三是基于现实积极探索，发现理想的发展机会。四是提前做好心理准备，慎重处理当下与长远之间的关系。五是养成奋斗的习惯，一步一步地开启自己的创新实践之路。

（二）敢于探索尝试

在校大学生绝大多数处在职业生涯承前启后的探索阶段。社会的快速发展以及时代的变迁使许多原来可以预想的情况可能或者正在发生变化。

影响未来发展的各种因素复杂多样且具有不确定性，大学生要对此保持高度的警觉，应未雨绸缪，全面认识自己，深刻了解创新、学习创新，成为创新设计者和创新实践者，以提高自己的应变力。大学生可以通过实践逐步养成创新习惯，尽早展示个人创新才能，可以多参加各种校园活动，如学术讲座、社团活动、社会公益活动等，从中发现自己的兴趣与特长，培养创新思维，掌握创新方法，提高创新能力。比如，大学生在专业学习中夯实学科基础，掌握创新规范，学习撰写科技论文；在社团活动中锐意革新，设计策划有创意的活动并制定活动规则；在业余生活中学习让幸福保鲜，努力让每天不一样，懂得小情调、创设小浪漫等。当然，在大学这一成长黄金期，勇于冒险、不怕犯错误，并不代表鼓励大学生不负责任，导致人为失误。

（三）形成自身长板

长板就是在某一方面或某些方面，存在比别人有优势的地方。在校大学生进行职业定位，要更加关注那些符合人类本性、更具创意要求的工作岗位，要主动避开重复性、机械式的职业、工作。因为这类工作很容易为人工智能所取代。在校大学生需要结合自己的兴趣与特长，找到属于自己的创新之门，去发展自己的"独特"之处。要不断深入钻研，不懈坚持实践，在锻炼中求发展，为提升个人的不可替代性夯实基础。持续打造自己的技能组合包，提升创新技能，必须做到以下几点：一要注重提升利用网络平台与人协作的能力；二要主动培养"批判性思维"；三要重点培养终身学习习惯。只有这样，才能形成自己的创新优势，才能让自己在未来情境下，在自己想要进入的那个领域，既有选择的资本，拿得出东西来与他人竞争和协作，能为社会所认可；又有选择的能力，能保持清醒理智，独立思考，面对变化能做出合理选择。

二、培养创新素质

创新素质是决定创新活动开展、持续、完成的特殊素质，通过后天的教育和环境影响，在认识和社会实践推动下逐渐形成。创新素质由创新意识、创新品格、创新能力构成。培养和形成创新素质是培养创新人才的关键。

（一）增强创新意识

创新意识即引起创新动机，并有强烈、明确的创新意向、愿望和设想。它是创新必备的非智力因素，是人们自觉进行创新活动的动力。不了解创新的人会觉得创新是一件神秘的事情，认为只有少数具有特殊天赋的人才可能做到。其实不然，大学生创新创业的实例就有很多，像陈生创办"天地壹号猪肉"，张旭豪建立"饿了么"，郭列打造"脸萌"，徐逸创办"弹幕网站"（哔哩哔哩）等，都是大学生从创新走向创业的典型。他们都是从原有生活出发，积极主动地思考与改变，去做想要做的东西或去解决所谓的"不可能"，让那些只是一瞬间的想法、火花，转化为真实的存在。大学生增强创新意识，就是要认识到应紧跟创新浪潮的发展，成为创新者，不创新或者不能持续创新，很可能被社会淘汰。大学生只要有创新的勇气，有好奇动机、成就动机和交往动机基础上形成的乐于、崇尚创新的意向，结合个人的道德理想、社会理想，执着、不倦地去发现、去改变，就能走在通往创新的路上。

（二）锤炼创新品格

品格是指一个人的整体精神面貌，即具有一定倾向性的心理特征的总和。积极的品格有利于人们的创造性的发挥，负面的品格可能成为一个人创新的阻碍。创新品格主要包括创新情感和创新意志。创新情感是指个体在创新过程中强烈的喜怒哀乐体验，以及对创新活动发自内心的激情。创新意志是指创新者自觉确定活动目的、按照目的调节支配行为、克服困难实现目的的意志过程中表现出的优良品质，例如果断自信、坚忍不拔、勇于冒险等。创新品格是创新必备的非智力因素，是创新的支持和保证。锤炼创新品格的一个重要途径就是善于观察，大胆质疑。观察包括每一个细节，每点变化。古人云："学贵有疑。"质疑是人类开放思维、求得新知的突破口。大学生要敢于质疑问难，激起探求新知的欲望，迸发出创造的思维火花。在疑问—探索—发现—创新这一路径中，只有把握好质疑这一关，才能启动创新思维，捕捉创新灵感，锤炼创新品格并坚持不懈，最终取得创新成果。

（三）提升创新能力

创新能力即提出具有经济价值、社会价值、生态价值的新思想、新理论、新方法和新发明等的能力。创新能力本质上是创造性解决问题的能力，是完成创新的必要条件。随着知识经济的到来，创新越来越成为积累社会财富、持续创造价值的源泉，创新能力也越来越成为一个人最重要的竞争力。作为国家的未来、民族的希望，大学生应该认真进行知识储备，更为重要的是为未来积极进行创新能力的储备。人的能力有多种，自主学习能力是最重要的能力之一，是进行创新的基础；批判性思维是培养创新精神的前提；团队合作能力是创新成功的一个重要条件。

1. 自主学习能力

社会快速发展和知识更新速度加快，使自主学习能力成为人的基本生存能力之一，成为所有其他能力的基础。自主学习能力即不断获取新的知识和技能并加以运用的能力，包括自主选择学习内容、获取信息与资料、处理和运用信息以及发现与解决问题的能力。在校期间，大学生在丰富专业知识和完善知识结构的同时，必须掌握自主学习方法，提高自主学习能力，促高学习的主体性、自律性与互动性，进入社会这所更大、知识更丰富的大学以后，才能从中不断获取和更新大量的知识，让自己的能力强大到可以支撑、实现自己的理想。

（1）树立自主学习观

联合国教科文组织《学会生存》明确指出，"教育必然是从学习者本人出发"。大学生要放眼未来，做学习的主人，而不做只会考试的文盲。在学习态度上，既做到主动学习，又做到有主见地学习，为培养自学能力、独立工作能力、分析问题和解决问题的能力打好基础。尤其是刚入校的大学生，更应该实现从过多依赖外部督促向独立自主学习转变，要建立属于自己的大学课程体系，包括思想大课、方法大课、知识大课。要让自己既打开心胸、开阔视野，又掌握解决现实问题的专业技能，还能够独自应对新情况、新问题。

（2）坚定学习目标

目标对于个人发展具有导向、规范以及激励等作用。学习目标是学习活动的起点和归宿。只有明确学习目标，才能收到实效。如果学习目标不明确，即使再刻苦，再努力，对未来的有效性也不会太好。好比一个人坐车到东边某城市，如果目标搞错了，走向西边的某城市，那么车的速度越快，距离目的地越远。当然，个体学习的长远目标可以因人而异，但短期目标都应该是在大学阶段摄取、存储知识，为知识更新奠定基础。

（3）掌握学习方法

法国哲学家、数学家笛卡儿（Rene Descartes）有两句名言："最有价值的知识是方法的知识。""没有正确的方法，即使有眼睛的博学者也会像盲人一样盲目探索。"学习方法是大学生认识世界的方法，是根据学习规律性、灵活性、应用性而形成的，包含学习方式、手段、途径、技巧等。"学有其法，学无定法，贵在得法。"学习方法充满智慧且富有个性。每个人都可以探索出适合自己的学习方法，只要有效就行。掌握科学的学习方法是"学会学习"的关键。

2. 批判性思维能力

批判性思维即决定人们信什么和做什么的合理性的、反思性的思考方式。作为一种跨学科的通用技能，批判性思维能力不是为了质疑而质疑，也绝非标新立异。批判性思维的真正内核在于独立思考，不满足于任何一个不加探究就轻松获得的答案，不人云亦云，不迷信书本、权威。这不包括拒绝倾听别人的意见、狂妄自大、自以为是、固执己见，而是要在提出自己的观点后，多与人交流探讨，拓展自己的思维；也不意味着反对学习前人经验，而是不唯上、不唯书。大学生进行批判性思维技能培养，最常用的方法是在坚持知识积累和更新基础上，经常性加以练习运用。通过批判性思维自我校准，纠正"唯专业教育"的片面性以及重知识、轻能力的不良倾向，使自己远离错觉、欺骗、迷信以及误解。

（1）批判性阅读和聆听

批判性阅读和聆听的过程要求具有鲜明的主体意识和目的性。阅读和聆听的主要目标应定位在判定信息、结论的可接受程度或者价值大小上。如果只是被动接受作者提供的信息或主讲人所说的话，容易被牵着鼻子走。要保持怀疑与质证，不盲从，不盲信，非经自己独立思考和判断不做结论。要学会辨识那些隐藏在推理过程中的谬误，防止自己不知不觉中"以讹传讹"，误导别人。

（2）批判性思考与研究

思考是人脱离纯粹习惯性行为的唯一方法。研究是普遍原则在具体、特殊的问题上的应用和使用。批判性思考与研究可采取分阶段、分步骤的方法进行拆解训练。例如，思考某一学科领域凝练和提取的论题有无含义不明的词汇，论证有无推理谬误，分析证据的效力如何、有没有替代原因、数据有没有欺骗性、有没有考虑隐含信息等。通过刻意的分解练习，创建有效的心理表征，以此来锻炼自己的批判性思维技能，提高独立思考与独立研究能力。

（3）批判性分析和评价真实的社会问题

在信息时代，人们每时每刻都被信息包围，批判性地分析和评价真实的社会问题能够透过事物（事件）的表象，去发现事物（事件）隐藏的方面。对待社会问题单靠感情用事，并不能使人们更客观、全面、公允地对外界的人和事形成判断。要批判性地对待所遇到的一切好的或者不好的事物，独立思考，独立判断，实事求是。

3. 团队合作能力

团队合作能力是指在团队中，能够相互支持、协同工作以达到团队最大效率的能力。俗话说"一个篱笆三个桩，一个好汉三个帮"。每个人都并非全能者，"闻道有先后，术业有专攻"。在现代社会，单靠个人能力来解决重大问题的可能性已经微乎其微，更多的成果要靠"集体大脑"获得，而且未来的创新性人才也将以一种团队成员的形式体现出来。只有通过团队合作才能够实现优势互补，在合作的同时互相学习，在成长中完善自我。

（1）有效沟通

合作离不开沟通交流。沟通就是通过倾听来理解别人，通过表达来使别人了解自己。有效沟通必须遵循四大原则：实事求是、开诚布公、严己宽人、结果导向。有效沟通需要真诚的沟通态度，需要严于律己，宽以待人，需要给予沟通结果以反馈。可以运用同理心，帮助自己增进对他人的理解；可以通过有意识的自我培养，提高自己的表达能力。

（2）相互包容

相互包容是团队合作最好的润滑剂。团队成员在一起，只有接受各自的差异性和尊重彼此的独特性，才能减少冲突，使团队成员互相尊重、和谐相处。如果出现矛盾，多从自己身上找问题，换位思考，相互理解。

（3）相互信任

信任是合作的基石。信任是相信而敢于托付，没有信任，就没有合作。尤其是团队成员在承受压力和困惑，面临危机与挑战时，相互信赖是一种激励，更是一种力量。就像合作猎捕猛兽的猎人一样，团队中的成员必须不存私心，全心共同行动。想要赢得信任，先要让自己成为一个值得被信任的人，要做到诚实守信、言行一致，既不自欺，也不欺人。

（4）敢于担当

敢于担当是对自己负责，更意味着对团队负责、对团队成员负责，并将这种负责精神落实到工作的细节中。团队在运作过程中，难免出现失误，若是都互相推卸责任，那么这个团队就没有存在的价值。一个对团队工作不负责任的人，往往是一个缺乏自信的人，也是一个无法体会团队快乐的人。任何有利于团队荣誉或者有损于团队利益的事情，都与每一个团队成员息息相关，所有的人都拥有不可推卸的责任。

三、养成创新习惯

知识储备够了才能去创新，这是对创新的偏见。大学是人生重要的舞台，是创新实验室。

从现实的大学学习、生活等出发，大学生可以在第一课堂、第二课堂以及服务社会方面开始创新实践，并逐步养成创新习惯。

（一）学业环节

1. 拆除权威的"墙"

这里的权威包括名人名言、书本知识、教师观点、专家意见、实验统计资料、研究评述等，权威的局限性包括主体的认知水平、预设前提、假定条件等。随着时代的发展，彼时彼刻的原则、定律等或将失之偏颇。如果不加区分，继续尊崇，就不合时宜。因此，大学生应以尊重但不盲从的心态对待权威，以批判性的态度来学习各门功课，既要在学习过程中培养自己的专业素养，提高专业思维水平，将所学知识系统化，又要根据时代发展，进行理性批判，敢于提出自己的见解，推陈出新，为人类知识的进步贡献自己的智慧。

2. 加强跨专业学习

专业不能成为大学生的发展壁垒。大学生虽然被分属在不同的专业，但是专业划分不是为了限制大学生的发展，而是要为大学生的发展创造更好的条件。因此，大学生并非只能限定或者局限于特定专业。应该在学好特定专业知识的同时，关注其他专业、学科的最新发展动态，扩展跨专业、学科知识，构建完善的知识体系。大学生既要培养科学精神，也要具备人文及艺术素养。任何专业都不是独立于其他专业而存在，专业之间有联系，其他专业的思想或研究方法可以迁移到本专业的学习过程中，甚至会因此获得启迪，产生新的理解、想法。这是一个知识积累的过程，更是一个拓展思维的过程。

3. 不局限于标准答案

面对同样的问题或环境，不同的人发现的问题或考虑的事实差异很大，一个主要原因是人们的视角和感觉不同。基于多年的学习和认知，人们在面对现实时，头脑中会形成简化的假设和高度个性化的思想意识。这种感知世界的思维定式和习惯是对信息的一种自我选择。就其本身而言，会限制人的思考广度和深度。要是把自己束缚在思维的框架中，就看不到更多的可能性。因此，在现代社会，大学生应该跳出标准答案的思维定式，挣脱束缚思考的枷锁，打开自己的视野，从多角度、多方位以及多种可能性中去思考问题，提出见解，使自己思维充满活力，丰富多彩，形成发散思维、扩展思维。

（二）课外生活

1. 在兴趣上下功夫

著名科学家、诺贝尔物理学奖获得者杨振宁讲述他对科研创新的看法时，曾说过"兴趣是创新之源、成功之本"。丰富多彩的社团活动是大学生活中一道亮丽的风景线，是大学生课外创新实践的首要载体。大学阶段，学生一般应根据个人兴趣选择参加 1~2 个学生社团。兴趣爱好类社团或学生事务性质社团，两者均可。其中，兴趣爱好社团如科技社团能够帮助大学生将理论知识转化为实践知识，为大学生参与各级各类科技竞赛、创新创业大赛、创新创业训练计划项目、学科竞赛等积累备赛和参赛经验，同时可以增强团队合作精神；学生事务性质社团活动在引导大学生了解自己兴趣爱好的同时，能够让学生进一步了解自己、他人，甚至是社会的需求，并通过管理实践培养大学生管理创新能力。大疆公司的创始人汪滔是一名来自浙江的"80后"，2003年就读香港科技大学电子及计算机工程学系。从小就对航模有着浓厚兴趣的汪滔，于2005年进行毕业设计时，他说服了老师，执意将自己的毕业设计方向定为遥控无人机。大半年后的毕业设计演示却失败了。幸运的是，汪滔遇到了自己的伯乐——香港科技大学开设机器人设计课程的李泽湘教授。李教授为这位执着而才华横溢的年轻人的能力所吸引，引荐汪滔读研究生。汪滔得以继续无人机的学习，并于2006年成功制造出第一台样机，于同年创建了大疆公司。汪滔的成功固然离不开他的努力与坚持，但更与他的兴趣密不可分。

2. 在需求上做文章

需求是创新活动的动力源泉，是创新活动的基本起点。市场需求会引发企业或个人为生存和发展而进行创新，使创新成为可能，也成为必然。如果缺乏对市场需求敏锐的嗅觉，空有创新精神，一意孤行，闭门造车，将创新与市场需求脱节，只会造成资源浪费。大学生在日常生活中总会遇到这样或那样的问题或困扰，如果只是发发牢骚、抱怨，或者干脆绕着走，那么问题或困扰将会一直存在；如果意识到需要解决，尝试做出改变，或许就能解决问题。大学生对于外卖不会陌生，但是未必知道外卖界首屈一指的"饿了么"是大学生的创新成果。"饿了么"的创始人张旭豪曾是上海交通大学的一名学生，他在打电话订外卖时，遇到电话打不通甚至晚上不送外卖的情况，便设法去改变，并萌生了网上订外卖的想法。随后，张旭豪团队的创业就这样从不起眼的送外卖服务开始了。他们根据市场的需求开发了"饿了么"这一网上订餐服务平台，并且不断接触商家与客户，了解他们的需求。为了方便商家，减少他们抄单、分单的工作量，开发出一款商家订单管理软件，而且取消佣金制，采用软件即服务（Soft-as-a-Sevice，SaaS）收费模式，一年收取一次软件使用费，这些做法极大增强了"饿了么"的商家黏性，有些商家甚至劝说用户从竞争对手平台转到"饿了么"订餐。

3. 执着进行价值追求

价值取向是指一定主体在面对或处理各种矛盾、冲突、关系时，基于个体的价值观而表现出来的基本立场和态度。受个体成长经历影响，每个大学生都有多种具体价值取向，其中某种取向会逐渐被确定为个人最看重的价值追求方向。但是，并不是每个大学生都能明确自己的价值取向和主导的价值取向是什么，这就需要回顾、总结自己过往经历，确定指导自己的思想、行为的价值立场和价值态度。大学生可以根据自己的价值取向，寻找核心发展方向，并依据现实环境和客观条件，不断更新自己的想法，持续努力，实现自己的人生价值。金山、欢聚时代、猎豹和小米的董事长雷军，大三的时候白手起家，福布斯中国富豪榜 2018 年 10 月 25 日发布的数据显示，雷军的财富值达到 8211 亿元人民币。在大学时期，雷军不打算像别人一样按部就班地度过自己的大学，修学分、考试、写论文，最后等着拿毕业证。雷军不走寻常路，他给自己设定了一个目标：用两年读完所有课程，把剩余的时间用来学习其他知识和锻炼自己。正是他这种想要实现自我价值的想法驱使他不断地充实自我，不断地去创新，去琢磨新的领域。"小时候，我希望登上灯光灿烂的舞台，渴望成为万众瞩目的焦点。"正是这个心怀梦想，渴望实现自我价值的雷军，成功地创立了"小米"。

（三）社会服务

1. 投身公益活动

公益活动是指出人、出物或出钱赞助和支持某项社会公益事业的活动。公益活动的内容包括社区服务、环境保护宣传、知识传播、社会援助、紧急救助、青年服务、慈善等。积极组织和参加公益活动是助人为乐、关心公益、有爱心、勇于承担社会责任、为社会无私奉献的精神风貌的体现。大学生开展公益活动具有独特优势。首先，青年人具有对社会发展和人类未来的敏锐关注力；其次，大学生善于利用微信、微博、QQ 空间等新兴媒体提高公益活动的影响力。近年来，越来越多的大学生传播和践行公益精神、参与和支持公益事业、组织开展公益活动。除了为突然遭遇家庭变故的贫困同学募捐、到农村看望留守儿童等传统公益活动外，越来越多的大学生志愿者在活动形式上进行创新，使公益活动的覆盖面更广，影响力更大，社会效益得到加强。有些大学生公益活动已经在当地成为品牌，吸引到更多同样热心公益的社会人士参与和帮助。投身公益活动使大学生思想感情、活动能力、创新意识等得到全面锻炼、综合提升，为创新积累经验、打下基础。2016 年"创青春"全国大学生创业大赛中，电子科技大学"融冰行动"团队的创客们将电子信息技术与公益活动相结合，为"渐冻人"研发了专用的"体感鼠标"和"眼控仪"，辅助"渐冻人"通过打字输入系统与外界无阻交流，并通过创新的"商业+公益"模式，以衍生产品的市场利润为"渐冻人"提供长久的、持续的免费服务。团队负责人宋廷健是电子科技大学电子工程学院2013 级一名本科生，他刚进大学就参加了"创行"公益组织，结合自己的专业知识，致力于用"具有企业家精神的实践行动，为人类社会带来巨大的积极影响"。

2. 参加志愿服务

志愿服务是现代社会文明程度的重要标志。开展志愿服务活动是大学生了解社会、感悟生活，奉献自我、回报社会的一种方式，是大学生在实践中锻炼自我、自觉成才的一种途径，也是大学生通过志愿服务加速自身社会化的过程。在社区服务、无偿献血、义务支教、关注留守儿童、大型赛会协办等方面，大学生志愿者发挥越来越重要的作用。与此同时，大学生志愿者通过利用多种新媒体手段、实施项目化运作、招募项目专员等，对志愿服务行动机制、内容、队伍、阵地进行创新，志愿服务水平不断提升。武汉理工大学利用高校资源优势，有针对性地开展关爱农民工子女志愿服务行动，不仅提升关爱行动的专业特色，而且通过建立关爱基地，通过接力方式落实结对。志愿者参加志愿服务前，都会接受相关专业知识的培训，同时根据专业特长，针对性设计服务内容。在具体的支教活动中，还定期举办座谈会、交流会，集中分享经验、心得。毕业班团支部通过联系大一新生团支部，完成"结对转接"活动，确保志愿服务能够接续进行。

3. 参与社会实践

作为人类实践活动的重要组成部分，社会实践是大学生深入了解社会、服务社会、接受教育、增长才干、作出贡献、增强社会责任感的有效途径，对促进大学生了解国情、锻炼毅力、培养品格具有不可替代的作用。大学生社会实践主要包括参加社会调查、实习实训、科技发明和勤工助学等。

社会实践活动有利于大学生检验学习成果，提高专业认知；有利于大学生了解社会需求，调整自我定位；有利于大学生打破思维定式，提升想象能力；有利于激发大学生求知欲望，培养反思意识。近年来，大学生社会实践的内容和形式不断丰富，社会实践的质量和效果不断提高。

西交利物浦大学城市规划与设计系的学生，在 2017 年暑期社会实践活动中组织实践团队，为苏州同里镇湖南村进行乡村规划设计。该团队基于中国苏州圩田本身特点，在团队指导教师之一克里斯汀·诺尔夫（Kristen Knopf）指导下，将法国兼具环境净化能力与防洪功能的泻湖系统进行本土化再改造，增加产业价值和经济效应，形成了"北渔南稻、稻虾共生"的规划思路，以破"圩"之围，努力在城镇化、基础设施建设、农业模式转型与历史遗产、人文景观保护之间建立新的平衡。该团队的社会实践成果——《人地共生破圩之围》设计方案，参加首届全国城乡规划专业大学生乡村规划方案竞赛，在全国 60 所高校 136 个乡村规划设计方案中脱颖而出，荣获一等奖和最佳研究奖。这次社会实践不仅让他们更贴近生活，锻炼沟通能力，更让他们体会到创新的乐趣。

第二章　创新教育：大学的使命

第一节　创新教育：大学的历史使命与时代担当

一、互联网时代对创新人才培养的新挑战

2005 年，著名科学家钱学森对前来看望他的国家领导人说："现在中国没有完全发展起来，一个重要原因是没有一所大学能够按照培养科学技术发明创造人才的模式去办学，没有自己独特的创新的东西，老是'冒'不出杰出人才。"2009 年 11 月 17 日，《文汇报》以《中国大学为何创新力不足》为题发表了钱学森的谈话，钱学森谈话中振聋发聩的发问，被人们称为"世纪之问"，并在中国社会产生了巨大的反响，光明网、新华网、人民网、求是理论网等各大网站纷纷转载《"钱学森之问"引发的思考》等多篇通讯。社会各界对于"世纪之问"的讨论不绝于耳，而且这种讨论并没有随着时间的推移而削弱，反而更热烈、更深入。甚至有很多学者围绕"世纪之问"的内涵和外延进行了大量的系统研究。事实上，多年来人们对"世纪之问"的讨论已经远远超过了它的初始之意，但它所反映的问题却越来越明确，即"世纪之问"反映了一个具有极强现实意义的教育问题。以钱学森的视角来看，我国的教育是存在问题的，"世纪之问"实际上以自问自答的方式点出了我国教育问题的关键所在，即杰出人才的缺乏和相关教育的缺失。

当我们还在为钱学森"世纪之问"寻求破解之道的时候，历史的车轮已经飞快驶入 21 世纪，互联网时代已经到来，我们在惊叹网络科技给世界带来精彩纷呈变化的同时，也发现 20 世纪的"世纪之问"谜题还未被破解，而互联网时代给创新人才带来的一系列更大挑战却纷至沓来。

从农耕时代到工业时代再到信息时代，技术力量不断推动人类创造新的世界。互联网正以改变一切的力量，在全球范围掀起一场影响人类所有层面的深刻变革，人类正站在一个新的时代前沿。在互联网时代，以移动互联网、物联网、云计算、大数据为代表的信息技术推动全球新一轮的技术革命，并由此催生经济社会发展新形态。互联网构建了一种新的生活方式与商业模式，互联网的应用如同第二次工业革命中电的应用一样，为我们构建了新的社会秩序。

互联网意味着什么？互联网是人类通过各种技术建立的全球性信息交换系统，它连接了一切可连接的人与物，彻底改变了信息的流通与组织方式，作为一种全球性的基础设施，互联网不断改变着人类社会的方方面面，从社会群体的组织方式、分工方式，到沟通方式，再到意识形态和商业逻辑，每一处都在以惊人的速度和力度发生着深远的变革。

互联网时代的特征是什么？我们很难归纳！难就难在它的变化太快，快到我们的认知往往跟不上互联网科技给社会带来的变化。比尔·盖茨（Bill Gates）说："对于互联网时代我们犯下的错误是，过于高估一件事情在最近一两年的变化，过于低估它在未来五到十年内的影响。"马化腾在总结互联网的特点时也说："我们感觉到最关键的一个字，就是'变'，而且这个变化永远是我们计划追不上的。"

互联网时代对创新人才的挑战是什么？主要表现在两个方面：一是新增了网络时代复合型行业和人才；二是对传统行业给予颠覆性冲击和改变，对人才有了新需求。随着时代的发展，新兴职业甚至产业会不断涌现。这是在传统产业中从未出现过甚至难以想象的，随之而来的就是对新兴职业从业人员的技能和素质提出的全新要求。

适应互联网经济，特别是满足这些新兴职业的从业需求，应当至少具备这些技能和素质：一是专业能力，即从事具体工作的业务能力；二是方法能力，即利用一定的方法解决问题的能力；三是社会能力，即较高的思想政治素质和道德品质，较强的法治意识、诚信意识、团队意识和人际交往意识；四是个人能力，即良好的身体素质和心理素质，健康的体魄和良好的心理自我调节能力，科学的信念、坚韧的毅力和奋发向上的精神，良好的职业道德修养可持续发展的观念，良好的科学素养。

在互联网时代，一般来讲两类人员必不可少：一类是互联网技术类人才，也就是能为行业"插"上"互联网翅膀"的人，包括程序员、算法工程师、数据挖掘等方面的人才；另一类是互联网应用类人才，也就是能驾驭"互联网翅膀"，让传统行业"飞"起来的人才。要求这些人才对行业本质的模式有深刻理解，同时善于学习，善于灵活运用知识，能够制定更及时、更全面、更有深度的信息升级战略。总的来讲，这类人才应当是集业务知识、网络信息技术、市场营销等多种知识技能于一体的"互联网复合型人才"。"互联网+"时代实现信息透明化，打破了原有的信息不对称的格局，需要从业人员能够更好地整合资源，使资源利用最大化。另外，"互联网+"对不同行业渗透后演绎出不同的商业模式，带来商业模式的多样化。因此，"互联网+"时代，需要的是能同时理解两个及以上行业商业逻辑，并能实现求同存异的跨行业线上线下复合型人才。

互联网并非一剂万能药，唯有实现互联网与产业的创新融合，发挥"1+1>2"的效应，才能让二者成为密不可分、互相促进的有机整体，从而迸发出新的活力。然而，这条创新融合之路还面临诸多挑战。互联网的发展正在推动新一轮工业革命，产业体系正经历着一场前所未有的转型变革：利用信息技术加强系统间的集成和互联互通，实现网络化、智能化融合化深度发展，从而改变传统的生产模式，提高管理水平和生产效率。互联网引发众多行业大融合、大变革，足以使未来的产业结构焕然一新，互联网+"是一种全新的经济形态，其将互联网技术、成果、思维深度融合于传统经济社会的各个领域，以降低成本、提高效益，激发实体经济的创新力和生命力。关键技术亟待突破、生态环境系统亟待建立、网络亟待全面升级等一系列问题，是互联网时代对创新人才的培养提出的新的要求。创新的事业必须由创新的人才来干，人才是创新的核心要素。人才的培养是一个漫长的过程，需要大量的投入，需要营造全社会尊重人才的氛围，需要创新创业的舆论支持和良好的人才成长环境，需要跨国和跨学科的合作与交流，需要形成一个强大的人才资源库。创新人才的培养离不开高等教育高校，只有不断激发学生的创造力和创新精神，才能培养出"互联网+"时代所急需的人才。

二、创新驱动发展战略对创新人才培养提出的新要求

创新驱动发展战略既是顺势而为，也是别无选择。党的十八大提出要实施创新驱动发展战略，强调科技创新是提高社会生产力和综合国力的战略支撑，必须摆在国家发展全局的核心位置。党的十八届五中全会把创新作为五大发展理念之首，提出创新是引领发展的第一动力，必须把发展基点放在创新上，塑造更多依靠创新驱动、更多发挥先发优势的引领型发展。习近平总书记多次对实施创新驱动发展战略做出系统阐述，强调要把创新驱动发展作为面向未来的一项重大战略，抓好顶层设计和任务落实找准世界科技发展趋势，找准我国科技发展现状和应走的路径，提出切实可行的发展方向、目标、工作重点。

创新驱动发展对于政府管理也是前所未有的新命题。2016年5月20日，中共中央、国务院发布《国家创新驱动发展战略纲要》（以下简称《纲要》），指出创新驱动发展是我国面向未来的一项重大战略，科技创新必须摆在国家发展全局的核心位置。《纲要》是新时期推进创新工作的纲领性文件，是建设创新型国家的行动指南，具有非常重大的现实意义和深远的历史意义，是对创新驱动发展战略进行的顶层设计和系统谋划；《纲要》明确了未来30年创新驱动发展的目标、方向和重点任务，是新时期推进创新工作的纲领性文件，是建设创新型国家的行动指南，具有非常重大的现实意义和深远的历史意义。当然，创新驱动发展对于人才培养也是新命题。创新驱动发展是立足全局、面向全球、聚焦关键、带动整体的国家战略，而不是短期、局部的战略。这是中国共产党作为执政党在我国发展关键时期做出的关键决策，契合我国发展的历史逻辑和现实逻辑。当前我国正处于经济转型时期，实施创新驱动发展战略，占领科技高地是实现成功转型的必由之路。创新驱动发展要求各个领域配备富有创新能力的拔尖人才，我国教育的现状与人才类型不匹配的问题要求我们改变人才培养模式，建立有助于创新人才成长的教育模式。

党的十九大报告提出"加快建设创新型国家",同时提出"创新是引领发展的第一动力",要"培养造就一大批具有国际水平的战略科技人才、科技领军人才、青年科技人才和高水平创新团队"。《国家创新驱动发展战略纲要》明确提出,到2020年进入创新型国家行列,到2030年跻身创新型国家前列,到2050年建成世界科技创新强国,成为世界主要科学中心和创新高地。

党的二十大报告指出:"教育、科技、人才是全面建设社会主义现代化国家的基础性、战略性支撑。"努力在新征程上开创党和国家事业发展新局,必须坚持科技是第一生产力、人才是第一资源、创新是第一动力,深入实施科教兴国战略、人才强国战略、创新驱动发展战略,开辟发展新领域新赛道,不断塑造发展新动能新优势。当今世界,科技竞争日趋激烈,深刻影响国家前途命运。而科技竞争的本质是人才的竞争,人才竞争的本质是教育的竞争。三者协同配合、系统集成,相互作用、彼此促进,共同筑牢强国之基。站在民族复兴和百年变局的制高点上,党的二十大报告首次把教育、科技、人才进行"三位一体"统筹安排、一体部署,强调"坚持教育优先发展、科技自立自强、人才引领驱动,加快建设教育强国、科技强国、人才强国",深刻体现对未来世界发展大势的洞察与把握,深刻回答事关社会主义现代化建设的关键问题,为新时代我国教育发展、科技进步、人才培养提供了根本遵循。

科技兴则民族兴,人才强则国家强。党的二十大报告指出:"必须坚持科技是第一生产力、人才是第一资源、创新是第一动力,深入实施科教兴国战略、人才强国战略、创新驱动发展战略,开辟发展新领域新赛道,不断塑造发展新动能新优势。"党的二十大报告,将"实施科教兴国战略,强化现代化建设人才支撑"作为独立章节进行谋划部署,提出"三个第一"的重要论述,把科技、人才、创新的战略意义提升到新的高度。科技、人才、创新是一个有机的整体,相辅相成、密不可分。没有科技这个第一生产力的变革,创新第一动力的作用就难以真正发挥,人才则是激发生产力变革和高质量发展的源泉。

因此,必须坚持教育优先发展、科技自立自强、人才引领驱动,加快建设教育强国、科技强国、人才强国。全面建设社会主义现代化国家,教育、科技、人才必须融为一体，作为国家战略统筹部署实施，教育是根本，科技促发展，人才是保障。高校作为科技第一生产力、人才第一资源和创新第一动力的结合点，今后应当发挥更大作用。办好人民满意的教育，为我们做好教育工作提供了科学指引和奋斗方向，新征程上教育事业要有新作为，要坚持以人民为中心发展教育，加快建设高质量教育体系，发展素质教育，促进教育公平。坚持创新驱动发展，全面塑造发展新动能新优势。

长久以来，对教育工作者来说，发现和培养创新人才是职责所在。当中国特色社会主义进入新时期，培养时代需要的创新人才，以教育创新与新时代同频共振，每一位教育工作者使命在肩，任务艰巨。为了实现这一目标，教育工作者一定要有紧迫感，以时不我待、只争朝夕的精神状态，承担起创新人才的培养工作。在一些人看来，培养创新人才就是培养科技创新人才，这个观点还不够全面。科技创新是重点，但不是全部。各个领域、各个门类都需要创新，都有创新的任务。创新有不同的程度，只要有所发明、有所发现、有所提高就都是创新的范畴。创新的方法和途径也各种各样，有跟进式创新，有蛙跳式创新，有容错式创新，只要是创新，都应该鼓励。我们倡导的创新，是人人创新，时时创新，处处创新。创新要成为一种文化、一种氛围、一种势能，推动着我们进步，推动着社会发展。对于教育工作者来说，必须要承担起来的任务，是创造好的土壤和环境，让创新人才不断涌现。针对创新驱动发展战略对创新人才培养提出如下新要求。

（一）育才造士，为国之本

教育是国之大计。党的十八大以来，我国教育事业快速发展，教育普及水平实现历史性跨越，建成了世界上规模最大的教育体系。迈上实现第二个百年奋斗目标新征程，以中国式现代化全面推进中华民族伟大复兴，对科学知识和优秀人才的需要，比以往任何时候都更为迫切，必须加快建设教育强国、办好人民满意的教育。我们要全面贯彻党的教育方针，落实立德树人根本任务，加快建设高质量教育体系，培养德智体美劳全面发展的社会主义建设者和接班人。要坚持以人民为中心发展教育，加快义务教育优质均衡发展和城乡一体化，统筹职业教育、高等教育、继续教育协同创新，加强基础学科、新兴学科、交叉学科建设，深化教育领域综合改革，培养高素质教师队伍，建设全民终身学习的学习型社会、学习型大国。

（二）科技为本，创新为源

科技是国家强盛之基，创新是民族进步之魂。全面建设社会主义现代化国家，离不开科技创新的强大支撑，必须完善科技创新体系，加快实施创新驱动发展战略，大力提升自主创新能力，尽快突破关键核心技术，把创新主动权、发展主动权牢牢掌握在自己手中。我们要坚持创新在我国现代化建设全局中的核心地位，健全新型举国体制，强化国家战略科技力量，提升国家创新体系整体效能，形成具有全球竞争力的开放创新生态。要面向世界科技前沿、面向经济主战场、面向国家重大需求、面向人民生命健康，加快实现高水平科技自立自强，以国家战略需求为导向，集聚力量进行原创性引领性科技攻关，坚决打赢关键核心技术攻坚战，加快实施一批具有战略性全局性前瞻性的国家重大科技项目，增强自主创新能力。

（三）功以才成，业由才广

人是教育的出发点，是科技创新的主体、人才战略的根基。培养造就大批德才兼备的高素质人才，是国家和民族长远发展大计，必须坚持为党育人、为国育才，全面提高人才自主培养质量，着力造就拔尖创新人才，聚天下英才而用之。要深入实施人才强国战略，坚持尊重劳动、尊重知识、尊重人才、尊重创造，完善人才战略布局，建设规模宏大、结构合理、素质优良的人才队伍。加快建设世界重要人才中心和创新高地，着力形成人才国际竞争的比较优势。加快建设国家战略人才力量，努力培养造就更多大师、战略科学家、一流科技领军人才和创新团队、青年科技人才、卓越工程师、大国工匠、高技能人才。加强人才国际交流，用好用活各类人才。深化人才发展体制机制改革，把各方面优秀人才集聚到党和人民事业中来。

（四）教育蓄势、科技赋能、人才强基

党的二十大指明了教育发展、科技创新、人才培养的方向，充分汇聚教育、科技、人才的强大合力，为推进各项事业高质量发展筑牢根基。

我们再回归到"世纪之问"的命题，钱学森认为中国的教育应该能够

培养出杰出人才，并且这些人才能够为社会发展所用。钱学森希望大学能够按照培养科学技术发明创造人才的模式去办学，大学能够在办学过程中形成自己独特的创新的东西，这些独特的创新的东西能够激发学生并挖掘他们的潜能，让学生受独特、创新东西的影响去开动脑筋。同时，他也认为，教育离不开对现实问题的思考，高校在培养学生的时候也要有意与现实连接，能够使学生了解当下社会和自身使命，学生通过对现实问题的思索不断去完善自我，从而培养学生承担对时代和社会的责任。当然，钱学森认为大学教育还应该思想开放、学术自由，只有在这样的环境下才能为有志之士提供可以施展的舞台，让他们接受不同思想的洗礼，从而迸发出更有意义的思考，为国之强盛助力。总而言之，破解"世纪之问"的历史课题，对于大学而言，路径只有一条——实施创新教育。

第二节　中外大学创新教育的理论与实践简要梳理

一、国外大学生创新研究理论与实践

20世纪30年代美籍奥地利经济学家熊彼特（Joseph Alois Schumpeter）首次提出"创新"概念，经过半个多世纪的理论研究与实践，"创新"已被广泛应用。到20世纪70年代，国外大学兴起创新教育改革的浪潮，由此高等教育（创新教育）改革迈出了第一步。

美国教育家杜威（John Dewey）认为，在实施创新教育中，最重要的因素是教师应不断扩充知识面。古尔吉（Goourggey，1998）提出培养学生的"超认知能力"是实施创新教育的基础。美国教育家阿玛拜尔（Amabile，1983）提出创造力的"三成分论"，即创造力由知识基础、认知风格和人格因素三种成分组成。斯坦伯格（Robert Sternbery，1985）提出创造力的"三面模型"，即智能层面、智能风格层面和人格层面，并分析了它们的相互关系及相互作用。德国教育学家戈特弗里德·海纳特（Gottfried Heynert，1998）强调教育情境是学生成才不可缺少的因素，认为父母是开发创新力最重要的因素，家庭中轻松、活泼、无拘束的气氛有助于学生创新能力的发展。美国心智发展学者约翰·钱斐（John Chaffee，2001）提出了培养创新能力的五种方法：全面深入探讨创造性的环境，尽力开发脑力资源最佳状态，努力促进产生创造性思想火花，预留创造性思想的酝酿时间，及时捕获与跟踪创造性思想火花。

在理论基础上，美国、英国、日本、德国等国都在高校中积极推行创新教育，培养学生的创新力。美国的高等教育崇尚思想开放，包容性强，鼓励学生标新立异、创造性思考，并有种类众多的创新教育方法，诸如"任务教学法""独立学习法""个性教学法""案例教学法"等已经被广泛使用；英国的高等教育以独特的校园文化和高质量著称，自由和独立贯穿于教育全过程，形成一套系统的管理体系和人才培养模式；日本的高等教育特别重视对学生进行思维训练，使学生不断提高创造力，把培养综合应用型人才作为高等教育的目的；在以严谨闻名于世的德国，其高等教育在保持严谨务实的教育理念基础上，积极推进大学教育改革，以跨学科教学和研究为突破点，培养学生的创造性思维和创新能力。

美国伯顿·克拉克（Burton Clark）在他的专著《研究生教育的科学研究基础》和《探究的场所——现代大学的科研和研究生教育》中，以德国、美国、英国、法国、日本五国为例，介绍了各国研究生教育制度的基本特征、科研基础和科研与教学相结合原则的实践情况，通过比较，显示出各国研究生教育的主要特征。

国外关于研究生教育的研究，注重按照学科差别对研究生进行分类以探讨不同专业研究生的教育模式。例如欧内斯特·吕德（Ernest Rude）的《研究生教育失败的新视角》和西德尼·迈力克（Sidney Merrick）的《美国的专业教育》，这两部著作对不同学科的研究生教育从历史、现状和问题的角度进行了剖析；欧内斯特·吕德（Ernest Rude）的《高等教育：英国的研究生教育研究》和克利夫顿·康拉德（Clifton F. Conrad）的《悄然成功：美国的硕士研究生教育》这两部著作分别详细介绍了英国和美国的研究生教育情况；研究生教育评估制度研究及体系构建课题组（2015）在其研究报告《国外研究生教育评估制度研究》中，对美国、英国、德国、法国、俄罗斯、澳大利亚、日本、印度、韩国等国的研究生教育评估进行研究，总结国外研究生教育的经验。

二、我国大学生创新研究理论与实践

在国内，大批学者围绕大学生创新能力开展研究，促进了创新教育理论的发展，使之成为指导实践的重要工具。

围绕创新能力，国内的学者从不同的角度提出了不同观点。以张宝臣、李燕等为代表的学者，认为创新能力是个体运用一切已知信息，产生某种独特、新颖、有社会或个人价值的产品的能力；以安江英、田慧云等为代表的学者，认为创新能力是对已有知识的获取、改组和运用，包含对新思想、新技术、新产品的研究与发明两部分；以宋彬、庄寿强等为代表的学者，认为创新能力应具备的知识结构包括基础知识、专业知识、工具性知识以及综合性知识四类。王黎莉、邱文伟等（2022）在《基础、提升、实现：当代大学生创新能力培养模式建构》一文中指出，创新能力是当代大学生综合能力的重要体现，是当今社会对大学生的重要评价指标。提升学生的创新能力是系统工程，按照其内在养成规律，要明确其基础、提升和实现的各阶段特征，建构"递进式"的培养模式。首先，高校应引导学生和教师对创新意识产生价值认同，并对学生的创新意识进行有效激发。其次，要从创新教育的教学理念、教学范式、教学评价等环节构建创新教育的教学体系，通过实践教学实现学生创新能力的养成。谌红艳（2023）在《浅析新时期大学生创新能力的培养路径》一文中提出，创新教育已成为目前高校核心竞争力之一，也是中国素质教育的焦点。在这个推崇和追求创新的时代，在对高校大学生创新意识和创新思想培养的过程中，如何提高大学生的创新能力、创新品格和综合素质已成为各高校教育发展的重要目标和战略规划内容。同时，创新也是当代大学生所必须具备的一种重要品质和精神。创新教育引领未来，它不仅强调对大学生创新思维的培养，提高以创新能力为核心的八大能力，实现学生的全面发展，也是一种积极主动的教育过程。通过阐述大学生创新能力培养的路径，根据大学生创新能力的要求和现代高等院校教育的发展趋势，提出要进行全方位改革，建立新型的高等院校创新能力培育体系，以期有效提高大学生的创新能力。王珂、李侠（2022）提出创新不是无源之水，它的发生依赖特定的社会条件。通过选取五个特定社会条件，即民主指数、人均国内生产总值、人口总数、权力距离指数以及个人主义/集体主义指数，对特定社会条件与创新指数进行回归分析，以此揭示政治、经济、人口、文化等社会条件对创新的影响。研究表明，人口总数与创新没有相关性，权力距离对创新负相关；经济与个体的独立性对创新的影响显著，政治的民主程度对创新具有正相关性。因此，政治、经济与文化的改革对提升中国创新能力具有重要意义。钟柏昌、龚佳欣（2022）《学生创新能力评价：核心要素、问题与展望——基于中文核心期刊论文的系统综述》一文中指出，作为衔接创新能力培养理论与实践的桥梁，创新能力评价的重要性不言而喻。然而，国内创新能力评价方面的实证研究较为鲜见，不利于学生创新能力的培养。这篇文章梳理了国内有关创新能力评价的35篇实证研究，分析显示：目前相关研究主要分为面向高等教育的创新能力评价研究和面向基础教育的创造力评价研究两个方向；前者普遍关注六个创新能力评价指标，即好奇心与想象力、发散思维、逻辑思维、自主学习、问题提出与问题解决、成果产出与优化；后者基于创造性个人、创造性过程、创造性产品、创造性环境四个维度，关注通识创造力与领域创造力的评价。整体而言，目前学生创新能力评价存在评价内容失序、评价工具失准、评价方法失宜等问题，建议后续研究从达成清晰共识、开发合适工具、探索优化方法等角度开展。

关于大学生创新能力培养的方式，于浍、刘洋等提出了培育大学生创新思维与理念的不同方案。于浍、胡军（2023）提出以实践创新能力培养为导向，从课程整体设计、课程建设目标、课程教学模式、课程教学评价四个方面入手，探索"四位一体"专业课改革路径，以期在满足社会需求、培养特色和目标定位的前提下，确保实践创新能力培养工作能在不断摸索、总结和完善中持续进行。刘洋、王晓伟（2023）在《基于知识共享的大学生创新能力培养策略》一文中指出，在"大众创业、万众创新"的背景下，应以知识之间的流动、共享、转化为中介，充分利用智力资本，以高质量的知识服务提高大学生的创新能力。基于此，该文以大学生知识共享与创新能力间的关系为研究的切入点，旨在探索以知识共享为基础的创新人才培养模式，通过分析当前高校学生创新能力的状况及存在的问题，从知识共享的视角出发，提出大学生创新能力培养的相关建议。苗鑫、施华伟等（2023）提出大学生课外学术科技活动是开展大学生素质教育的重要载体，是培养学生创新能力的必然途径。刘语欢、阳馨等（2023）指出大众创业、万众创新是我国实现创新驱动发展战略的关键所在，大学生是双创的主力军，为全面贯彻落实立德树人根本任务，结合"三全育人"要求，通过科研育人培养学生的创新能力。王增磊、张开兴（2023）在《新时代大学生科技创新能力培养方法》中针对当前高校对大学生科技创新能力培养模式单一、学生创新能力不足的问题，提出了新时代大学生科技创新能力培养的新模式。分析了当前高校在学生创新能力培养过程中出现的问题，提出了基于科技创新能力培养的教育教学新体系的大学生创新能力培养方法，并阐述了大学生创新能力培养的意义，保障了高校科技创新人才培养的长效发展。朱权洁、刘晓云等（2023）提出了新形势下通过营造良好的大学生科创环境，持续开展大学生科创活动，初步探索了大学生科技创新基地建设的长效机制与发展模式。经过多年的改革实践取得了初步成效：以科创活动为引领，推动了"课堂—科创基地—企业"常态化协同育人，形成了实践育人协同新模式；切实增强大学生参与科技创新赛事的水平和能力，提高学生的动手能力、独立思考能力、科研能力和创新能力。朱权洁、刘晓云等（2023）指出在新形势下，我国高等院校对"双创"的认知和研究进一步深化，培养体系与"双创"教育融合是培养专业技术人才创新创业能力的关键。以创新创业人才培养为目标，以思政教育、人文教育为基础，通过理论与实践融合、创新创业融合、校企协同融合的培养方式，构建了以提高学生创新创业能力为目标的"1基础+3融合+4项目"培养体系。该体系以项目为驱动，实现了"双创"模式与项目驱动的深度融合，实现了学生创新创业能力的有效培养。谢小军、薛申芳等（2023）发文指出学生的应用与创新能力的培养，这也是新工科素质教育的一个重要方面，应用民办本科高校越来越重视创新人才的培养，通过开展课程教学改革、建模和实验课程、组织学生参与建模赛前培训和建模竞赛活动，把课堂教学与实践活动结合起来，使学生的应用能力得到培养和提高，继而达到创新人才培养的目的。付滢、徐晓英等（2023）提出通过对高校大学生创业能力培养现状和大学生创业面临的困难分析，从营造浓厚创业校园氛围、优化创业指导教师队伍及评价体系、强化学科优势与创新创业资源的转化、打造科技型创新创业实践教育平台四个方面进行了高校大学生创业能力培养研究。菅晓霞、吴和保等（2022）发文指出高校是培养学生创新能力的主要基地，但是当前我国高校的创新人才输出与国家需求之间仍有较大差距。大学生创新能力培养的实践环节在一些方面仍需深化与改革，如深化创新培养教育理念、建设高水平具有创新能力的师资队伍、构建完善的创新教育课程体系、加强创新培养制度保障。刘春放、谢孝河（2022）提出培养学生创新意识、提升学生项目参与度、加强创新实践训练、推进师资队伍建设四个方面，探讨如何提升大学生创新能力。阎海玲（2021）发文指出大数据不仅是技术上的应用，更重要的是，大数据时代提供了有别于传统知识范式的研究思路——数据范式，数据范式强调直接用数据解决问题。针对大学生缺乏创新意识、大学生创新能力的培养缺乏精准指导的问题，将大数据范式的思维模式融入大学生创新能力培养过程中，提出"大学生创新能力培养大数据"的概念，利用大数据技术采集大学生成长轨迹等海量数据，进行处理，提取信息，进行因人而异的精准指导，突出因材施教的"精准创新能力培养"模式，增强大学生创新意识，提高创新型人才的培养质量。

赵丽丽（2021）在《大学生创新能力培养的教学管理改革探究》一文中指出党的十九大提出要加快建设创新型国家，建设创新型国家的关键在于培养创新型人才。高校作为培育创新型人才的摇篮和基地，应该积极响应国家号召，转变人才培育理念，培育更多具有创新思维的人才，为建设创新型国家做出应有的贡献。教学管理作为高校管理的一部分，其重点依然在课堂的教学环节，忽视了高校创新人才培养的全过程管理和监控，严重影响了大学生创新能力的培养效果。因此，高校必须加快大学生创新能力培养的教学管理改革进程。通过阐述大学生创新能力培养的途径，根据大学生创新能力的要求和现代高等教育的发展趋势，从教学管理理念、教学管理目标、教学管理内容、教学管理方式等方面进行改革，以期有效提高大学生的创新能力。

关于研究生创新能力的培养，陆广（2023）在《基于创新教育的高校研究生创新能力培养研究》一文中指出创新能力培养质量，映照的是研究生教育水平和成效，更是彰显高等教育优越性的关键维度。高校应从创新教育视域下，全面审视与分析研究生创新能力培养问题，明确影响预期目标实现的制约因素，通过扎实推进课程建设工作、加强以研究生为主体的科研实践、创新激励机制、推进创新能力培养的增值评价等对策，以期实现高校研究生创新能力的高质量培养。薛亚强（2023）也提出创新能力培养是研究生教育的核心任务。随着研究生培养规模扩大，提升研究生培养质量也越发重要。作者还分析了研究生创新能力培养的迫切性及存在的问题，并从改革教学模式、激发学术热情、强化导师指导、学生锤炼自身和搭建实践平台等角度讨论了提高研究生创新能力的措施，以期为培养研究生创新人才提供思路。倪雪倩、张升等（2023）分别从研究生自身能力、导师培养模式和科研平台等方面，深入剖析了当前研究生创新能力培养方面存在的一些问题，并从强化研究生的创新意识与科研能力、研究生导师的指导能力和科研平台的建设等方面提出了几点建议与对策，为我国创新人才培养提供理论和实践参考。王路、徐伟丽等（2023）指出硕士研究生教育是我国高等教育体系中的高层次教育，研究生创新能力培养是国家高层次人才培养的重要手段之一。针对我国高校研究生创新能力培养现状，在创新能力内涵的基础上，分析指出当前研究生创新培养中的科研问题意识欠缺等问题，并提出建立正确问题意识、构建准入考核选拔与评价机制、发挥导师核心引领作用、强化科研学位论文创新评价等对策建议，以期进一步完善我国高等教育研究生高层次人才培养机制，保障高校人才培养质量和教学水平，适应新时代背景下高等教育模式创新，进一步推动研究生创新能力的提升，为保障我国研究生教育培养质量奠定基础。

2023 年 10 月 26 日，第 24 届中国国际教育年会在北京召开。教育部部长怀进鹏表示，纵观人类历史，教育对于传承文明与知识，创造美好未来具有不可替代的价值与意义。中国始终坚持继承和发扬中华民族优良教育传统，把教育事业放在优先发展战略地位，推动教育事业发生历史性变革，教育国际影响力稳步提升。中国共产党第二十次全国代表大会擘画了以中国式现代化全面推进中华民族伟大复兴的宏伟蓝图，教育、科技、人才在现代化建设中的基础性、战略性支撑作用进一步突显。立足新征程，中国将持续办好公平而有质量的教育，不断扩大优质教育资源供给；立足统筹融合发展，不断搭建人才培养"立交桥"；坚持深化改革创新，不断激发教育发展活力；扩大对外开放，不断提升教育国际贡献度。聚焦突破创新，让教育成为驱动经济社会发展的关键力量。提高教育适应科技发展、产业升级的能力，实现人才培养和科技创新同步取得重大突破，推动经济社会高质量发展。

第三章　创新教育新解读

　　一种新的教育思想，正在国内传播；一种新的教育哲学，正在引发于百万教育工作者的思考；一种新的教育实践，正在涌动新时代中国教育改革的春潮。这种新的教育思想、教育哲学和教育实践，就是当今世界知识经济时代呼之而出的创新教育。其深深植根于华夏沃土，沐浴着世纪变幻的风雨，正郁郁葱葱，充溢着无限生机。有智者说："只有创新，才能生存，只有创新，明天才会更美好。"显而易见，创新是教育改革与发展的常青树。

第一节　知识经济呼唤创新教育

一、创新是知识经济的飞船

　　进入 20 世纪 70 年代以来，人们对未来经济提出了多种说法，先是美国学者托夫勒在《第三次浪潮》中指出的"后工业经济"，后是奈比特 1984 年在《大趋势》中提出的"信息经济"，再是英国福莱斯特 1986 年在《高技术社会》中提出的"高技术经济"，1990 年联合国研究机构提出了"知识经济"的概念，1996 年经济合作与发展组织定义了"以知识为基础的经济"，第一次定义了这种新型的经济。

所谓知识经济，主要是指以知识资源和信息资源的占有、配置、生产、分配和使用为最重要因素的经济。简而言之就是"科学技术是第一生产力"的经济。在知识经济时代，少数人用少数时间就可以生产足够的物质产品；多数人用多数时间将去学习和传播知识。拥有天然的资源已经不是一个国家强盛的关键，衡量一个国家综合国力的根本标准是素质、教育、机制和管理。也就是说，创新是知识经济的飞船，这或许是知识经济时代的一个明显社会特征。

（一）知识经济的产生与形成

同人类社会一样，知识经济也有其自身的产生和发展阶段，而且不同的阶段，又有其不同的特点。知识经济可以分为两大阶段：一是知识经济的发生阶段，二是知识经济的形成阶段。

1. 知识经济的发生阶段

知识经济现象是人类社会所独有的形态。在这个意义上，知识经济同人类社会一样历史悠久，只是它以潜在的形式存在着。知识经济的发生阶段又可以分为三个历史时期。

在原始经济、原始文化知识时期，文化知识与经济是浑然一体的，共同处于原始的生存方式之中，没有文化与经济之分，生产方式、生活方式都混沌地统一在生存方式和生存文化之中。在农业经济时期，出现了铜器、铁器、石磨、牛耕犁头和精耕细作，农业文化占据主导地位，知识与经济出现分离，知识教育成为少数人才能享受的高级消费，经济上的贫乏与知识教育上的垄断构成这一时期的特点。在工业经济时期，形成了工业经济和工业文化，这是知识经济一体化的转折时期。一方面，由于价值规律和社会分工的作用，知识与经济相分离，形成了专门的、纯粹的文化知识和教育事业；另一方面，由于物质文明的极度膨胀和精神文明的相对丰富，社会上有相当多的人脱离了贫困，成为物质文化和精神文化的共同消费者。正是在工业经济时期，由于全社会和全人类文化市场和文化消费的形成，产生了知识经济一体化的强大动力。因此，知识经济也就在这个时期应运而生了。

2. 知识经济的形成阶段

工业时代是人类社会物质文明和精神文明迅猛发展的一个历史时期，

特别是二次世界大战以后，由于手工业社会分为传统工业社会和现代工业社会，这便是知识经济的形成阶段。其中，商品经济、市场经济和信息经济这三个因素，对于知识经济的形成起着关键的推动作用。古老的商品经济和商业文化在现代工业经济和工业文明的历史条件下，对知识的经济化和经济的知识化起着巨大的催化作用，这一作用促使知识、经济走向一体化。市场经济比商品经济更具广度、深度和规范，它是成熟的、规范化和体系化的商品经济。信息经济与技术文化对知识经济一体化运动起着直接的推动作用，"二战"以后，正是高新技术的兴起，为知识、经济一体化提供了直接的工具和条件，使知识经济一体化运动实现了最优化的组合。

（二）知识经济的功能与作用

知识经济具有重大的价值意义，它是人类社会物质文明与精神文明发展到一定高度的产物，同时，它对于人类社会物质文明和精神文明的高度发展，又具有极大的促进和推动作用。

21世纪是知识经济时代，科技、教育、文化和信息将成为全球第一生产力。日本由开始贸易立国战略，逐步转变为工业立国、教育立国战略，直到技术立国和知识立国战略；欧洲联盟和欧委会正式确立了"信息社会"战略；中国也同样确立了"科教兴国""人才强国"战略，全球各国都充分认识到知识在经济时代的巨大价值和深刻含义。

美国福特公司有一台大型电机发生故障，无法排除。他们请来德国机电专家斯坦因门茨，这位专家经过研究计算之后，用粉笔在电机上画了一条线段，要求技术工人在电机的画线处拆去16圈线圈，工人照办了，故障排除了。公司付给斯坦因门茨1万美元报酬，要求他说明原因，这位专家在付款单上写道："画一条线是1美元，知道在什么地方画线值9999美元。"斯坦因门茨的知识价值比例说明，在现代人类社会，生产力的发展提高，99.99%的要靠知识和信息。知识和信息已经构成第一生产力。这是因为，人类社会经过工业技术的长足发展之后，基本上脱离了原始的、直接的体力劳动而进入了以脑力劳动为主导的工业信息社会，并正在向100%的知识经济社会过渡。因此，知识生产力无所不在，无所不能，无所不包，知识作为有形的、无形的巨大生产动力，已经成为促进社会进步的主要动力。

（三）知识经济的挑战与机遇

纵观人类社会的发展历史，每一次新的经济形态的到来，对世界各国而言，既带来新的挑战，同时又都为各国提供了新的发展机遇。知识经济时代的来临，对后发展中国家来说，"要么搭上车，要么更落伍"。这无疑是严峻的挑战和良好的机遇。

历史的发展表明，每一次经济形态的更新，都给世界各国的发展提供了新的机遇。从历史上看，世界发达国家之所以能在一个时期得到较快的发展，都是得益于当时的科技发展所提供的机遇。

以知识作为经济资源的特征为世界各国的发展提出了历史性的挑战并提供了新的历史机遇。知识经济的主要特征如下：一是非消耗性。知识能无损使用，而且使用得越多，体现的价值也就越高。二是可共享性。知识不具有排他性，可供许多人同时享有和使用，它在一定程度上打破了时空的局限性。三是能再生性。物质资源是有限的，稀缺的和不可再生的；而知识资源则是相对丰富的，是可以低成本加以复制和可以创新再生的。尤其是它与资本的互补性，减轻了资本对发展中国家的制约性。四是易掌握性。知识更易于传播和处理。信息技术的发展和全球化网络的形成，使得发展中国家能够更简捷、更快速和更廉价地掌握发达国家的知识积累。五是可借鉴性。发展中国家在向知识经济转型过程中，可以借鉴发达国家的转型经验，降低转型成本，从而利用所掌握的知识这一后发优势，实现跨越式经济发展。

（四）知识经济呼唤创新教育

当人们津津乐道于知识经济时，便会情不自禁地想到比尔·盖茨、杨致远、王选等知识英雄。这些英雄凭着他们的创新智慧，在数字世界里筑起了知识经济的摩天大厦，从而使经济学家所说的抽象概念变为触手可摸的高科技企业现实。创新不仅在每天改变着人类文明的生存状态，而且每时每刻都在为创新者凝聚着财富。这个时代，如同农业经济时代之于土地，工业时代之于资本那样地追求知识，将教育和科技的投资看成是最重要的投资。一方面，知识增长的速度大大加快，另一方面，知识更新的周期大大缩短。终身教育、终身学习将成为时代潮流，教育、科技和文化产业将成为社会最庞大的产业。从教育经济学角度来讲，教育是有形的消费，潜在的生产；必要的消费，扩大的生产；今日的消费，明天的生产；物质的消费，人才的生产。简而言之，创新教育是知识经济时代生产第一生产力的生产。

1. 知识的外延扩大

在知识经济时代，知识经济里的"知识"概念已经较之于我们传统的知识概念扩大了，它主要包括以下四个方面：一是知识是什么样的知识，是指关于事实方面的知识。如北京有多少人口，亚洲有多大面积等。二是知识是为什么的知识，是指原理和规律方面的知识。如物质不灭定理、市场经济、价值规律等。三是知道如何做的知识，是指关于操作的能力，包括技术、技能、技巧和诀窍。如德国机电专家斯坦因门茨为美国福特公司排除电机故障中的"画定线段"。四是知识是谁的知识，包含了特定社会关系的形成，以便可能接触有关专家并有效地利用他们的知识，也就是关于管理的知识和能力。

由此可见，知识经济里的"知识"，其一，包括了平常所说的知识和能力两个方面；其二，包括科学和技术两个方面；其三，科学又包括自然科学和社会科学。总之，这里的知识包括科学、技术、能力、管理等。而且，在知识经济里，更强调知识中的能力部分。

毋庸置疑，这种知识中的能力部分，属于创新人才的重要素质部分，而高素质的创新人才，只有通过创新教育的培养与训练才能够使然。据此而论，在知识经济时代，创新教育是生产第一生产力的生产。

2. 人才直接起着中介融合作用

知识、科技、信息等大知识要素与资源、资金、商品、区位等大经济要素的结合、融合、统一，都直接体现在人身上，统一在生产力中最活跃的因素——人之中。人既是知识、科技、信息的文化载体和创造者，又直接构成了现代文明最宝贵的资源、最宝贵的财富和经济动力。人是科技、文化、信息等资源的统一，也是知识经济的中介，更是知识经济的凝聚和集成。人才经济学的兴起，预示着知识、经济与人才的三位一体。人本身就是物质文明与精神文明的统一体。换句话说，创新教育是生产人这一能够创造物质文明与精神文明的生产，因而它是生产第一生产力的生产。

3. 教育是社会经济发展的强大动力

英国古典经济体系的创立者亚当·斯密（Adam Smith）在1766年就指出，学习费用可以得到偿还并可以赚取利润。一百年后，人力资本理论创立者、美国经济学家西奥多·W. 舒尔茨（Theodore W. Schultz）在其代表作《论人力资本投资》中更加断言，教育是一项生产性投资。中国人才学专家王通讯指出，要认识到人才的开发过程是资本的投资过程，把人类资源转化为人才资本。其实，办教育、搞培训也是投资，也会有产出。发展中国家要实现现代化，便捷快速的道路就是加大人才资本的投资。据此而论，在知识经济时代，创新教育对人才的培养，便意味着它是生产第一生产力的生产。

4. 有效推动经济发展并加速现代化建设进程

北京大学王继华教授在其《校长职业化释要》一书中提出了"四力理论"，即教育生产力、教育文化力、教育经营力、教育核心竞争力的创新理念。王教授认为，教育生产力有两层含义：其一，教育是生产力，即教育是社会生产力的重要组成部分；其二，教育的生产力，即教育本身所具有的生产能力——开发人力资源的能力。

因此，把教育作为一类特殊的产业，充分发掘现有教育资源，适时扩大教育功能，不仅可以动员、组织社会力量和资金发展教育事业，尽可能地满足教育需求，而且能够缓解就业与再就业压力，拉动即期经济增长，提高劳动者的文化素质和职业技能，确保经济可持续发展战略的有效实施。总而言之，在知识经济时代，创新教育是生产第一生产力的生产。这是"教育必须与社会发展相适应"的基本规律。知识经济呼唤创新教育这一生产第一生产力的生产，创新教育这种新的教育思想、教育哲学和教育实践也随着知识经济的大潮而成为世界各国教育工作者开拓未来的无限希望。从这个意义上讲，知识经济之于创新教育，是新的挑战，也是新的机遇，是新的愿景，更是新的要求。

第二节　创造教育依存创新教育

一、创造与创新

（一）创造

1. 创造的含义

人类社会进步发展的历史，就是一部创造史。纵览这部鸿篇巨制，我们便会得出这样的结论：创造，就是人产生新的精神或物质的思想与行为的总和。创造是人们为了实现开发前所未有的独创性成果目标，借助灵感激发的高智能劳动，产生新社会价值成果的活动。

创造的概念包含了三层意思：一是人是创造的主体，创造是人的特定思维与行动。众所周知，创造是人类所特有的属性。制造工具是类人猿走出穴居的山洞而进化为人类的起点，也是人类创造的起点。因此，创造是与人类同时诞生的。社会发展与文明进步离不开创造。虽然创造的内容十分丰富，但都可以归结为两种主要形式：一种是人的思维活动，属于认识的范畴；另一种是思维活动的外部表现——行为，属于实践的范畴。通常情况下，作为创造的思维活动与其行为表现是有机结合在一起的，相辅相成的。二是创造表现为人开展一定的思维与行动而产生或形成的精神成果与物质成果的活动。创造既可以是对客体的认识活动包括发现新事物、揭示新规律、提出新观点、建立新理论、创立新方法，也可以是对客体的改造活动，包括发明新产品、创作新作品、产生新工艺、推出新技术等。前者即通常所说的发现，后者则是一般所指的发明。但无论是发现还是发明，作为这一活动的产物，必定要产生和形成精神的或是物质的成果，无成果无以评价创造。三是这些成果必须是第一次获得的，并以新颖性作为其特征，无论什么形态的创造成果，都因其是通过从相对中优选绝对，从偶然中把握必然，从量变中促进质变，从否定中实现再否定而获得，所以都应满足"首次获得"这一条件，具备前所未有、超越以往的特征。创造成果的特征是新，新是创造成果的本质与核心。

2. 创造活动类型

对于创造活动，许多学者都做过记述，仁者见仁，智者见智，提出了一些各具特色的经验模式。这些模式我们大体可以分为以下三种类型。

（1）第一种类型：三境界说

第一种类型，是以我国学者王国维 1908 年在《人间词话》一书中提出的"三境界说"为代表。他说："古今之成大事业大学问者，必然经过三种之境界。'昨夜西风凋碧树，独上高楼，望尽天涯路。'此第一境也。'衣带渐宽终不悔，为伊消得人憔悴。'此第二境也。'众里寻她千百度，蓦然回首，那人却在，灯火阑珊处。'此第三境也。"在此，王国维所着意刻画的是作为创造主体的人心理活动的过程，即悬想—苦思—顿悟这三个阶段。

（2）第二种类型：五阶段模式

第二种类型，当以美国科学家杜威 1910 年在《我们是怎样思维的》一书中所提出的五阶段模式为代表。这五个阶段是：感到某种困难的存在——认清是什么问题——搜集资料，进行分类，并提出假说——接受或摒弃试验性的假说——得出结果并加以评论。由此说明，杜威模式所注重的是作为创造主体的人之逻辑思维活动的过程。

（3）第三种类型：综合模式

上述两种类型，从不同侧面较为深刻地揭示了人类创造活动的基本过程。但从总体上来看，却又都有失偏颇。于是便有了 1926 年英国心理学家 G. 沃勒斯在《思考的艺术》一书中所提出的一个可以说是综合模式的第三种类型，从而弥补了前面两种类型的不足。沃勒斯认为，人类的任何创造过程，一般都要经历以下四个阶段：第一阶段是创造的准备期。它包括发现问题，收集材料，以及从前人的经验中获取知识和得到启示。第二阶段是创造的酝酿期。这一阶段主要是对所发现的问题进行苦思冥想，其中包括利用传统的知识和方法，对问题作出解答。第三阶段是创造的明朗期。也就是在上阶段酝酿成熟的基础上进行试探性解决。突然出现灵感或产生顿悟等，新思想脱颖而出，豁然开朗。只有这个阶段才摆脱了旧经验、旧观念的束缚，产生超乎于寻常的新观念新思想，因而在整个创造过程中显然具有关键性的意义和作用。第四阶段是创造的验证期。即对灵感突发及顿悟等得到的初具轮廓的新想法进行检验和证明。也就是运用逻辑的力量，以检验其理论上的合理性与严密性；运用观察、试验等方式，证明其事实上的可能性与有效性等。新思想的不完备之处，能够在验证阶段予以修正。

沃勒斯的这一模式虽然仍属于经验性的，但它既全面地概括了创造过程的基本内容，又突出了新思想、新观念在整个创造过程中的特殊地位和作用；既突出了逻辑思维的重要作用，又强调了创造者的灵感、顿悟等思维活动在产生新思想、新观念时的特殊意义和作用，因而在一定程度上反映了人类在创造活动过程发展阶段的基本规律。

（二）创新

创新是一个相当广泛的概念，不同情况下常有不同的含义。最早将创新与创造以独特的含义严格区分的概念便是美籍奥地利经济学家熊彼特于1921年提出的，他认为，技术创新是发明创造的第一次商业化应用。那么熊彼特提出技术创新时的技术内涵和今天的技术内涵发生了哪些变化和影响呢？

1. 循环流转

假定经济生活中有一种"循环流转"的"均衡"状态。在这种状态下，生产过程循环往返，周而复始，没有创新，没有变动，没有发展，企业总收入等于总支出，生产管理者所得到的只是"管理工资"，因而不产生利润，不存在资本利息，也不存在企业家。

2. 创新与企业家

创新是生产要素的重新组合，目的是获得潜在的利润。企业家的职能就是实现创新，引入新组合实现了创新的发展，才有企业家，才产生实际的利润，才有资本和利息。

3. 创新与破坏

创新是一种创造性的破坏，即不断破坏旧的结构，不断创造新的结构的过程。破坏是指对旧的资本的破坏，一些企业在创新的浪潮中被淘汰。没有这种淘汰，经济就无法再发展。

4. 创新与经济发展

熊彼特创新理论的核心思想是：经济由于创新而得到发展，创新是内在因素，对经济发展起着决定性的作用。创新成功，企业获得利润而得到发展，也引起社会性模仿活动，继而引起创新浪潮，使更多的企业得到发展，于是经济走向高潮。

今天我们所说的技术创新，是在科学基础之上的技术创新。如果没有科学方面的支撑和突破，要想有真正的技术创新是不可能的。

虽然众多学者对创新的概念提出多达40余种不同的解释，但较为一致的观点是：创新是新设想（或新概念）发展到实际和成功应用的阶段。因此，一般意义上讲，创造强调的是新颖性和独特性，而创新则强调的是创造的某种社会实现。现在常讲的创新，从广义上援引了这个概念，比如知识创新、技术创新、理论创新、管理创新、制度创新、教育创新等。

由此而论，创造着重指"首创"，是一个具体结果。创新则是创造的过程和目的性结果，是侧重于宏观影响的结果。如电子计算机的出现是发明，而将它应用于其他行业，则是创新。创新更注重经济性、社会性和发展性。

二、创造教育依存创新教育

从上述创造与创新的对比中，显而易见，创造与创新之间存在着以下关系。

（一）创造与创新基本上属于同一范畴

创造与创新的主体都是人，通过人的思维和行为能形成超越以往的精神和物质成果，这种成果都具备首创性、新颖性、价值性和实用性的特征。因此，在一般情况下，二者可以相互依存，并相互替代。

创造本身是一种创新，但不是创新的全部。相对于比较具体、比较明晰的创造而言，创新的宏观包容性和时间持续性则更大、更长。换言之，一种创新形态的最终形成，往往是若干创造成果的集合与交融。譬如市场创新，仅有某一领域或某些领域的成果———一种新产品的入市，还远远不足以支撑创新这片天空，它还需要营销策划、广告宣传乃至于展销方式等多层面、多领域的共同创造方可实现；科技创新也不是一个始于研究、终于营销的线性模型，而是一个要求企业在各个活动环节上都有所突破、有所创新的系统集成与网络模型。因此，创新的时空要比创造更开阔、更丰富。反之，创新形态的形成又会促进和推动进一步的创造。也正是从这个意义上讲，我们有必要进一步探讨和论述创造教育依存创新教育的关系问题。

（二）创新教育与创造教育的联系与区别

一是目的不同。以往的创造教育主要是针对传统教育压抑儿童个性、主动性、创造性而提出的，属于教育改革的问题。现阶段的创新教育则不仅仅限于教育改革，还要迎接新时代的挑战，它关系到民族和国家的存亡问题。

二是内容不同。以往的创造教育在实施过程中主要侧重于操作层面上，如动脑、动口、动手，搞小发明、小制作、小创造，重点发展和培养思维能力。创新教育也重视这些内容，但它不仅仅是教育方法的改革或教育内容的增减，而是教育功能上的重新定位，是带有全面性、结构性的教育革新和教育发展的价值追求。

三是任务不同，以往的创造教育往往是面向少数英才、天才学生所实施的。现阶段的创新教育则是面向全体学生，强调全面提高学生的整体素质，注重开发人的潜能，全方位地培养学生的创新精神、创新能力和创新人格，从而提高全民族的创新能力，以适应新时代挑战的一种新的教育思想、教育哲学、教育实践。

第三节　素质教育体现创新教育

一、素质教育及其结构特征

所谓素质教育，就是以促进受教育者的素质全面、协调、主动、最优发展为基本目标的一种教育，是以提高全民素质水平为最终目标的基础教育，是面向未来的创新教育。

素质教育有以下几个要义：第一，是面向全体学生，而不是少数学生；第二，是德智体美劳全面发展，而不是只偏重智育，尤其是不能偏重于应试知识的片面发展；第三，是让学生生动活泼地、主动地发展而不是在升学的压力下死气沉沉地、被动地发展；第四，它是一种普及性的基础教育，而非选拔式的英才教育；第五，它重视学生的个别差异，注重个性和特长教育，而非管束式的同步教育；第六，它是紧跟时代的现代教育，而非落后于时代，甚至逆时代潮流而动的陈腐教育；第七，它是立足于现实面向未来的教育，而非急功近利的短视教育；第八，它是重视学生发展，并多方面促进学生发展的教育，而非阻碍甚至扼杀学生发展的教育；第九，它是充分弘扬人的主体性、创新性、注重形成人的精神力量和智慧潜能的教育，而非压抑甚至否定人的主体性、创新性的教育。总之，全体性、全面性、主动性、基础性、差异性、时代性、前瞻性、发展性、主体性、创新性是素质教育的几大本质特征，这恰恰是应试教育的几大致命缺陷，它为素质教育的界定提供了科学依据。可以说，素质教育是被"逼"出来的，它是当今中国教育界出于规避应试教育与狭窄的专业教育的弊端而提出的一种教育工作思路。

为了科学地进行素质教育、体现创新教育，有效地消除应试教育的不良影响，我们有必要进一步探讨我国公民应该具备的整体素质的内部构成。一般而言，现阶段我国公民的整体素质结构主要由以下几个方面构成：一是思想道德法律素质；二是科学文化素质；三是劳动技能和能力素质；四是身体素质；五是心理素质；六是文明行为习惯素质。其中，思想道德法律素质是公民整体素质的灵魂；身体素质是公民整体素质的基础；心理素质是公民整体素质的核心；科学文化素质、劳动技能和能力素质是公民整体素质的主体；而文明行为习惯素质是公民整体素质的外在表现。依据以上结构的分析，进行素质教育应从以下几个方面入手：一是思想道德法律及文明行为习惯教育，这是学校素质教育的首要任务。二是科学文化素质教育，这是为造就数以亿计的各行各业有文化、懂技术、业务熟练的劳动者和数以千万计的各级各类专门人才打好科学文化知识的基础，也就是让他们"学会求知"。三是身体素质和心理素质的教育，这是对学生进行健康身体和健全人格的教育，也就是教育他们"学会生存"。四是劳动技能与能力素质教育，这是对学生进行劳动技能教育，使其成为社会所需要的多面手。

作为体现创新教育的素质教育，其主要方面——能力素质教育，主要是培养学生的创新学习能力、创新想象能力、创新思维能力和创新实践能力。这些能力是他们今后学习掌握其他各项专业知识技能和特殊能力的基础，也是将来成为"会做一切工作的人"的基础。

二、素质教育体现创新教育

如果把创新教育放在整个人类教育史上来看，就能够认识其深刻变化和意义了。人类教育的发展经历了三大阶段：古代的传承性教育，它面向过去；近代的选择性教育，基本倾向是注重眼下和当前的需要；现代的创新教育，是面向未来，以培养创造性人才为基本目的。我们所实施的素质教育必须以创新精神为核心，这才足抓住了素质教育的根本。

创新教育的提出，是教育发展的历史必然。它使中国的教育进入了一个新的历史时代。创新教育进一步在理论上和实践上深化了素质教育，为素质教育注入了勃勃生机，开辟了素质教育的美好前景。创新教育是素质教育的核心。

与传统教育相比，创新教育突出和强调培养学生的创新精神和批判性，其教学原则主张："教学中，教师讲的主要内容，不仅仅是告诉学生怎么做，而且还要使其知道怎么想；对学生不只是传授知识，而且要激励思维；在课堂上不仅对学生进行封闭式的灌输，而且要进行开放性的启发；不是简单地向学生'奉送真理'，而是要教会学生去'发现真理'。创新教育中评论学生不仅要看学生的考试成绩，看其对知识的掌握程度，而且更要看其发现问题、分析问题和解决问题的能力，尤其要看其创造性解决问题的能力。"创新教育还强调："要求学校进行创造性管理，要求有创造性的领导、创造性的教师、创造性的教材，这样才能培养出创造性的学生。"

因此，创新教育是一种高效率、高境界的教育，是人类有史以来最理想的教育。只有创新教育，才能在更大程度上加快人类进化的速度。素质教育将因有了创新教育而充满勃勃生机与无限活力。

第四节　基础教育承载创新教育

创新具有不同的方面和层次，它不仅是科技界和高等院校的任务，更是基础教育面临的主要任务，只有从作为学校教育源头的中小学开始抓创新教育，才有可能使一批又一批的优秀年轻人脱颖而出。

一、创新教育的基础性

有人担心在中小学搞创新教育，会不会冲击为孩子们打基础的教育，会不会两败俱伤。这种担心不无道理，我们应当处理好打基础与创新的关系问题。的确，中小学生正处在打基础的阶段，我们丝毫不能放松基础知识、基本理论的教学和基本能力的培养。

教育是人们反反复复地对字母、文字、数据、语句、算式、文章等做工作，从接受教育的第一天开始，到终身教育的日积月累，教育的内容始终离不开这些最基本的字符。这些东西是从宇宙太空、大地气象、海洋生物甚至行人车辆、柴米油盐等万事万物中抽象出来的。但教育不是宇宙太空，不是大地气象，也不是行人车辆，更不是柴米油盐。教育把潜在的劳动力变为现实的劳动力，教育从头至尾都只在人身上花工夫。虽然教育可以改变人的精神气质，可以训练人的技能技巧，但教育对人的作用大部分是无形的东西，看不见，摸不着，它是内化为一种叫作"素质"的东西。在基础性、实用性和创新性之间，教育发生过许多演变，实现了部分跨越，但无论如何，教育的实用性和创新性寓于基础性之中，没有永恒的实用性和创新性，只有永恒的基础性。特别是学校教育，是为实用性和创新性做准备的，通过教育，打好坚实的知识基础，打好做人做事的基础，打好可持续发展的基础，打好为社会作贡献的基础。基础越厚，功夫越深，个人的发展和进步就越可靠。

对教育急功近利的人，不是轻薄教育的基础，就是夸大教育的功用。作为基础性的教育，没有厚实的基础，个人的教育和社会的教育都难以取得成绩；作为基础性的教育，重在搭台，不在唱戏，直接把教育拉上台去当重要角色用，极有可能变形、走调。作为基础性的教育，是创新的基础、兴国强国的基础。打好了教育的基础，才能打好创新的基础、兴国强国的基础。

二、创新教育的发展性

改革开放以来，我国基础教育获得了稳步长足的发展，教育成就举世瞩目。有些人便沾沾自喜地认为，中国的基础教育是全世界最好的教育，证明之一是我国中学生年年能在强手如林的国际奥林匹克学科竞赛中，屡屡击败世界各国选手而摘金夺银。然而，随着创新教育的深入发展，社会各界对中小学教育，特别是对我们曾倍感自豪的应试教育体系，对我们造就的自认为高素质的教育"产品"，不满和指责却日益加剧，认为中国学校过多强调学生课本知识和书面应试能力，而对激励学生的创新精神则显得明显不足；评价中国学生有"三好"：基本功好、书本知识好、考试成绩好；外国学生有"三强"：创新能力强、动手能力强、演说能力强。

重视基础的东西无疑是完全正确的，但要有一个限度，从现代社会的发展要求来看，我国各级学校教育都应将用于基础知识积累和相应的基本功训练的时间、精力，拿出一部分来用于扩展知识面及发展实用技能和创新能力。我们的学校教育应使学生在掌握一定的前人知识的同时，还需懂得如何寻找工具以及寻找什么样的合适工具，去猎取为自己所需要的知识和信息，懂得如何分拣、合成、提取和加工日益膨胀的知识信息，培养学生善于抓住新问题、运用新方法、提出新见解的能力，并使之具备打破旧观念、原理、经验而独辟蹊径、标新立异的勇气。

需要指出的是，我们要求中小学生达到的创新与诸如科学家、艺术家所从事的那种创新是有区别的。事实上，通常所说的"新"大多在两个层面上凸显它的意义：一是"前无古人"的层面，亦即首创性的事物谓之新。其参照系为人类历史，因而这种"新"只有少数人可以企及。二是"后启来者"的层面，就是在特定的群体中是鲜见的，同样具有"新"意。可见，在前一层面上，学生特别是中小学生可及者确实不多。但在后一层面上，尤其是以具体的学生群体为参照时，情形便会迥然。况且，"新"还关涉价值。一般情况下，人们注重的是创新的社会价值、经济价值和发展价值。得其一者即可，三者兼具尤佳。中小学生创新，重在发展价值。学生能别出心裁地解决一个问题，虽无多少社会效益和经济价值，却也锻炼了心智，这也是宝贵和可取的。

心理学的研究表明，创新能力是人所皆有的一种潜在的心理能力。教育的功能就是依据学生实际，有效发掘和培养青少年儿童的这种潜在能力。

（一）学前儿童创新才能的萌发性特征

关于创新才能萌发期的存在，已被动物实验予以证实。新出壳的小鸡，其追逐母鸡的能力是出壳后 4 天左右在母鸡的带领下形成的。如果这段时期单独隔离小鸡，使之得不到母鸡的信息，那么小鸡便将失去这种追逐能力。实验还表明，小鸡分辨母鸡呼唤的能力，是出壳后 8 天时形成的。

人与动物在能力发展方面有着类似的机制。俄国著名思想家、教育家别林斯基曾指出："人有着自己的成长时期，教育工作不与之相适合，便会阻碍人的一切发展。"1920 年发现的印度狼孩七八岁时被辛格拉夫妇从狼窝里掘出送入孤儿院，取名为卡马拉。当时其智力仅达六个月婴儿的水平。卡马拉四年才学会 6 个单词，六年才学会独立行走，到死（16 岁）也未学会真正说话，智力只相当于三四岁的孩子。而第二次世界大战期间曾逃居深山的日本人横井庄一独自度过 28 年的野人生活，一旦回到人间之后，82 天就恢复了各种能力。这是因为，后者在才能"萌发期"得到了足量的人类信息刺激，使其潜在的才能的幼芽得以萌发生长出来；而前者未获得这种刺激，使其潜在才能幼芽受阻乃至萎缩。据此可见，教育距才能的潜在"萌发期"时间相隔越短，越有利于其潜在的才能幼芽萌发与生长。

学前儿童的创新才能处在一个萌发和初步生长发展的时期，科学研究表明，婴儿在出生后 10 分钟便会出现追逐方位变化的声源的眼球运动。通过探究反射，婴儿可以不断地接触和感受新异刺激，建立新的暂时神经联系，形成新的动作技能，获得新的知识经验。婴儿在出生后 8 个月左右，便开始运用简单的技能来操作周围环境中的物品，运用一些新的手段来达到某种目的，开始出现自主性行为，开始萌发解决问题的能力。

到了幼儿时期，儿童的创新力得到进一步发展。这种发展主要表现在其动作、言语、感知觉、想象、思维及个性特征等方面。国外学者通过对脑生理学、遗传学的研究指出，人的言语能力，3~8 岁为伸展期，这一期间学习语言的能力与日俱增，过了这一时期，再学习语言就费劲了。10岁以后再学习新的语言总好像是借来的一样。

幼儿的好奇心和创造性想象的发展，是他们的创新能力形成和发展的两种最重要的表现。在好奇心的促使下，幼儿特别爱问一些稀奇古怪的问题，玩以前没玩过的游戏，尝试以前没做过的事情，接触以前没见过的事物，并从中表现出他们的创造性。幼儿的创造性想象最初只是一种无意识的自由想象，但其中也会有一定的创造成分。随着想象的有意性增强，出现了再造想象，在此基础上，幼儿的创造想象便开始发展了。幼儿通过体育、绘画、音乐、舞蹈、手工制作、游戏等各种活动来表现他们的创造力。其中，游戏是幼儿最重要和最主要的活动，它贯穿于幼儿整个生长和发展过程之中，对儿童体质的增强和认识、情感以及创新能力的发展都具有积极的促进作用。

（二）小学生创新才能的发展性特征

小学儿童处于六七岁到十一二岁之间，儿童开始进入学校接受正规而系统的教育和培养。这一期间，儿童在心理上出现了巨大的变化，其创新能力也进入一个实质性发展阶段。

小学儿童创造力的发展是一个受多种因素制约的复杂的活动。日本学者乾侑的研究表明，9岁以前是儿童创造力的萌发阶段，9～22岁是培养创造力的关键时期。许多研究表明，小学生创造力呈持续发展趋势，但并非直线上升，而是波浪式前进。美国学者托兰斯通过研究进一步指出，人的创造力在发展过程中共有四次升降，依次为5岁、9岁、13岁、17岁，以后直至成人基本保持平稳发展的态势。

在记忆力发展上，也是有能力发展变化的。日本学者三岛二郎在1957年对少年儿童的视觉记忆与听觉记忆发展进行了对比性研究，结果发现，在小学与初中交界的时间，将发生较大变化：在此之前，两种记忆能力都在与时间的演进一起增长；在此之后，视觉记忆保持延续增长而听觉记忆却开始下降。这说明，教育要在发展小学儿童的记忆力上适应这种变化——百闻不如一见。

小学生创造力的发展与学习活动紧密相连。大量研究表明，小学语文中的识字、看图说话、造句、阅读、作文等教学活动只要方法运用得当，都可以极大地促进儿童创造力的发展。小学生的创造力除了在各科学习活动中表现和发展外，很大程度上还存在于他们的课外活动和校外活动之中，这是教育工作切不可轻视的重要环节。

（三）中学生创新才能的发展性特征

中学生的年龄在十一二岁到十七八岁之间，处于青少年时期。这一时期是儿童向成人过渡时期，其身心发展的各方面特点都决定了他们的创造力既不同于学前和小学，也有别于成人。与学前和小学儿童相比，中学生的创造力具有以下特点：其一，中学生的创造力不再带有虚幻的、超脱现实的色彩，而更多地带有现实性，更多的是由现实中遇到的问题和困难情境激发的；其二，中学生的创造力带有更大的主动性和有意性，能够运用自己的能力去解决新的问题；其三，中学生的创造力更为成熟。由于中学生的任务仍是学习，他们的知识经验尚不够丰富，因此，他们的创造力不像成人那样有严密的科学性和足够的科技含量与科学价值。但是，与成人相比，中学生也表现出其自身的优势：一方面，他们思维开阔、敏捷、活跃；另一方面，他们热情、奔放，充满对新世界、新事物的好奇，不畏艰难，勇于探索。所有这些，都有利于提高与发展他们的创造热情与创造力水平。

中学生在各门学科的学习中不断提高与发展着他们的创造力。在语文学习过程中，他们通过听、说、读、写等言语活动发展着思维的变通性和独创性；在数学学习过程中，他们的创造力既表现为思考数学问题时方法的灵活性、多样性和思维过程的可逆性，也表现为解决数学问题时善于提出问题、作出猜想和假设并加以验证；物理、化学的学习要求中学生动手操作实验，对于实验现象进行思考和探索，尝试去揭示与发现事物的内在规律，运用对比、归纳、演绎等方法加深对规律的理解和掌握，并运用这些规律来解释现象、解决问题。这些都对激发他们去探索自然界的奥秘，提高实际动手操作能力，促进创新能力的发展颇为有利。

参加课外科技活动和各种社团组织活动，也是提高与发展中学生创新能力的一个重要方面。许多调查和研究表明，中学生科技爱好者的观察能力、思维能力、动手能力及创新性解决问题的能力均比其他中学生有较大的提高与发展。

三、创新教育的差异性

中学生的创新能力，就其发生和发展来看，既服从于一定的共同性与规律，又表现出人与人之间的个体差异。因为人都是有主观能动性的，每个人都有自己的个性、爱好与特长，都有一定的天赋条件。

（一）创新才能发展的类别差异

人的聪明才智有大小，学问有高低，各有所好，各有所长。按照创新能力发展的类别差异，我们可以把各种才能特点分为经济、政治、军事、科学、艺术、道德等类型。

孙彦玲、孙锐（2023）发文指出人才分类是人才工作和人才研究的"底层"基础性问题，提出人才分类的基本思路以及四种分类方式设想，即在现有分类基础上精简为管理人才、专业技术人才和高技能人才三人类；结合职业分类框架将之重构为管理人才、科技人才、专业人才、技术和专业辅助人才、乡村振兴人才五大类；根据人才评价制度重新分为职称类人才、职业资格类人才、职业技能类人才三大类；基于《职业分类大典》构建人才分类框架。高全义、陈加洲等（2019）发文将大数据人才分为技术、应用、安全、管理和领军人才 5 类，并依据不同工作内容进一步对五类大数据人才进行了细分，最后共得到 22 类大数据人才。施普兰格尔（Spranger）在《生命的形成》一书中，以人格类型为标准将创新才能分为六类：理论型、经济型、艺术型、社会型、军事型、权力型。苏联的巴甫洛夫学派，按照两种信号系统的相互作用来划分才能类别：第一信号系统占优势者为艺术型，其特征是知觉记忆形象，直接印象鲜明，想象力丰富。第二信号系统占优势者为思维型，其特征是思维比较抽象、概括。处于两种信号系统之间的为中间型，也叫混合型，即两种信号系统比较平衡。教育就是要根据中小学生创新才能的不同类型特点施以不同的方法，努力做到长善救失，扬长补短。

（二）创新才能发展的水平差异

被誉为"中国基础教育的播火者"的林崇德先生认为，同年龄或同年级的中小学生，他们在智力与能力的发展水平上是有差异的。智力与能力发展，显著超过同年龄或同年级中小学生平均水平者，称为超常学生；智力与能力发展，明显低于同年龄或同年级中小学生平均水平，且有适应性行为障碍者，称为低常学生；智力与能力发展水平，没有明显偏离正常和没有障碍者，称为常态学生。

这里所说的"发展水平"，还表现为智力与能力发展的年龄差异。也就是说，中小学生心理能力表现有年龄早晚的不同。有的人心理能力显得较早，即所谓"早慧"或"人才早成"；有的人心理能力表现较晚，甚至有所谓"大器晚成"的现象。前者中有的属于智力超常儿童，有的则只属于智力与能力早熟而非超常儿童，因为他们虽然能力显露得较早，但随着年龄的增长，就不再显示出其超常的水平。而后者也未必不是"天才"，因为大器晚成的事例实在是不胜枚举。因此，我们在实施创新教育中要全面、正确地对待超常、中常和低常等心理能力发展水平的个别教育。林崇德先生的研究结果表明，智力超常（智商在130以上）和智力低常（智商在70以下）的儿童，各占儿童的1%；智力偏高（智商高于110）和智力偏低（智商低于90）的儿童，各占儿童总数的19%；智力中常（智商在90~110之间）的儿童占儿童总数的61%。一般认为，智力商数具有相对的稳定性，但在良好的环境、教育及主观努力下，可有一定程度的变化。可见，智力低常、中常和超常，是稳定性和一定程度的可变性的统一。而促进这种稳定性向可变性转化的最主要的因素，就是必须进行因材施教。

（三）创新才能发展的性别差异

中小学生创新能力的性别差异，在不同年龄阶段也有着不同的表现。在学龄前期，女孩的智力发展优于男孩，相应地，在创新力发展上女孩也优于男孩。到了小学阶段，由于心理和生理的变化，家庭、学校和社会的教育影响作用，男女儿童的创造力都有所发展，但两者之间仍存在着一定程度的差异性，女生无论是掌握知识还是智力发展都优于男生，其创新能力仍优于男生。

中学阶段是个体创新思维迅速发展的时期。随着年级的升高和年龄的增长，中学生的智力有了较大的发展。这期间，男女生的智力发展出现了与前两个阶段迥然不同的情况：女生渐渐失去了智力上的优势，而男生的智力发展赶上并超过了女生。男生在创新思维发展水平上，特别是思维的可逆性、思维的流畅性、思维的独创性及解决问题的创新能力方面都明显高于女生。而到中学后，创新能力发展基本上处于稳定的水平。

总之，无论是中小学生创新能力的类别差异，还是创新能力的发展水平差异，抑或是创新才能的性别差异，都必须因材施教。研究实践表明，教育过程如果离开了因材施教，定然收不到应有的效果。因此，只有进行因材施教，才能使中小学生的创新能力得以健康良好地发展。

第四章 创新人才新特征

第一节 创新人才的类别

人才，历来是一个比较庄重的概念，因为它是知识和智能的象征，又与国家民族兴亡息息相关。过去，我们通常把具有中专以上学历或初级以上职称作为人才的统计标准。从发展的观点看，这种用学历或职称来定义人才的概念，已经远不能适应新的形势和新的情况。

一、创新人才的类别

创新是社会进步的灵魂，更是开创未来、赢得未来的"鬼斧神工"。创新可以分为不同的类别与层次。创建新的理论，提供新的研究手段和方法是创新；利用已有成果开拓新的应用领域是创新；改进实验技能，完善科研程序，研发新的工艺和产品是创新；在生产劳动中，提出新的操作方法和操作程序，生产出更多更好的产品也是创新。同样，能够提高人们思想境界的教育理论、教育手段，使人们在精神和道德上进一步完善自我的工作也是创新。由此可见，任何社会的创新人才也有其类别与层次之分。

在中国古代，王充从能否"著书表文"的标准出发，曾将当时的知识分子（儒）分为四等：能说一经者为儒生；博古通今者为通人；采掇传书以上书奏记者为文人；能精思著文连接篇章者为鸿儒。王充认为：儒生过俗人，通人胜儒生，文人逾通人，鸿儒超文人。他将鸿儒称为"超而又超"的人才。

诸葛亮对军事人才有过十分精当的研究，他曾以德才为标准，把"将才"分为九类，即仁将、义将、礼将、智将、信将、步将、骑将、猛将、大将。又分为十夫之将、百夫之将、千夫之将、万夫之将、十万夫之将和天下大将。

三国·魏刘劭将人才分为十二类：清节家、法家、术家、国体之才、器能之才、臧否之才、伎俩之才、智意之才、文章之才、儒学之才、口辩之才和雄杰之才。

宋代秦观将人才分为四类：第一类为成才，其特征是：器识闳而风节励，问学博而行治纯，通当世之务，明道德之归；第二类为奇才，其特征是：经术艺文，更方将略，有一卓然过人数等，而不能饰小行，矜小廉以自托于闾里；第三类为散才，其特征是：随群而入，逐队而趋，既无善最之可记，又无显过之可绳，摄空承乏，取位而已；第四类为不才，其特征是：寡闻见，暗机会，乖物理，昧人情，执百司之事，无一施而可。

郭沫若从思维角度将人才分为两种类型：第一种为直线形——以一种特殊天才为原点，深益求深，精益求精，向着一个方向渐渐展延，展延到它可以展延到的地方为止，如纯粹的哲学家、科学家、文学家和艺术家等；第二种为球形——将其所有的一切天才，同时向四面八方立体地发展开夫，如孔子、歌德等。还有的学者认为，创新人才可划分为四种类型：第一种是"一"字形人才，这种人才的知识面虽然较宽，但缺乏深入的研究和创新；第二种是"丨"字形人才，这种人才在某一专业方面比较深入精通，但知识面狭窄，很难将各种知识融会贯通地进行创造性研究；第三种是"一"字形人才，这种人才不仅知识面较宽，而且能在某一学科领域有较深的研究，但其弱点是不能冒尖，因而很难有所创新；第四种为"十"字形人才，这种人才既有较宽的知识面，又在某一方面有较深入的研究，更重要的是敢于出头冒尖，有创新。这种人才的明显标志是创新，这种创新是建立在各种学科的融合渗透基础之上的。自然科学与人文社会科学之间以及各学科内部，一方面分化越来越细，另一方面则相互渗透融合。系统论、控制论、信息论、突变论、协同论等，都是这种融合和突变的产物。因此，自然科学的创新人才，应具有人文社会科学的素养；人文社会科学的创新人才，也应具有自然科学的素养。这并非过去那种简单的"文理"结合，而是要通过掌握现代科学前沿知识，产生危机感，并对自己的创造性思维进行"潜革新、潜促进"。

上述所列，是古今中外关于创新人才分类、分层次的一些主要学说。这里需要强调指出的是，创新人才的类别性与层次性。并非只有牛顿、爱因斯坦那样的科学巨匠是创新人才，而一般有所发现、有所发明、有所创造的问鼎者也是创新人才。每一类创新人才群体都呈"金字塔"形分布状态。

二、创新人才新标准

创新人才的重要性，已被越来越多的人所认识，而对于创新人才的标准，人们往往还理解不一。人才标准是一个历史的概念，不同时期、不同的历史任务要求和决定着不同的人才标准，其德才的内容亦有所不同。

《中共中央、国务院关于进一步加强人才工作的决定》明确指出，要"建立以能力和业绩为导向，科学的社会化的人才机制"。这将是我国人才评价机制的重大突破和创新。21世纪是一个能力主义的世纪，能力主义在考虑人的学历职称的同时，更突出其综合能力和专业水平，从而真正做到唯才是用，我们应该顺应这种时代的要求，倡导"能力至上"的新理念，将能力和业绩作为人才评价的重要标准。工业化国家认为，在竞争环境中，业绩是至关重要的，因为只有业绩才能把你与其他竞争者区别开来。他们特别强调当你在进行人才评价时，不能仅仅看文凭，而是看他给社会究竟做出了什么贡献，有些什么业绩。

国外一项最新研究表明，企业对人才评价主要参考六个标准：品行、动机、潜能、理解力、知识、经验。而它们的重要程度也是依次递减。没有品行光有动机很危险；没有动机光有潜能是无能；没有潜能光有理解力是有限的；没有理解力光有知识毫无意义；没有知识光有经验，则会变得很盲目；而没有后面五个标准光有品行，则空洞无用。

创新人才最突出和终极的表现与标志是对社会贡献较大，这是人才评价最核心的标准，它体现人才的实践性和客观性。人才评价标准从唯学历、职称到重能力、业绩再到未来的重心态、品行，呈现出从单一走向多元的特点，它预示着更加科学、客观、公正的人才评价体系的形成，昭示着万马奔腾新气象的到来。

第二节　创新人才新特征

一、创新精神特征

创新精神是指具备敢于解决自己未曾接触问题的勇气和欲望，并有意识地在学习、生活和工作中发挥自己的主动性与积极性。

由于每个人的知识基础不同，生活与工作经历不同，未曾接触问题的难易程度和范围及层次也就不同，所以每个人都有创新的机会。积极主动地抓住这些机会，就能提高自己的能力。创新机会对每个人都是均等的，能否提高能力却是不一定的，这就要由创新精神所决定了。对大学教师而言，国家教育改革的重大举措，给每个教师的具体教学过程都带来了新课题，即带来创新机会。勇于对新要求的理解、认识、适应、实施，就是创新过程，就是教师积极主动增长才干，培养能力的过程，就是创新精神的体现。从这一点看，新、老教师是站在同一起跑线上，任何吃老本的人，都会被淘汰。对中小学生而言，他们每个人在学习过程中都会遇到新问题，而且都要解决新问题，每个人都有创新机会，从解决问题的角度看，每个人都有解决问题的能力，即创新能力，所以创新能力并非只有优秀学生才具有。由此，教师在教学过程中必须面向全体学生，不偏爱某一类学生，想方设法要创设一个和谐、轻松的情景，引导学生学习（这是尊重学生，以人为本的表现），形成师生共同参与，交互式的学习（使学习得到帮助、激励、发展，这是充分发挥学生主体作用的体现）。这样，所谓的培养各种能力，也便在其中了。教学相长，培养创新精神也就不需要刻意地追求某些距实际较远的高悬的东西，因为我们已经实实在在地处于创新的过程中。

二、创新能力特征

长期以来，我们一直把智力高低视为判断创造力的标志，将培养创造人才的目标定位于开发智力。即使在大力弘扬创新精神的今天，这种观点仍有较大的市场。例如，有人在论及创新教学的主要特征时依然认为："创新教学是注重开发学生智力的教学"，并再次认同"传授知识，授业解惑是教学的重要任务"。这里需要重新认识的是，创新能力特征是否就是开发智力？

以"创新"的最高层次"创造"为例。无论从心理学概念还是实际效能来说，创造力都不等同于智力。智力包括注意力、记忆力、观察力、想象力、思维力等；而创造力是一种特殊的能力，包括除智力因素以外的许多非智力因素，如人的个性和独立性。智力与创造力的关系是极其复杂的，美国心理学家吉尔福特1971年的研究表明，创造力与智力并没有绝对的相关，虽然在整体上存在着正相关趋势，但智力高者创造力未必高，而创造力高者其智力又并非一定超群。

其实，开发智力与培养创造力并不矛盾，智力是创造力的必要条件，但并不是充分条件，开发智力的最终目的还在于培养其创新能力。我们反对的是那种在实践中被应试教育"异化"，从而演变为强化记忆的操练、加重学生负担的所谓"智力开发"，也明确反对把智力开发作为创新教学的唯一目的。"以为开发智力就是培养创造力，这是素质教育的一大误区"，它也是对创新人才质量特征认识上的误导。当这种误导从学校扩散到社会后，全民偏重于中小学生"智力开发"的后果，反过来又继续强化着这种错误导向——只要看看有多少家长为开发孩子的智力，不惜牺牲他们几乎全部休息时间，在各种培训班之间"赶场"，坚持多年乐此不疲，人们便能体会到这种误导有多么强大的影响力！

创新能力是一种多种因素构成的综合能力特征，除了包括种种认知能力外，还包括其他一些重要特征，如区别于他人的个性心理特征，包括非智力因素中的兴趣、动机、意志、态度等。这些特征绝不是单纯学习和记忆知识的智力特征所能够替代的。

三、创新人格特征

创新素质中最重要的要素是创新人格，主要包括责任感、使命感、事业心、执着的爱、顽强的意志、毅力、能经受挫折与失败的良好心态，以及坚忍顽强的性格。

西方心理学家巴僧以不同领域的科学家为对象，连续进行过 20 年研究，他发现这些创新人才共同的人格特征是：高度的自我力量和情绪的稳定性，独立自主的强烈需要，控制冲动的高水平，超常的智力，喜欢抽象的思维，对矛盾和障碍表现出极大的兴趣，等等。另一学者戴维斯 1980 年在第 22 届国际心理学大会总结的创新人格特质是："具有创造力的人，独立性强，自信心强，勇于冒风险，具有好奇心，有理想抱负，不轻信他人意见，对于复杂奇怪的事物感到一种魅力，而且有艺术上的审美观和幽默感，他们兴趣广泛又专一。"我国也有类似的研究，如《中国当代名人成功素质分析报告》总结出 500 余位名人的"创新人格特质"就包括善于抓住机遇、深厚的功底、杰出的才华、坚定的信念、敬业精神、特殊个性、勇于承受压力、良好的人际关系、善于表现自己等。

社会学家认为，创新不仅仅是一种精神特征，也不仅仅是一种能力特征，更是一种人格特征。创新人格是创新活动的内在动力机制，是创新活动成功的关键，更是形成和发挥创新精神与创新能力的底蕴。一个人无论其智商有多高，能力有多强，如果没有推崇创新的意识，没有献身人类事业的内在动力和坚强意志，没有敢于怀疑、敢于挑战的精神，是不会有创造成就的。中国学生的知识功底和解题能力是令世人赞叹的，但奥林匹克的摘金之路却至今未能通向诺贝尔奖的领奖台。这不能不值得我们深思。诺贝尔奖获得者朱棣文教授说："创造精神是最重要的，创造精神强而天资差一点的学生，往往比天资强而创造精神不足的学生能取得更大的成就。"

可见，创新人格在人的创新活动中起着十分重要的作用。既然如此，在实施中小学创新教育过程中，就目前我国学生素质状况而言，培养其创新人格，便显得尤为迫切和重要。

四、创新人格培养

人格是指人的性格、气质、能力等特征的总和，也指个人的道德品质和人的作为权利与义务的主体资格。美国著名心理学家马斯洛在《人性能达到的境界》一书中写道："我们必须变得对创造过程、创造态度、有创造力的人更感兴趣，而不单是对创造产品感兴趣，造就这种人的社会将生存下来，不能造就这种人的社会将灭亡。"所以，在创新教育教学中培养创新型人才是我们的责任，而培养这种人才的重点是从小对他们进行创新人格的塑造。

（一）创设民主宽松的心理环境

心理学研究表明，创新思维的产生，有赖于个体的心理自由。当人处在放松自由的状态时，才会产生创新的激情，迸发创新的灵感。诚如爱因斯坦所说："凡真正伟大且激动人心的东西，都是由能够自由劳动的个人创造出来的。"而传统的应试教育过分强调"教师权威""师道尊严"，把学生看作教师的"附庸"。有的教师甚至采用简单、粗暴的手段对待提问的学生，这样不仅挫伤了学生的自尊心、自信心和进取心，而且很容易给学生造成恐惧心理。在压抑的思想环境里，禁锢的教学中，绝难产生创新思想的萌芽。只有创造一种民主平等，自由开放的氛围，引导学生在求知道路上勇敢探索前进，尊重学生勇于发表不同看法的权利，师生展开观点争鸣，鼓励学生敢于公开指出教师的教学错误，这才是适宜于塑造学生创新人格的优质"土壤"。

（二）创设美好的情感环境

晚清思想家魏源曾说过："才生于情，未有无情而有才者也。"创新正是产生于激情驱动下的自觉思维。从创新动机的产生到创新过程的持续，再到创新结果的验证，各个环节无不蕴含着创新者的人格魅力，蕴含着创新者的情感因素。因此，教师在教学中采用多种煽情手段，如实物、图片、音像、角色扮演等，创设美好的情感环境，会不断激发学生的情感体验，使学生在情感的强烈感染下，充分发挥自己的聪明才智，产生创新意识，释放学习和创新的积极热情，养成良好的创新人格。

（三）创设有趣的问题环境

学起于思，思源于疑。疑问是思维的火种，是创造的动力。创设问题环境实质上就是创设一种以兴趣为前提，以思考为核心，以获得知识并形成创造个性为目的的教学氛围。美国心理学家布鲁纳把教学过程看作"是一种提出问题和解决问题的持续不断的活动"。风乍起，吹皱一池春水。在教学活动过程中，教师一个问题的提出，便能掀起学生思维的层层波澜，激发学生的探究欲望，激活学生的创造性思维，驱使学生去回忆、想象和创新。这样才更有利于学生独创性人格的形成。

（四）创设清新的物质环境

教学活动总是在一定的物质环境中进行的，创新人格的培养更离不开一定的教学物质环境。物质环境主要包括教学的自然环境、教学手段和教学组织形式。

就教学的自然环境而言，它们的条件优劣直接影响到学生的身心活动。教室里的光线明亮，空气新鲜，会使学生心情舒畅，情绪饱满，思维活跃；相反，教室里光线暗淡，空气浑浊，则会使学生情绪低沉，昏昏欲睡，注意力难以集中。为此，我们应尽可能改善教室的自然条件，为激发学生的思维，培养创新人格提供可靠的物质保证。

就教学手段而言，教师通过运用直观、形象、生动的教学手段，可以充分发挥形、光、声、色等的信息功能，刺激学生的多种感官参与教学活动，激发学生的学习兴趣，调动学生的积极性、主动性和创造性，促进学生独立学习和创新人格的发展。

就教学组织形式而言，传统的排列式（秧田式）授课制，教师的讲台摆在最前面，突出了教师在教室里的支配地位，最容易使学生感到压抑，对培养学生的创新人格是十分不利的。我们不妨采取环形或马蹄形排列式亦是小团体排列式，改变"以教师为中心"的做法，从物理位置上突出学生的主体地位，同时使师生之间、同学之间有更多的交流，增进学生的合作意识，进一步促使其创新人格的形成与发展。

俗话说，没有适宜的环境，花儿再美也会同周围的环境格格不入。同样，没有适宜的教育教学环境，创新亦只能成为空谈。因此，中小学教师应在教学实践中认真研究，努力创设适宜的教学环境和条件，积极培养学生的创新人格，以应对时代改革与发展的挑战。

第三节　创新人才新战略

我们党对人才问题的认识是一个逐步深化的过程，从科教兴国战略到人才强国战略的提出，并一起列为我国迈向 21 世纪的两大战略，充分反映和说明党对人才理念的进一步系统和深化。

进入 20 世纪 90 年代，教育、科技、人才问题日益成为事关全局的战略性问题，党中央、国务院制定了《中国教育改革和发展纲要》《关于加速科学技术进步的决定》《面向 21 世纪教育振兴行动计划》等重要文件。1995 年 5 月 6 日，党中央、国务院在《关于加速科学技术进步的决定》中，首次明确提出了科教兴国战略。

2001 年，国家"十五"计划纲要专门列出"实施人才战略，壮大人才队伍"一章，首次将人才规划作为国民经济和社会发展规划的一个重要组成部分，将人才战略确立为国家战略。2002 年 7 月，中央制定下发了《2002—2005 年全国人才队伍建设规划纲要》，明确提出要"走人才强国之路"，"实施人才强国战略"。2003 年 12 月 19 日，党中央、国务院召开新中国成立以来的第一次全国人才工作会议，具体部署人才强国战略的实施。2007 年，党的十七大将人才强国战略与科教兴国战略、可持续发展战略确立为经济社会发展的三大国家战略，并写进了党章。

党的十八大以来，党中央把加快建设人才强国摆到更加突出的位置。习近平总书记多次作出重要指示，提出一系列新思想、新观点、新论断，为加快建设人才强国进一步指明了方向、提供了遵循。党的十九大报告指出，人才是实现民族振兴、赢得国际竞争主动的战略资源，强调要加快建设人才强国。人才强国战略的实施，极大地调动了各类人才的积极性和创造性，激发了我国经济社会各项事业发展的活力。实践充分证明，实施人才强国战略是实现国家富强、民族复兴的重大举措，是统筹推进"五位一体"总体布局、协调推进"四个全面"战略布局的重要保证。

党的二十大报告提出："以中国式现代化全面推进中华民族伟大复

兴。"中国式现代化是创新驱动的现代化，是高质量发展的现代化，更是人才引领、人才支撑的现代化。党的二十大报告提出"人才引领驱动""着力造就拔尖创新人才""坚持为党育人、为国育才""坚持各方面人才一起抓"等新思想、新论断、新要求，将大师、大国工匠和高技能人才纳入国家战略人才力量序列，进一步强调加快建设世界重要人才中心和创新高地的新时代人才强国战略系列布局，并将"聚天下英才而用之""充分发挥人才作为第一资源的作用"写入党章修正案，作为党要长期坚持的基本路线和行动纲领。这标志着人才战略位次显著提升，人才战略重心调整优化，人才战略目标更加聚焦，我国开始迈入建设世界一流人才强国新征程。

人才是强国之本、竞争之基、转型之要。历史发展经验表明，一个处于加速追赶进程中的国家或竞争实体，由其高精尖人才数量、总体人才质量和人才活跃度水平所形成的人才智力资本水平，对其实现战略赶超产生着效率倍增效应。当前大国博弈更加激烈，面对世界百年未有之大变局和中华民族伟大复兴战略全局，更加凸显出对国家高水平人才资源及其作用发挥的路径依赖。党的二十大围绕着力解决人才工作角色定位问题、人才价值导向问题、教育科技人才工作有机协同问题，以及下一步人才强国战略奋斗目标和基本路径问题，为走好人才引领支撑的中国式现代化之路把脉定调、勾画图景。

党的十八大以来，我国人才工作取得历史性成就，发生历史性变革。新时代十年，是人才队伍建设量质齐升、力度空前的十年；是人才发展体制机制深化改革、系统推进的十年；是人才工作成效全面提升、影响深远的十年。经过多年奋斗，目前我国人才资源总量达到 2.2 亿，科技人力资源总量超过 1.12 亿，均居世界第一；主要劳动年龄人口受过高等教育比例达到 21.2%。2000—2017 年间，中国在科研方面的投入增长占全球总增长的 30% 以上，位居世界前列。2021 年全社会研发经费达到 2.79 万亿元，居世界第二位。根据科睿唯安 2021 年发布的全球高被引科学家名单，中国内地的上榜科学家达到 935 人，4 年内所占比例翻了一番，创有史以来最高纪录，中国成为仅次于美国的全球第二大"高被引科学家"集聚区。2012 年以来我国海外留学生回国超过 330 万人，2021 年回国创新创业的留学人员首次超过 100 万人，正在迎来"进大于出"的历史性拐点。新时代十年，人才工作在党和国家工作全局中的地位进一步提升，实施人才强国战略，注重人才队伍建设成为中国式现代化道路的伟大实践创造之一。而中国特色人才强国战略也成为中国之治、中国之路、中国方案的重要体现。

当前，我国具有世界最大规模最全门类的人才积累，在若干人才发展指标上正在接近世界一流发达国家水平，并形成加速追赶态势，可以说我国世界顶尖人才孕育产出正处于质变临界点。面对世界百年未有之大变局，我们力求通过创新驱动发展、高质量发展和科技自立自强推动实现中华民族伟大复兴，重新站上世界发展的潮头位置。这种战略范式升级和转变，要求我们在未来一段时间，能够独立解决一系列影响国计民生的重大基础性课题，取得一系列"0 到 1"的原创性、引领性重大突破，在中国式科技攀登道路上能够实现重大台阶的自主迈进。这都要求中国人才发展要由世界周边走入全球中心位置，实现国家人才发展动能、势能和感召力从量变到质变。新时代人才强国战略正是在以上方面作出战略回应。

新时代新阶段人才强国战略的提出和实施，标志着我国人才战略由跟随型战略、模仿型战略向赶超型战略、夺标型战略的替换升级。创新驱动需要人才引领和支撑。没有人才优势，就不可能有创新优势、科技优势、产业优势。新时代人才强国战略实施要推动从重人才规模、素质、数量向重人才质量、能力、贡献的战略转变，进一步发挥人才队伍积累优势、人才工作基础优势和党管人才体制优势，在大规模集聚、使用全球一流人才智力，有效配置、利用国际创新创业资源要素上达到甚至超越一流发达国家水平。

未来一个时期，是中国建成世界人才强国的攻坚期、加速期、冲刺期，它承载着人才强国战略实施以来"一棒接一棒"的殷殷嘱托，为建成"聚天下英才而用之"的世界主要人才中心，凝心聚力绘新图、接续奋斗开新局。学习贯彻党的二十大精神，需要我们围绕世界重要人才中心和创新高地建设，在培养、引进和使用国际顶尖人才上有所突破；在提升人才高地、人才平台国际化能级上有所突破；在建设国家战略人才力量和创新赋能上有所突破；在推动高校院所人事人才制度改革上有所突破；在破解一系列"卡脖子"技术人才队伍建设上有所突破,以战略支点竞争力、雁阵结构竞争力、战略力量竞争力、人才制度竞争力赢得国家人才发展竞争力,以点上突破带动产生人才聚变、裂变和全局反应,进一步形成人才国际竞争比较优势,走出一条具有先进性、科学性、创新性的中国特色社会主义人才强国之路。

人才强国战略是基于中国国情和时代要求提出来的。首先,中国是世界第一的人力资源大国,唯有将人力资源大国转变为人才资源强国,才能为全面建设小康社会提供强有力的人才保证和智力支持;其次,未来社会日益激烈的国际竞争,核心是人才的竞争,唯有实施人才强国战略,才能获得长远的、持续的竞争优势,实现中华民族的伟大复兴。

一、实施人才战略的基础是加大人力资本投资

人力资本指的是人的智力与体力的总和的价值。人力资本是投资形成的。一个国家的人力资本的构成主要是营养与保健投资、教育投资、继续教育投资以及用于迁徙与聘用过程中的人事费用。显然,四者之中,教育费用所占份额较大。因此,所谓加大人力资本投资主要是指加大对于人的教育包括继续教育的投入,以提升人的知识与技能水平,亦即改善人的质量。每个国家走向现代化的过程,基本上有两条可供选择的路径,一条是人力资本积累优先战略,另一条是物力资本积累优先战略。相比较而言,前者既能缩短时间,又能实现可持续发展,应该是我们的理性选择。但是,反观我国现实中各级决策部门的实际运作,往往并非如此,主要表现为:一是中国教育投资低于世界平均水平。二是学历教育投资过度与专业性人力资本投资不足。

学历教育过度和专业性人力资本投资不足,是我国教育投资和就业市场中存在的一个普遍现象。

首先,我们的很多中等专业技术学校、技工学校以及高等工科学校是由政府创办的。学校领导由教育行政部门指派,教育经费由财政拨付,课程设置、教材教法和招生人数也由教育部门管理。教育决策和就业市场的信息不对称就会造成教育过度,尽管我们实行了自由择业,双向选择,但是由于教育行政部门管住了生产供给的一头,又没有激励,也难以掌握社

会需求，更加剧了教育的结构性失衡，造成一些专业人才过剩毕业后无法就业，另一些专业不足，满足不了社会需求。

其次，目前，由于户籍制度和农地制度，再加上城市政府的就业歧视政策，我国劳动力市场包括城乡之间、城市之间、农村之间是分割的，虽然进城农民工市场在一定程度上是统一的，但其与城市劳动力市场也是分割的。由于市场分割固化了不同城市之间的就业机会和未来发展机会的差异，很多大学毕业生都选择留在大城市，因为一旦离开，就很难再回到城市。由于有太多大学生，城市相对而言高端市场上就出现了拥挤现象，他们只好追求更高的学历以便在众多求职者中实现自我。从而导致某些区域高学历人才的过剩情况。

再次，现行官办中等职业技术学校的学制过长，专业设置过多过繁，学非所用，增大了教育培训成本和人力资本投资。由于市场需求不清，培养方向和目标不明，不注重职业培训和技术操作，一些学生毕业后不能适应工作需要，于是在大学扩招的冲击下，中等专业学校纷纷萎缩和关门，形成资源的巨大浪费。

最后，由于中等专业教育特别是农村职业技术教育的萎缩，进城农民工大都未经过必要的职业技术培训，不能适应城市用工的要求。实施人才强国战略的基础是政府加大专业性人力资本投资力度，以缓解我国学历教育过度和专业性人力资本投资不足的矛盾，从而推动我国城市化的进程，实现教育的可持续发展。

二、实施人才战略的关键是开发"二八率"人才资源"富矿"

我国的高等教育正面临着由数量扩张型向质量效益型发展的转变，创造、创新几乎成为每一所学校的既定目标。那么，什么是"二八率"人才资源"富矿"？为什么要着力开发"二八率"人才资源"富矿"？如何开发这种人才资源？

(一) 什么是"二八率"人才资源"富矿"

空气中，氧与氮之比大体是2∶8；人体中各种物质与水分之比大体是2∶8。犹太人曾把2∶8称为"宇宙大法则"；意大利经济学家维弗利度提出了关于"重要的少数和一般的多数的2∶8定理"。大意是，在任何特定的群体中，重要的因子通常占二成，掌握重要的少数就是掌握全局。

专家认为，超常人才包括智力因素和非智力因素，其中前者占 20%，而后天的非智力因素占 80%。超常教育的对象如下：智力因素和非智力因素均优异者，智力因素与非智力因素一项优异一项中等偏上者（它不是全纳式的普通教育）。

心理学研究表明，智力发展超常的人在儿童中的比例是 1%~3%。过去总是把超常教育定位于对智力超常儿童的教育，实际上超常教育不仅要面对智力超常儿童这一人才宝藏，还要从特殊人才的成才规律去面对更大的潜人才"富矿"。诸多研究表明，智力中等偏上的人，如果能接受良好的教育，即适合个体发展的教育，大多能成为优秀人才。

超常教育既不是超乎异常的教育，也并非使常态儿童成为超常儿童的教育，而是针对超常儿童身心发展特点所进行的旨在得到良好发展的教育，超常教育的目的是为超常儿童提供适合他们身心发展特点的教育。

超常儿童是指在心理特征的某一方面表现特别出众的儿童，他们的表现不完全是天生的，而是先天因素与后天教育培养互相作用的结果。超常教育尽管看起来只针对比例相对少的儿童，但由于他们的发展潜力比较大，有希望使他们成为杰出的优秀人才。创新教育应是超常教育的前提和基础，超常教育是创新教育的一部分。

不论其躯体健全与否，只要智力在中等偏上的早慧生（天资早显学生）均可接受超常教育。超常人才教育除了培养全面发展的人才外，还要培养有特殊才能和有道德感的奇才、怪才、鬼才等特殊人才。这是一个培养复合型人才的全人教育（或一专多能），也是以德为本、拓宽思维的教育，它包括人文素质和科学素质的创新教育。在创新人才教育过程的群体结构中，重要人才与一般人才之比，大体也是 2∶8。因此，实施人才战略，必须掌握"二八率"人才资源"富矿"。

（二）为什么要着力开发"二八率"人才资源"富矿"

关于这个问题，也许有人会说是为了早出人才、快出人才和出好人才。其实，整个创新教育都是为了达到这样一个目标，都在为国家培养创新人才。实际上，开发"二八率"人才资源"富矿"，开设超常教育创新实验的真正目的在于给超常儿童提供适合其发展特点和需要的教育形成和机会。

　　有人提出，我们的教育是"为了一切孩子、一切为了孩子、为了孩子的一切"。为了一切孩子，那意思就是要使每一个孩子都得到良好的教育。那么，什么样的教育才是良好的教育呢？良好的教育就是适合儿童发展规律的教育，也就是因材施教。人与人之间的差异是客观存在的，有残障人就有盲、聋、哑学校等，而中国有上千万超常儿童，就应该有超常教育班级和学校。超常教育是培养能在国内外各个领域中竞争的卓越人才或英才，即具有高创造力的各种高级管理人才及各学科带头人等，而不是一般人才，因此，它是一项具有战略意义的高素质创新教育。这是超常教育的意义和培养目标之所在。我国宪法规定的教育平等是机会的平等，我们应该创造不同规格、类型、层次的教育让人选择。现代教育观应是面向全体，承认差异、注重个性、允许选择、因人施教、因材施教、人尽其才的教育，这样才更能体现以人为本，更有利于人的发展。开发资优"富矿"的教育可以帮助有潜力的孩子找到自己的潜力发展自己。普通教育强调齐头并进，使用相同教材，是"大锅饭"，无法启发有潜力的孩子。资优开发教育强调发展，立足点在各自发展，多样性的课程、个别化教学、丰富的环境，让有潜力的幼苗发挥潜能。

　　国内外的许多研究发现，尽管超常儿童是整个儿童群体中的一部分，具有很多与普通儿童相似的共性，但他们的发展也在很多方面与普通儿童有差异，具有发展早、发展速度快、学习能力强、记忆力好、思维能力强等特点。这些特点使他们掌握同样内容的知识需要的时间明显减少。因此，当他们被安置在普通班级时便出现不能适应的现象。在普通班、学校里，由于课堂上的内容对他们显得太简单，40分钟的知识内容他们可能只需要10分钟就已经掌握，于是在剩余的时间无所事事而做小动作或与其他同学说话，有时，他们常常被当成问题儿童处理。

　　于是，因为"吃不饱"而"闲暇"，又因为"闲暇"而"生事"，因为"生事"而"受批评"，因为"受批评"久而久之便成为"差生"。但事实证明，这样一些10岁时在普通班被当成"差生"对待、经常受批评的孩子，经过三四年超常创新实验教育以后，竟然能以优异的成绩考上重点大学，甚至出国留学。原因很简单，因为创新教育实验班、学校为他们提供了适合其发展规律的教育，从真正意义上体现了教育平等。有人曾对公元600—1960年的1243位科学家和发明家做出的1910次重大科学创造发明绘制了科技人才成功曲线，发现大多数人在30岁左右即开始做出重大发明创造。人才学研究表明，科学创造的最佳年龄区是25~45岁，峰值年龄是37岁。

如果按现在的教育制度按部就班地进行教育，学生到硕士毕业已有二十五六岁，博士毕业已经30岁左右，再经过几年工作实践积累，就错过了发明创造的最佳时机。超常教育本着早出人才、快出人才的原则，使年轻人在25岁左右就达到博士毕业，正好进入创新的最佳年龄。

着力开发"二八率"人才资源"富矿"的创新超常教育是一项系统工程，实践证明，仅靠部分中小学、高校单干，由于人力、物力和财力有限，难以形成理论体系和完整的操作模式，从而导致该项事业发展缓慢。人们渴望超常教育成为"国家行为"，由政府教育部门制定有关法规，保障、支持和加强超常教育，以赶上世界超常教育的步伐，及时为国家参与国际竞争培养杰出的现代化建设人才。

（三）开发人才资源"富矿"的几种教育模式

在国外，开发人才资源"富矿"的创新资优教育基本模式有这样几种。

1. 跳级

根据资优儿童的个别情况，允许他从低年级跳到高年级，以适合其进度快的特点。例如，上完一年级后直接上三四年级，上完初中后直接上大学等。

2. 个别指导

虽然学生本人仍留在原有班级，随班就读，但为了适合其自身的发展速度，请有关老师或专家对其进行专门的辅导。这种形式特别适合一些发展不太平衡的学生。譬如，有的学生在数学方面发展非常突出，但在语文或外语方面比较一般。对于这样的学生，采用跳级是不合适的。为了满足他们在数学方面的特殊需要和特殊发展速度，可以聘请有经验的数学老师进行教学方面的加深和加速教学，但其他学科可以随原有班级的教学速度进行。

3. 课外补充

对一些具有相同兴趣和特长的儿童进行集中教育训练。最常见的是为各种超常儿童开设形式多样的课外兴趣小组或业余学校等。把一些发展超常的儿童集中到一个班级或学校，为他们制订专门的教学方案，设置专门的课程，对其进行集中培养。在国内，除了上述几种教育模式外，还有以科研为先导的北京八中超常教育实验班。1985 年，北京八中在中科院心理所和北京市教科所的支持下创办了中国第一个由平均年龄 10 岁、文化程度达到小学四年级的学生组成的超常儿童实验班。北京八中的超常教育一开始就是以教育实验课题的形式提出的，这种在超常儿童鉴别、非智力个性品质的培养以及超常班的课程设置等方面的研究和成果，成为国内资优创新教育的借鉴。

（四）超常教育的把握与误区

人们对超常教育的一个迷失是：认为开发"二八率"人才资源"富矿"的资优教育会造成不平等，超常的孩子本来就有比普通孩子高的天赋，再另外拿出人力、物力和财力培养他们是对普通孩子的不公。那么一个班有五六十个学生，能做到实质上的因材施教吗？在普通教育中，特殊学生的学习兴趣、能力在普通班得不到满足，便无法发挥其潜力和特长。到了超常班或超常学校获得个别学习的机会，既不会造成普通班的教育压力，又能得到自我实现的机会。两全其美，何乐而不为呢？

另一个迷失是：认为特殊教育就是对有特殊要求学生的照顾，如残障学生。而对那些天之骄子无须再锦上添花。其实，超常孩子也需要栽培浇灌。他们虽然有好的禀赋，但并不意味着好的种子自然便可以开花结果，它仍然需要水分、阳光、园丁，并非不学而知、无师自通。此外，不可把残疾与超常划一道鸿沟，不少人具备超常和残疾两种特质。超常与残疾不是相反的特质，重视残疾教育的同时也不能排斥超常教育。

三、人才强国战略的核心保障是合理使用人才

人才问题主要包括培养人才和使用人才两个方面。培养是手段，使用是目的；使用的过程也是人才再培养、再提高的过程。国家加大对教育的投入，改革目前教育方面存在的某些与现代化建设不相适应的弊端，造就

一批又一批高素质的人才。使用好人才，即充分、合理地使用人才，是个更重要、更复杂的问题。使用得好，能做到人尽其才，才尽其用，对国家、对单位、对个人都有利；使用得不好，或学非所用、用非所长，就会造成巨大的浪费，还会引起各种社会矛盾，对国家、单位和个人都是损失，反过来又会对教育培养人才事业产生不利影响。因此，必须高度重视人才的培养和使用。

（一）让 B 级人才做 A 级事

这是开发人才的一种成功做法。意思是让低职者高就，目的是压担子促成长。我们的传统做法是量才使用、人事相宜、什么等级的人就安排什么等级的事。让 B 级人做 A 级事，这种做法既不同于人才高消费，又有别于人才超负荷，比较科学，恰到好处。既使员工感到有轻微的压力，但又不至于压力过大，工作职位稍有挑战性，有助于激励员工奋发进取。

（二）业绩最佳时立即调整

这是一种打破常规的做法。人才成长是有规律的，人的才能增长是有周期性的，通常一个人在一个岗位上工作的时间以三至四年为宜。适时地调整那些优秀人才的岗位和职位，对于他们不断提高、继续成长大有益处，这是造就复合型人才的有效方法之二。

（三）评选优秀的比例应达到 70% 以上

长期以来，无论是机关、事业还是企业单位，每逢总结评奖的时候，优秀的比例一般都在 30% 以内，实施公务员制度以来每年年度考核中定为优秀的人数一直控制在 15% 以内。这种做法似乎成了惯例。有少数单位却反其道而行之，他们每年年终评为优秀的人数始终保持在 70% 以上。经过深入了解后发现，他们的立论依据是，应当以多数人的行为为正常行为，把 70% 以上的员工都评为优秀，有利于激励多数、鞭策少数。

（四）员工想干什么就让他们干什么

有人说，这还了得，员工想干什么就干什么，那还不乱了套。如果他们都想当经理、书记、县长、市长，哪有那么多位置呢？这里所说的完全不是这个意思。众所周知，在计划经济条件下，就业要求是干一行爱一行，其实未必爱，不爱也无奈。如今在市场经济条件下，择业应当是爱一行干一行。人才资源开发就是要营造一种宽松的社会环境，在可能的情况下，尽力去满足员工的兴趣、爱好和志向，喜欢干什么就让他们干什么，想干多久就让他们干多久，自主择业，心情舒畅，才能各展其长，充分释放自身的能量。

（五）走动管理

这是西方当前比较流行的一种管理新方法。走动管理有两大好处：既可以掌握幕僚们的第一手材料，又可以增强下属们的责任感和自豪感。

（六）饥饿疗法

所谓饥饿疗法，就是说让下属吃七成饱，使他们始终保持一种饥饿的状态，这有助于增强员工的内在活力。俗话说，肥田收秋稻。经常给下属制造一些危机感和饥饿感，可以增强他们艰苦奋斗、努力拼搏、不畏艰险、知难而上的精神。得之愈难爱之愈深，患难之交情深似海。"幸福递减律"讲的就是这个意思。

第五章　创新准备

创新准备是创新的前提，对能否实现创新具有关键作用。在创新实践前，需要锤炼创新思维、掌握创新方法、培养创新能力。创新思维是进行创造性活动的核心，没有创新思维，创新活动就无从谈起。创新方法是将创新思维付诸行动的指南，是创新的重要基础和保证。创新能力是创新活动顺利完成的保障，是一项必备的实践能力。

第一节　创新思维

一、创新思维含义

创新，首要的是运用创新思维。因此，创新者需要具备创新思维，正确、全面地认识创新思维，自觉培养创新思维，增强创新思维能力。

（一）创新思维的定义

思维是人脑在感觉基础上能动的、概括的、间接的反映活动，是认识的高级阶段。创新思维是根据目的、任务，创造性地提出新观点、新事物的思维过程。创新思维是一种开拓人类认识新领域、开创人类认识新成果的思维活动。创新思维能够突破常规思维，以超常规甚至反常规的视角去思考问题，提出与众不同的解决方案，产生新颖、独到、有社会意义的思维成果。

（二）创新思维的本质

创新思维的本质在于按照科学思维规律、思维方式、思维方法，充分挖掘人脑潜能去认识、改造世界。创新思维不仅表现为做出完整新发现和新发明的思维过程，而且还表现为在思考方法与技巧、局部结论与见解上具有新奇独到之处的思维活动。具有创新思维的人往往敢于突破原有框架，或是从多个学科交错的边界处发现机会，或是逆向思考问题想别人所未想、见别人所未见、做别人所未做的事，从而取得创新性、突破性成就。

（三）创新思维的作用

创新思维是形成新观念、创建新理论、提出新方案、发明新技术等创新活动的核心。创新思维广泛存在于经济、管理、教育及艺术活动中，它是推动人类社会不断发展的思维方式之一，没有创新思维，就不可能产生有意识的创新活动。创新思维是创新能力的核心因素，是创新意识的主要内容，是创新活动的发动机。创新思维有以下三个方面的作用。

1. 创新思维有助于信息增值

创新思维是创新活动的核心，它总是引领创新主体朝向未知或不完全认知的领域不断拓展，不断把未被认知的东西变为可以认知或已经认知的东西。它或是以新知识（如观点、理论、发现）来增加知识的累积，增加知识总量；或是在方法上有所突破，对已有知识进行新的分解组合，实现知识的新功能，进而实现知识结构量的增加。因此，从信息活动角度看，人类每一次创新都是运用创新思维实现信息增值的创造性实践活动，为人类从必然王国走向自由王国不断创造条件。

2. 创新思维可以提高人类的认知能力

人类认知能力的提高离不开创新思维的发展。相对于常规思维，创新思维活动及过程具有不可复制性和不可模仿性。想要获得有价值的创新思维成果，人类就要不断突破思维定式，探索新的思维方法，不断寻求新的办法和途径，去观察、分析和解决问题，从而极大地提高人类认识未知事物的能力。

3. 创新思维能够开辟实践新局面

创新思维蕴含敢于探索和创新的精神。在这种精神支配下，人类不满足于现状，不满足于已有知识和经验，总是力图探索自然界和社会诸现象中未被认知的必然、本质、稳定和反复出现的关系，以此指导开拓性实践，开辟出人类实践活动的新领域。人工智能技术的推广和应用就是实例，它把人所从事的一些简单的、具有一定逻辑规则的思维活动交给人工智能去完成，使人从简单脑力劳动中解放出来。这样，人将有充分的精力把知识、智力用于创造性的思维活动，把人类的文明推向一个新的高度。创新思维能够为社会协调发展拓展新空间，为绿色发展提供新路径，为开放发展创造新优势，为共享发展构建新支撑，为高质量发展开辟新天地。

二、创新思维特征

创新思维具有新颖性、联动性、风险性、灵活性、艺术性五大特征。

（一）新颖性

新颖性即创新思维以新颖、独特为目标，在思路选择和思考技巧上具有新颖、独特之处。表现在思路选择上，超越常规，从新的视角去考虑问题；在思考技巧上，突破已有成果的束缚，不盲从、不满足现有方式或方法，运用创新思维独立思考，提出新观点、新见解、新创意，从而产生新的思维成果。如果循规蹈矩，按套路办事，就不可能产生新颖独特的想法，更谈不上创新。

（二）联动性

联动性即由此及彼的思维能力。联动性表现为发现一种现象后，立即深入思考，或立即想到它的反面，或联想到具有与之相似、相关或相异特点的事物。联动将表面看来互不相干的事物联系起来以达成创新，是创新者经常使用的方法。联动包括纵向联动、横向联动、逆向联动。事物之间总是存在着一定联系，积极、主动、有效地运用联动是创新思维的特性之一。

（三）风险性

风险性即创新思维活动的结果具有不确定性。创新思维指导下的创新是一种探索性活动，受到多种因素的限制和影响，如对事物发展规律及其本质把握程度、实践条件、创新主体的认知能力等，这就决定了创新并不可能每次都取得成功，有时可能毫无成效。创新思维活动的风险性还表现在它对传统势力、偏见等的冲击上。传统势力、既有权威都会竭力维护自身的存在，并对创新活动持保留意见甚至抵制创新。风险与机会、成功并存，创新思维就是追求创新成功又不惧创新失败的思维。

（四）灵活性

灵活性即创新思维能够摆脱思维定式的消极影响，根据不同的对象和条件，具体情况具体对待，灵活应用各种思维方式。历史上有不少创新都是通过变换视角看问题，加以变通与转化甚至"因错就错"的产物。发明家史丰收发现传统计算方法由于从高位起读数写数，从低位起计算，读数、写数与计算顺序不一致，"进位"与"相加"问题解决不好，导致计算速度慢。他从传统算法的反方向进行研究，取得了突破，从而大大提高了计算速度。所以，当别人都肯定时，想想事情的另一面；当他人都在否定时，努力去发现其有用的价值，就离思维创新不远了。

（五）艺术性

艺术性即创新思维活动具有个体的特殊性、随机性和技巧性，他人不可以完全模仿模拟。创新思维的发生伴有想象、直觉、灵感之类的非逻辑、非常规思维活动，且因人、因时、因问题和对象而异，创新思维活动的上述特点与艺术活动有相似之处，艺术创作能力及其作品只属于艺术家个人，任何仿品最多只能是"几乎"可以以假充真，形似而无法得其内在之神。从这个意义上看，创新思维是一种高超的思维艺术。

三、创新思维类型

创新思维分为形象思维、联想思维、直觉思维、多向思维、合向思维。

（一）形象思维

形象思维是用直观物象或表象创造新形象的思维活动。利用已有表象解决问题或借助表象进行联想、想象，通过抽象概括构成一个新形象，这个思维过程就是形象思维活动利用表象进行思维活动、寻求解决问题的方法，就是形象思维方法。

形象思维是人类思维的一种高级和复杂的思维形式。形象思维分初级形象思维和高级形象思维两种形式。初级形象思维主要凭借具体物象或表象的联想进行思维活动，是具体形象思维。大学生创新形象思维是语言形象思维，是借助鲜明生动的语言，形成具体的形象或表象创造全新的思维过程，如文学作品中的人物形象、景物形象等。其主要心理成分是联想、表象，形象性是形象思维最基本的特点。形象思维所反映的对象是事物的形象，思维形象具有思维抽象性和典型性的特点。意象、直感、想象等形象性的观念，表达的工具和手段是能为感官所感知的图形、图传图式和形象性的符号。形象思维的形象性使它具有生动性、直观性和整体性的特点。形象思维不像抽象思维那样按部就班地对信息进行加工，而是调用许多形象性材料，合成新形象，或由一个形象跳跃到另一个形象。形象思维对信息的加工过程不是系列加工，而是组合的立体加工。形象思维专注于对已有形象的加工，使思维主体迅速从整体上把握问题要点，并获得新形象，进而使产品具备创新特征。

（二）联想思维

联想思维是指由一种事物的表象、语词、动作或特征联想到其他事物的表象、语词、动作或特征的思维活动。联想一般是由于某人或者某事引起的相关思考，人们常说的由此及彼、由表及里、举一反三等就是联想思维的体现。联想思维能够开阔人们的思路，找出事物之间的内在联系及发展线索，获得创新。

联想思维具有连续性、形象性和概括性。联想思维是由此及彼、绵延不断的，可以是直接联想，也可以是迂回曲折联想，而联想链条的首尾两端往往风马牛不相及。联想思维是形象思维的具体化，其基本的思维操作单元是表象，是一幅又一幅画面，是从整体而非细节上把握表象画面。联想的种类很多，主要有以下三种。

1. 相似联想

相似联想是指由某一事物或现象想到与它类似的其他事物或现象，进而产生某种新设想。这种相似可以是事物的形状、结构、功能、性质等某一方面或几个方面。例如，"床前明月光，疑是地上霜"，就是根据颜色相似，由皎洁的月光联想到地上的白霜。

2. 对比联想

对比联想是指根据事物之间存在着的互不相同或彼此相反的情况进行联想，从而引发某种新设想。这种联想活动，可以由事物的外部特征所引起，也可以由事物的内部特征所引起。例如，美国物理学家狄克拉在研究中发现电子的能量正负对称，他联想到电荷也会具有对称性，既然人们已发现了带负电荷的电子，那么一定存在带正电荷的电子。1732 年，美国物理学家安德逊证实了狄克拉的预言。

3. 接近联想

接近联想是指由一种事物想到在空间上或时间上与它相接近的另一种事物。一般来讲，在空间上接近的事物，在时间上也是接近的，因此，在接近联想中，空间因素和时间因素常常同时发生作用。例如，美国奥尔康公司由玩具娃娃想到玩玩具娃娃的孩子有姓名和出生地，于是给玩具娃娃也附上出生证、姓名，还盖上"接生人员"的印章，给玩具娃娃注入了"人性"，从而增加了产品的生命力、趣味性。

（三）直觉思维

直觉思维是指不受某种固定的逻辑规则约束而直接领悟事物本质或规律的一种思维活动。在文艺创作、科学研究、人才培养等工作中，直觉思维均有不可低估的价值。美籍华裔物理学家丁肇中在一篇自传性的文章《在探索中———一个物理学家的体验》中写道："1972 年，我感到很可能存在许多有光的特性而又比较重的质量的粒子，然而，理论上并没有预言这些粒子的存在。我直观上感到没有任何理由认为重光子一定要比质子的质量轻。"这就是直觉。正是在这种直觉的驱使下，丁肇中决定研究重光子，最终发现"J"粒子，并因此获得诺贝尔物理学奖。

直觉思维的最基本特征是思维过程与结果的直接性。直觉思维不依赖于严格的证明过程，以对问题全局的总体把握为前提，以直接、跨越的方式直接获取问题答案。正因为如此，许多哲学家、科学家在谈到直觉时，常把它与"直接的知识"放在一起讨论。直觉思维的过程极短，稍纵即逝，所获得的结果是突如其来和出乎意料的，往往是在不经意间突然顿悟或瞬间闪现创新设想。直觉思维主要依靠想象、猜测、洞察力等非逻辑因素去直接把握事物的本质或规律。直觉思维具有或然性，可能正确，但也可能出错。德国哲学家黑格尔曾告诫那些认为不经艰苦努力和艰难思索就能获得灵感的人："最大的天才尽管朝朝暮暮躺在青草地上，让微风吹来，眼望着天空，温柔的灵感也始终不会光顾他。"

（四）多向思维

多向思维即发散性思维，是指对某一问题或事物的思考过程，不受已经确定的方式、方法、规则、范围等的约束，尽可能地向多个方向扩展，求得常规、非常规的多种设想的思维活动。美国心理学家吉尔福特在"智力结构的三维模式"中，明确提出发散性思维。他认为，发散性思维是从给定的信息中产生信息，其着重点是从同一来源中产生各种各样的输出。

多向思维具有多端灵活、精细新颖的特征，对一个问题从多个视角、多个方面展开联想，并获得各种各样的结论。多向思维的评价或者训练包括多向思维的流畅度（发散的量）、变通度（发散的灵活性）和独创度（发散的新奇成分）三个维度，这些都是创新思维的重要内容。人的多向性思维能力可以通过训练而提高，要学会敞开思路，并且努力提高多向思维的质量。重复传统或定型的东西，不会发散出创造性思维。

（五）合向思维

合向思维即组合思维，是指将两种或两种以上的原理、方法、技术及构思，或是仪器设备、材料及物品等适当地组合在一起，使之变成彼此不可分割的新整体的思维活动。合向思维的形式主要有同类组合（如鸡尾酒、文具盒）、异类组合（如钢筋混凝土、音乐贺卡）、重组组合（如七巧板、积木等玩具）、概念组合（如绿色能源、阳光拆迁）和综合（如卫星导航、超声波诊断仪）等。

合向思维具有广泛性、创新性、继承性、时代性的特征。组合范围广泛，各种各样的事物要素都可以进行组合。组合的结果是产生了世界上原本没有的事物，或者将已有的事物以新的形式重新组合并产生新的功效。新组合的事物是对原有组合对象的属性、原理、功能、方法的优化或覆盖。运用组合思维进行创新活动要符合时代要求，满足社会现实需求，立足时代的文化科技发展水平，并通过对现有事物的组合实现超越。

四、创新思维障碍

教条主义、迷信权威、经验思维、习惯思维、从众心理、直线思维等6种常见思维方式，是发展现代人创新思维的主要障碍，必须下决心予以突破。

（一）教条主义

教条主义是一种不对具体事物进行调查研究，只是生搬硬套现成原则、概念来处理。主要表现为漠视事物的变化、发展以及事物矛盾的特殊性，把书本当教条，思想僵化；一切从定义、公式出发，不从实际出发，照抄照搬，反对具体情况具体分析，否认实践是检验真理的标准，脱离实际。"尽信书不如无书"，教条主义轻实践，割裂理论与实践、主观与客观的统一，限制了独立思考和创造力发挥。

（二）迷信权威

迷信权威是指盲从盲信权威，以权威的是非为是非，一切按权威的意见办，缺乏独立思考能力。权威的存在对人类发展与进步有着一定积极意义，尊重权威没有错，但盲目崇拜和服从权威，不敢怀疑权威的理论或观点，不敢逾越权威半步，就会严重阻碍人的创新思维的发挥。事实上，权威的意见往往只在某阶段、某领域、某个范围正确，并非适用于所有情境，而只有实践才是检验真理的唯一标准。人类历史上的大量创新成果都是在克服了对权威的无条件崇拜，打破了迷信权威的束缚后取得的。

（三）经验思维

人类生活在一个需要经验的世界。经验是人们通过大量实践获得的知识、掌握的规律或技能。通常情况下，经验对于人们处理日常问题是有好处的，拥有某些经验，能将很多问题处理得井井有条。经验是宝贵的，它是人们日常生活和工作的好帮手，为人们办事带来很多便利。没有个体与群体经验的积累，人类和社会的进步是不能想象的。但经验是对过往的总结，囿于过往会妨碍创新思维。情况总是在不断变化，需要不断适应新情况，切实突破过时的经验，开阔思路，才能持续创新发展。

（四）习惯思维

习惯思维是指沿用一种思路或固定的思维方式去考虑同一类问题。习惯性思维司空见惯，但这种思维会束缚人，使人发现不了新的问题，想不到新的解决方法，从而构成学习、创造的心理障碍。正如作家金马在《21世纪罗曼司》中所写："如若说，在创新尚属于人类个体或群体中的个别杰出表现时，人们循规蹈矩的生存姿态尚可为时代所容。那么，在创新将成为人类赖以进行生存竞争的不可或缺的素质时，依然采用一种循规蹈矩的生存姿态，则无异于一种自我溃败。"

（五）从众心理

从众就是不带头、不冒尖，一切随大溜。当个体观点与大众观点发生冲突时，从众者即使知道自己的观点正确，但由于缺乏信心，或不敢违反大众观点而主动放弃己见。拥有从众心理的人，有些人是为了与大众保持一致，以免被指责为标新立异、哗众取宠；也有些人是思想上的懒汉，认为跟着大家走一定不会错。在实际生活中，从众心理不利于人的发散思维。

（六）直线思维

直线思维是一种单维、定向、视野局限、思路狭窄、缺乏变化的思维方式。直线思维在思维过程中，会根据以往的经验来做判断，思维历程最简洁，直达事物内蕴。在一定意义上，直线思维属于静态思维。在解决简单问题时，因果关系明确，直线思维可能奏效，但是在解决复杂问题时，简单地认为非此即彼或者按直线这一单向、单维去思考问题，根本无法把握复杂问题的关键，更遑论尝试加以解决。

第二节　创新方法

一、列举法

列举法是从逻辑上对事物的特性、特征进行分析，通过列举方式展开问题，启发创新设想，提出创新的方法。对分析对象的特性、特征列举应尽量全面，减少遗漏，避免因考虑不周而错失好的创新主题。采用列表形式来分析事物的特性或特征，不仅可以防止遗漏，而且有利于集中思考、产生顿悟。对创新最有价值的列举法主要包括特性列举法、成对列举法、缺点列举法、希望点列举法。

（一）特性列举法

特性列举法又称属性列举法或分析创造方法，是通过详尽列举研究对象的各种特性，并对这些特性逐项分析，探讨能否改进以及怎样改进的创新方法。特性列举法由美国内布拉斯加大学教授罗伯特·克劳福德提出，这种方法简单实用，既适用于个人创新，也适用于集体创新。使用特性列举法，应注意将事物的各种特性罗列齐全，不能遗漏。对事物的特性分析得越详细，越能提高该方法的使用效果。另外，当选题较大时，可将其分解成若干个子课题，分别运用特性列举法对这些子课题进行分析。特性列举法的关键是抓住事物的特性。特性又称特有属性，是指某类对象具有别的对象都不具有的属性。事物特性包括物理特性、化学特性、结构特性、功能特性、形态特性、用户特性、经济特性等。根据描述事物特性的词类属于名词、动词和形容词，可以将事物特性归为名词类特性、动词类特性和形容词类特性三类。如描述事物的结构、材料特性的词属于名词类特性；描述事物的功能和作用特性的词属于动词类特性；描述形状、颜色、重量、感觉特性的词属于形容词类特性。

特性列举法适用于具体事物的发明、创造或创新。特性列举法的实施可分为以下四步：（1）对象剖析。首先进行系统分析，即对研究对象进行分解，直至分解成基本单元的组合为止。例如，将一台机器分解成一个个零部件。（2）特性列举。按名词类特性、动词类特性、形容词类特性（或其他特性）分类，逐项列出各子系统（单元）的各种特性。（3）设想开发。针对事物的各种特性逐一进行分析，用可替代因素加以置换。改进或改变事物原有的特性，产生创新方案。（4）综合评价。各种方案提出后，从整体角度综合考虑以获得最佳方案，使之符合实际需求。

（二）成对列举法

成对列举法又称强制联想法，是任意列举两个事物，列出两个事物的属性，进行两事物属性间的各种组合，从而获得创造发明的设想。成对列举法是一种特殊形式的特性列举法，它既具有特性列举法的特点，又易于产生新颖设想，是一种启发思想并且巧妙运用思维技巧的创新方法。

使用成对列举法要遵循以下原则：一是必须十分明确所要解决的问题，据此确定列举事物的特性类别；二是要对所列事物、因素的所有组合加以研究，即使是一些最初看上去莫名其妙的组合也不要轻易舍弃。这与头脑风暴法中的暂缓评价原则相似，因为有些看似荒唐的设想，可以通过修改、补充而逐步完善起来，或者能据此获得启迪。

使用成对列举法有两种流程：一是首先把范围内能够想到的所有事项依次列举出来，然后加强联想，即任意地选择其中两项依次组合，最后对所有的组合方案进行筛选；二是首先把两个不同事物的属性或方案一一列出，然后考察它们的各个属性或方案能否分别进行配对结合，最后对所有可能的组合方案进行筛选。

当想要进行发明创造却又没有明确的目标时，可采用这种方法，任选参照物，达到启发思维的目的。

（三）缺点列举法

"金无足赤、人无完人"，说明世界上任何事物都不可能十全十美，总存在这样或那样的不足。缺点列举法是为了提高产品质量、功能提出来的，是指有意识分析、列举现有事物的缺点，然后提出改进设想的一种创新方法。

以豆浆机为例。第一代豆浆机在容器中将豆子打碎出浆，虽然实现了打浆的自动化，但豆浆和豆渣混在一起，需要人工进行多次过滤和加热，十分烦琐。第二代豆浆机加了个滤网，将豆浆和豆渣分离，省去了人工过滤，但还要人工加热。第三代豆浆机实现全自动出浆，将打浆、过滤、加热合三为一，人要做的就只是将热豆浆倒出来。通过不断添加新功能，从而使豆浆机的功能进一步拓展。还可以针对打浆时出浆率不高，过滤时浆渣分离不彻底，加热不充分或易煳等不足，找到解决的方法进行产品的改进设计，就能设计出有新意的豆浆机新产品。

缺点列举法在创造活动中普遍适用。因为要解决问题，必须先发现缺点。而要尽可能多地发现缺点，就需要采用缺点列举法这一创新方法。只有不断地用缺点列举法去列举缺点，创新思路才能源源而来。

（四）希望点列举法

希望点列举法是指按照希望的方向改进完善的一种创新方法。人们可以从多个角度对事物或产品提出希望点，即各种各样的新奇设想，从中寻找发明创造主题。以风扇迭代为例，人们对风扇新功能的希望，推动原始的风扇一步步发展到现在种类繁多、功能多样的风扇。表5-1示例列举了风扇迭代的部分希望点及相应创新设计方向。

表 5-1　风扇迭代的希望点及创新方向

希望点	创新方向
不仅仅限制在固定角度范围	摆头风扇
不摆头部就能得到不同的风向	转叶式台扇
风吹的范围更大	吊扇，扩大了风吹的范围
不用换挡就能随意调节风力的强弱	无级调整风扇
能像电视一样用遥控器控制	遥控风扇
式样美观	娇小可爱的卡通风扇，可装点生活
像折扇那样方便随身携带	帽檐风扇或微型风扇

希望点列举法不同于缺点列举法。缺点列举法是围绕现有物品找缺点，提出改进设想，这种设想不离开物品的原型，是一种被动型创造方法。而希望点列举法则是一种积极主动的创造发明方法。它不受原有实物的束缚，只以创造者的希望与追求为创新构思的基点。缺点列举法往往只看到事物或产品的既有缺点，而希望点列举法则是多方假设，大胆想象，如果与头脑风暴法、设问法同时运用，则效果更佳。

二、组合法

《现代汉语词典》对"组合"的释义为"组织成为整体"或"组织起来的整体"。组合现象非常普遍。组合包括自然组合和人工组合。

组合法是指运用创新思维，将已知的若干事物，巧妙地加以属性组合、原理组合、功能组合、结构重组、模块组合等，获得新事物或新系统的一种创新方法。如对各种色彩和图案进行组合而创作出美术作品；对若干个音符组合而创作出音乐作品；对大量的电影分镜头组合而创作出电影等。

组合法的优点在于组合形式多样，应用广泛。这种方法不受知识和技术水平的限制，每个人在其各自的领域可以根据实际情况，在不同层次和不同范围进行创新。组合法主要包括信息交合、主体附加、辐射组合、异类组合、同类组合、重组组合等方法。

（一）信息交合法

信息交合法又称坐标组合法、魔球法，是指利用不同信息进行坐标组合获得新设想的一种组合方法，由发明家许国泰提出。信息交合法将思考对象的所有信息要素按不同类别分类，每一类作为一条坐标轴，然后根据需要把各种坐标点有机地结合起来，生成新组合信息。

信息交合法作为一种科学实用的发明方法，遵循三条原则：一是整体分解原则，先把对象及其相关条件整体加以分解，按序列得出要素。二是信息交合原则，各坐标轴的每个要素逐一与另一坐标轴的各个标点相交合。三是结晶筛选原则，通过对方案筛选，找出更好的方案。如果研究的是新产品开发问题，那么，在筛选时应注意新产品的实用性、经济性、易生产性、市场可接受性等。

信息交合法的具体实施分为五步：一是定中心，即定零坐标，确定所研究的对象。二是画标线，即坐标线数量，根据研究对象的需要画出几条坐标轴。三是注标点，在信息轴上标出相关的信息点。四是相交合，取不同信息轴上的信息进行交合产生新信息。五是选最优，在所有产生的新设想中进行筛选，寻找最优的方案组合。例如，曲别针的用途，曲别针的材质属性与磁性信息相交合可以用作指南针；可弯曲性与数学相交合可以用作数字运算符；重量和物理相交合可以用作砝码等。

（二）主体附加法

主体附加法是指在原有主体中补充新内容或增添新附件，得到性能更好、功能更强的新主体的组合方法。使用这种方法能起到补充和完善主体的作用。主体附加是一种创造性较弱的组合，但如果附加物选择得当，也可以产生巨大的功效。

运用主体附加法时，通常采用两种方式：一是不改变主体的任何结构，只在主体上加某种功能，例如在自行车上安装车铃、车篮等。二是对主体的内部结构作适当改变，以使主体与附加物能协调运作，扩大整体功能。如江苏省常熟中学的庞颖超发明的一种能够让色盲人群识别的红绿灯，是在现行的纯红绿颜色的灯中加入一些白色的有规则形状的图形。如红色圆形中间加入一条白色横杠，绿色圆形中间加入一条白色竖杠，让色盲人群容易识别。

（三）辐射组合法

辐射组合法是指以某一现代技术或富有价值的要素为辐射中心，与多个领域的传统技术或事物进行组合，产生新产品和新技术的组合方法。这种组合法的特点是，以某一个事物或技术为中心，尽可能与各个领域的事物或技术相组合，发挥中心事物或技术的实际应用价值。

辐射组合分发散式和集中式两种。发散式组合主要以新产品、新技术、新思想为中心，同多方面的传统技术结合起来形成技术辐射，从而出现多种技术创新的发明创造方法。集中式组合则主要应用于某一问题的改进或创新，把与此问题无关的多种技术、思想、事物聚焦于问题上，形成综合方案。

（四）异类组合法

异类组合法是指将两种或两种以上不同种类的事物组合，产生新事物的组合方法。这种方法将研究对象的各个部分、各个方面和各种要素联系起来加以考虑，在整体上把握事物的本质和规律，体现综合就是创新的原理。异中求同、异中求新是异类组合的关键。异类组合法和主体附加法在形式上很相近，但主体附加法是一种简单要素的补充，异类组合法是若干基本要素的有机组合。

异类组合法先要确定组成元素，其个体元素一般并无主次之分，但思考时有先后主次之分，有基本点也有扩展点。可以从多角度考虑组合，如元件组合、功能组合、材料组合、方法组合、技术原理与技术手段组合、现象与现象的组合等。组合过程中，参与组合的对象从意义、原理、构成、成分、功能等方面相互补充、相互渗透，产生"1+1>2"的价值，整体变化显著。例如，市场上的可视钓鱼竿，将微型电子仪器和传统钓鱼竿组合成一个系统，能使人们的眼睛穿透水面，看到鱼儿藏在哪里，大大提高钓鱼效率。

（五）同类组合法

同类组合法是指将两种或两种以上相同或相近的事物进行组合的方法。同类组合法是在保持事物原有价值、功能和意义的前提下，通过增加数量来弥补功能上的不足或得到新的功能、产生新的意义，而这种新功能或新意义是原有事物单独存在时所缺乏的。例如组合插座、组合文具盒、子母灯、情侣表等。

同类组合法具有下列特点：一是组合的对象是两个或两个以上的同一事物，或者是同一类事物；二是组合的过程中，各个参与组合的对象组合前后的基本原理、基本结构一般没有实质性的变化；三是同类组合的产物往往具有组合的对称性或一致性的趋向，例如，双体船、双人自行车等。

（六）重组组合法

重组组合法是指改变原有事物的结构组合方式，使原有元素在不增加数量的情况下，有目的地改变事物内部结构要素的次序，并按照新的方式进行重新组合，以促使事物的性能发生变化的组合方法。重新组合的切入点是在结构上想主意，从调整位置或顺序方面做文章。重组作为手段，可以更有效地挖掘和发挥现有技术的潜力，甚至引发质变，如企业的资产重组等。

重组组合法的特点是改变事物各组成部分之间的相互关系。在组合过程中，一般不增加新的东西。例如，重组组合法运用于商店的柜台安排、工厂的流水线布置中，不同的安排与布置会对销售额或生产率产生影响。有的产品通过重组能很快形成不同形式型号的新产品。

三、类比法

类比法是指通过两个或两类对象之间某些方面的相同或相似推出其他方面的相同或相似的方法。类比以比较为基础，除了最基本的直接类比法，如拟人类比、象征类比、幻想类比外，还有综摄类比、移植类比、生物模拟等。

（一）基本类比法

基本类比法是指从自然界或者人为成果中直接寻找出与创意对象相类似的东西或事物进行类比。例如，山上的云杉树受狂风长年累月的击打，树形呈圆锥状，通过类比设计了圆锥形电视发射塔，既能抵抗风力，又能满足发射信号的需求。

1. 拟人类比

拟人类比又称感情移入、角色扮演，是指把自己设想为创意对象的某种要素，自我进入角色体验，产生共鸣，以获得创新。例如，凯库勒在研究苯分子结构时，某一天坐在壁炉前打了个瞌睡，原子和分子们开始在幻觉中跳舞，一条碳原子链像蛇一样咬住了自己的尾巴，在他眼前旋转。猛然惊醒之后，凯库勒明白了苯分子的结构就是一个环。

2. 象征类比

象征类比是指借助事物形象或象征符号表示某种抽象概念或情感的类比，又称符号类比。象征类比可使抽象问题形象化、立体化，从而为创新开阔思路。例如，鸽子象征和平，手形"V"象征成功、胜利等。

3. 幻想类比

幻想类比又称空想类比或狂想类比，是指在创新思维中用超现实的理想、梦幻或完美的事物类比创意对象的方法。美国心理学家戈登认为："当问题在头脑中出现时，有效的做法是想象最好的可能事物，即一个有帮助的世界，让最能满意的可能见解来引导最漂亮的可能愈法。"幻想类比能够推动发明创造，逐步使幻想成为现实。

（二）综摄类比法

综摄类比法是美国麻省理工学院教授威廉·戈顿（William A. Gorton）在长期研究和实验基础上，于 1952 年提出的。综摄类比法是指以已知事物为媒介，将毫无关联的不同知识和要素结合起来，从而打开未知世界的门扉，使潜在的创造力得以发挥出来，产生众多创新设想的一种独特的类比创新方法。

综摄类比法的运用有两个阶段：一是变陌生为熟悉阶段。即异中求同、异质同化，给定的陌生事物与熟悉了解的事物进行比较，形成关于陌生事物和熟悉事物整体的综合形象，这是综摄类比法的准备阶段。二是变熟悉为陌生阶段。即在对事物有了全面、深入的把握之后，通过综合运用各种类比手法，从陌生的角度来对问题进行探讨，得到启发后再回到原来的问题上去，通过强制联想，把类比得到的结果应用于原问题的解决过程中。这是综摄类比法的核心阶段。

综摄类比法是高效率利用人类已有知识的一种创新方法，通常以小组讨论会的形式进行。讨论会基本组成人员包括主持人、与讨论问题相关的专家、其他科学领域的专业人士。运用综摄类比法进行创新活动的一般实施步骤如下：一是根据创新对象，明确需要解决的问题。二是通过比较分析，发掘事物的内在特殊性、规律性，深入剖析问题的本质。三是运用丰富的联想类推，进行强制关联，提出各种新设想。四是进行比较和分析，将最有价值和创新性的设想筛选出来。

（三）移植类比法

移植类比法是把某一事物或领域的原理、结构、功能、方法、材料等移植到另一事物或领域中去，用于改造旧事物或创造新事物的类比创新方法。其实质是借用已有创新成果进行新目标的再创新，使已有成果在新的条件下进一步延续、发挥和拓展。移植类比法主要分为回采移植、原理移植、功能移植、方法移植四种方法。

1. 回采移植

回采移植是指将被弃置不用的"陈旧"事物，用现代技术（主要是材料、信息控制等方面）加以改造，获得新的创造。例如，现代帆船就是回采移植的一个实例。帆船是古代船舶的标志，但出现在 20 世纪 80 年代的现代帆船则是采用现代计算机设计，对帆的制作材料从尼龙发展到铝合金，对帆的控制实现自动化，具有最佳采风性能和推进性能。

2. 原理移植

原理移植指将某种科学技术原理向新的研究领域类推和外延。不同领域时常可发现一些共同的基本原理。因此，可根据不同的要求和目的做出相应的移植创造。例如，陀螺具有奇特的纠偏功能，根据陀螺的原理，人类设计出罗盘、防摇装置等。

3. 功能移植

功能移植是指将通用技术所具有的技术功能，以某种形式应用于其他领域。例如，超导技术具有能提高强磁场、大电流、无热耗的独特功能，移植到计算机领域可以研制成超导计算机，移植到交通领域可研制成磁悬浮列车，移植到航海领域可制成超导轮船，移植到医疗领域可制成核磁共振扫描仪等。

4. 方法移植

方法移植是指将某一领域的技术方法有意识地移植到另一领域。例如，香港中旅集团有限公司赴欧洲考察期间，参观了融入荷兰全国景点的"小人国"，回来后就把荷兰的"小人国"的微缩处理方法移植到深圳，建成了融华夏的自然风光、人文景观于一体，集千种风物、万般锦绣于一园的具有中国特色和现代意味的新名胜"锦绣中华"。

（四）生物模拟法

生物模拟法又称仿生创新法，是指通过模拟生物的结构或功能原理等进行发明创造的方法。它是一种以生物为比较对象的具体的类比法。地球生物在漫长进化过程中，通过自然选择，每种能够存活下来的生物都有别的物种所不具备的特点和功能，这些特点和功能成为人们从事创新活动可模仿的对象。例如，洋蓟是一种草本蔬菜植物，到了秋季叶子会像松果一样散开。丹麦设计师保尔·汉宁森（Poul henningsen）据此设计的洋蓟吊灯由多片灯罩组成，从任何角度都看不到光源，最大限度采取反射、折射光源的方式，同时溢出部分光线，给人以更加柔和的感觉。

四、头脑风暴法

头脑风暴法是一种发挥集体智慧，提出创新设想，为一个特定问题找到解决方法的会议技巧，由美国企业家、创意学家奥斯本于 1938 年创立。头脑风暴原是精神病理学的一个术语，是指精神病人在失控状态下的胡思乱想。奥斯本借用过来以形容创意思维的自由奔放、创意设想如暴风骤雨般激烈涌现的情形。在中国，头脑风暴法又译为"智力激励法""脑力激荡法""BS 法"等。该方法在 20 世纪 50 年代的美国被推广应用，许多大学相继开设头脑风暴法课程。

头脑风暴法的核心是高度充分的自由联想。这种方法一般是举行特殊的小型会议，与会者毫无顾忌地提出各种想法，彼此激励，相互启发，由一个想法催生另一个想法，导致创意设想的连锁反应，产生众多的创意。其原理类似于集思广益，科学发现、技术发明、技术革新、文艺创作、合理化建议等创意活动都可以运用。

在使用头脑风暴法解决问题时，为了减少群体内的社交抑制因素，激励新想法产生提高群体创造力，必须遵守以下基本规则。

（一）自由畅想

头脑风暴会议通常在轻松、融洽的氛围中进行。与会者可以各抒己见，畅所欲言，每个人提出独特的见解。在与会者相互启发下，进一步激活思维，开阔思路，突破思维定式和旧观念束缚，从而形成有利于解决问题的多种创意。

（二）延迟评判

头脑风暴会议中，为了激发与会者提出更多更新颖的办法和想法，主持人和会议参与者对各种意见、建议的合理与否，不作评价。不当场提出批评，避免与会者发言谨慎保守；不作肯定的判断，否则，会使其他与会者产生受冷落感，容易造成一种"已找到圆满答案而不值得再深思下去"的错觉，从而影响创意的发挥。

（三）追求数量

头脑风暴会议强调在有限时间内提出的设想越多越好。为了更多地提出设想，可以限定提出每个设想的时间不超过两分钟。当出现冷场时，主持人要及时启发、提示或是自己提出一个幻想性设想，使会场重新活跃起来。

（四）引申综合

头脑风暴会议鼓励与会者利用别人的设想开拓自己的思路，提出更新奇的设想或是补充他人的设想，或是将他人的若干设想综合起来提出新的设想。与单纯提出新想法相比，对想法进行补充、综合和改进可以产生更有价值、更加完善的想法。

五、设问法

设问法是指导人们提出创新问题的方法。设问法以提问方式寻找创新的途径，从不同角度多方面设问，有助于突破思维定式、启发想象、开阔思路、引导创新。提问中可以使用假如、如果、是否、还有等词语，并针对所需解决的问题逐项对照检查，以便启发思维并促进想象。典型设问法有六问分析法、和田十二法。

（一）5W1H 法

5W1H 法又称六问分析法，由美国陆军首创，是对选定项目、工序或操作，从何时（When）、何地（Where）、何人（Who）、何事（What）、何因（Why）、何法（How）六个方面提出问题、进行思考，获得创新方案。目前，5W1H 法被广泛应用于改进工作、改善管理、技术开发、价值分析等方面。

5W1H 法可视具体问题性质的不同，设置不同的设问内容。

1. 问 When（何时）

何时研究，何时实施，何时安装，何时销售，何时完成，研究的期限是多少，研究顺序怎么样，事物的寿命有多长，何时产量最大，产品的保修期、折旧期、维修期有多长，何时最合适等。

2. 问 Where（何地）

何地最适宜种植，在何处做最经济，何部门采用，到何处去买，卖到何处，安装在何处最恰当，何地有资源，何处改进等。

3. 问 Who（何人）

谁是发明者，谁是设计者，谁是指挥者，谁是组织者，谁是主角，谁是生产者，谁是消费者，谁赞成，谁反对，谁被忽视了等。

4. 问 What（何事）

条件是什么，目的是什么，重点是什么，功能是什么，要素是什么，是什么会议，是什么精神，是什么结果等。

5. 问 Why（何因）

为什么要这样做，为什么要做成这样的形状、大小、结构、功能、颜色等，为什么要这样生产，为什么要设立这样的技术标准，为什么会发生这样的事，为什么会出现这样的结果等。

6. 问 How（何法）

怎样做最省力，怎样做最快，怎样效率最高，怎样改进，怎样避免失败，怎样扩大销路，怎样改善外观，怎样方便使用等。

（二）和田十二法

和田十二法又称聪明十二法，由中国许立言、张福奎与和田小学共同创立。目前该法已被日本创造学会和美国创造教育基金会承认，并译成日文、英文在世界各国流传和使用。十二种检核内容如下。

1. 加一加

可否在这件东西上添加些什么吗？需要加上更多时间或次数吗？把它加高一些、加厚一些行不行？把这样的东西跟其他东西组合在一起会有什么结果？汇总建议，开讨论会，组合一下如何？

2. 减一减

可否在这件东西上减去些什么？可以减少些时间或次数吗？把它降低一些、减轻些，行不行？可省略、取消些什么吗？

3. 扩一扩

把这件东西放大、扩展会怎样？加长一些、增强一些能不能提高质量？

4. 缩一缩

将一件东西压缩、缩小会怎样？拆下一些、做得薄一些、降低一些、缩短一些、减轻一些、再分割得小一些行不行？

5. 变一变

将一件东西改变一下形状、颜色、声音、味道、气味会怎么样？或改变一下次序会怎么样？

6. 改一改

还存在什么缺点？还有什么不足之处需要加以改进？它在使用时是否给人带来麻烦？有解决这些问题的办法吗？可否挪作他用，或保持现状做稍许改变？

7. 联一联

某个事物的结果跟它的起因有什么联系？能从中找到解决问题的办法吗？把某些东西或事情联系起来，能帮助人们达到什么目的吗？

8. 学一学

有什么事物和情形可以让自己模仿、学习一下吗？模仿它的形状、结构、功能会有什么结果？学习它的原理、技术又会有什么结果？

9. 代一代

还有什么东西能代替另一样东西？如果用别的材料、零件、方法代替行不行？换个人做、使用其他动力，换个结构、换个音色行不行？换个要素、换个模型、换个布局、顺序、日程行不行？

10. 搬一搬

将一件东西搬到别的地方，还会有别的用处吗？这个想法、道理、技术搬到别的地方，也能用得上吗？

11. 反一反

如果将一件东西、一个事物的正反、上下、左右、前后、横竖、里外颠倒会有什么结果？

12. 定一定

为了解决某个问题或改进某件东西，为了提高学习、工作效率和防止可能发生的事故或疏漏，需要规定些什么吗？

六、分析法

分析法是分析事物因果的方法，或由因溯果，或由果溯因，是一个由需知逐步推向已知的过程。事物都有自己的原因和结果，从结果来找原因，或从原因推导结果，就是找出事物产生、发展的来龙去脉和规律，证明对象的合理性和正确性。分析法主要有价值分析法、TRIZ 理论分析法。

（一）价值分析法

价值分析法是建立在价值分析或价值工程技术上的一种创新方法。它以降低成本为主要目的，通过定量化研究技术和方法，系统分析研究人力、财力和资源的合理运用，以提供物美价廉、能够满足用户要求的产品。价值分析起源于材料和代用品研究，扩散应用于两大领域。第一，工程建设和生产发展方面。大到可应用于一项工程建设、一项成套技术项目的分析，小到可以应用于企业生产的一件产品，一个部件或一台设备。在原材料采购中也可应用此法进行分析。第二，组织经营管理方面。价值分析不仅是一种提高工程和产品价值的技术方法，而且是一项指导决策、有效管理的科学方法。在工程施工和产品生产中的经营管理也可采用这种方法。以产品生产为例，价值分析的实施步骤包括以下几个方面。

1. 对象选择

价值分析的目的是提高设计产品的价值，因此价值分析的对象就是待开发新产品的设计方案，是对各种初步拟订的设计方案进行技术、经济优化。

2. 功能分析

这是价值分析的核心内容，是对研究对象的功能进行系统分析。科学评价其功能的重要性。经过功能分析，发现可省略的不必要的零部件，找到可替代的更便宜的材料，改进原有设计，启发工艺优化思路。

3. 方法改进与评价

功能分析只提出了改进产品设计的方向和可能性，并没有给出具体的改进办法。为了提高产品价值，就应提出更好的新方案并予以实施。根据功能与成本匹配关系定量计算对象价值大小，确定对象改进的过程。

[**案例 5-1**] "贝贝"尿布

有婴儿的家庭都离不开尿布。洗尿布费时费劲，且经多次洗涤的尿布还会刺激婴儿的皮肤，甚至使皮肤发红发痒。美国一位工程师发现妈妈们希望有一种吸水性好、不需洗的新尿布，便提出开发一次性尿布，他说服一家公司试产。这家公司花了9个月时间研发成功，并取名为"贝贝"尿布。产品试销时，只达到预期销售的一半，公司感到迷惑不解。"贝贝"尿布具有吸水性强、贴肉面干燥、柔软，产品质量没有问题。另外，市场需求容量也不成问题。究竟是什么原因呢？公司调查人员发现，妈妈们平时仍用布做的尿布，只在旅游、赴宴和有事带孩子外出时使用一次性尿布。妈妈们感到每张售价10美分的尿布有点贵。症结找到了，出路也就清楚了。公司便采用"价值分析法"，在产品质量不变的前提下降低生产成本。新"贝贝"单价由10美分降到6美分，价廉物美的新尿布上市后不久，美国一半以上的婴儿用上了这种一次性尿布。这家公司也从人们看不上眼的小产品营销中发展成为财力雄厚的大公司。

（二）TRIZ 理论析法

TRIZ，俄文 TopHn peeHHA H3operareJbCKHX 3an 的英译 Teoriya Resheniya Izobreatatelskikh Zadatch 的缩写，意译为发明问题的解决理论，由苏联海军专利局专利审核员根里奇·阿奇舒勒及一批研究人员经过多年努力，在分析研究世界上大量高水平专利的基础上提出。TRIZ 理论是总结各种技术发展进化规律，以及解决各种技术矛盾和物理矛盾的创新原理和法则后，综合多学科的知识，建立起来的一个由解决技术问题，实现创新开发的各种方法、算法组成的综合理论体系。它为人们创造性地发现问题和解决问题提供了系统的理论和方法工具。

作为技术问题或发明问题解决的一种强有力方法，TRIZ 并不是针对某个具体的机构机械或过程，而是要建立解决问题的模型及指明问题解决对策的探索方向。TRIZ 的原理算法也不局限于任何特定的应用领域。它是指导人们创造性解决问题并提供科学的方法法则。因此，TRIZ 可以广泛应用于各个领域。

应用 TRIZ 理论进行创新设计分析的方法有最终理想解、物场分析法、九窗口法、聪明小人法、尺寸—时间—成本法、金鱼法等。

1. 最终理想解（Ideal Final Result, IFR）

最终理想解是指在给定条件下问题最好的解，用理想度来表示，即理想度—系统有用功能集合（为实现有用功能的所有花费+有害功能集合）。任何技术系统在进化过程中沿着越可靠越简单、越有效的方向进化，则其理想度越高。

[**案例 5-2**]　应用 IFR 解决割草机问题

割草机的问题描述为：割草机作为工具，草作为被割的目标，割草机在割草时发出噪声、消耗燃料、污染环境、甩出的草叶会伤害割草工人。假如解决问题的方向是改良割草机，可能想到的解决方案就是消除噪声、降低燃料消耗等。

运用最终理想解分析问题，可以得到以下分析：假定理想情况为草坪上的草不需要剪，自己始终维持在一个高度。那么，从 IFR 出发的解决方案是发明一种"聪明的"草种，当其生长到一定高度后就不再生长。

解决割草机问题由初始状态（如何降低割草机的马达噪声）向 IFR（如何才能不用割草机）过渡的任意一个解决方案就构成了可能空间。利用 IFR 解决割草机问题的路径如图 5-1。

　　工程设计　　太阳能自动割草机　　施药作业　　　　园艺改良　　　　　基因改造

图 5-1　割草机 IFR 演示路径

2. 物场分析法

物场分析法是指在运用物—场功能模型描述问题，寻找相应解法基础上进行技术创新的一种方法。适用于分析和解决技术系统问题。物—场反映了技术系统的结构属性。物场分析法能正确描述技术系统的构成要素以及要素之间的相互联系，从而使技术人员能正确理解系统问题的所在。通过改变物质以及它们之间的相互作用，物—场模型从一种形式变换到另一种形式，并最终把物—场模型映射到真实的产品改进上，从而实现技术创新。

物场包括两个物质、一个场。物场分析法的基本内容是在判别物场类型的前提下进行创新思考，或对非物场体系或不完全物场体系进行补建，或对完全物场体系中的要素进行变换以发展物场。无论补建还是变换，其最终目的都是使物场三要素之间的相互作用更为有效，功能更加完整可靠。

物场分析法用符号语言描述系统（子系统）构成要素之间的相互联系以及系统的功能。所有功能都可以分解为功能作用体、功能载体、场三个基本元素。功能作用体是希望发生变化的物质。功能载体是对功能作用体施予动作的物质。而场是能使这种作用发生的关键因素，由于场的作用才能使功能载体按照预定的形式改变功能作用体。物场分析的操作步骤如下。

（1）课题分析。分析创新课题的出发点与期望达到的目的。

（2）物场类型分析。按照物场三要素要求，判断创新课题已知条件能构成哪种类型的物场体系。

（3）进行物场改造思考。对非物场体系或不完全物场体系补建成完全物场体系，其措施是引进作为完全物场体系所不可缺少的元素，对完全物场体系进行要素置换。对于已成完全物场的技术体系，可以考虑用更有效的场（如电磁场）来取代另一类场（如机械场），或用更有效的物质来置换效能较差的物质。

（4）形成新的技术体系形态。对确定的新物场体系进行技术性构思，使之成为具有技术形态的新技术体系。

3. 九窗口法

九窗口法是指在求解工程技术问题时，不仅要考虑系统本身，还要考虑它的超系统和子系统；不仅要考虑当前系统的过去和将来，还要考虑超系统和子系统的过去和将来状态。九窗口法的主要作用是帮助查找解决问题所需的资源。

4. 聪明小人法

聪明小人法是指用拟人的手法从微观角度帮助工程技术人员理解系统的变化过程。当系统内的某些组件不能完成其必要的功能，并表现出相互矛盾的作用时，用一组小人模型来代表这些不能完成特定功能的部件，不同的小人就表示执行不同的功能或具有不同的矛盾。通过能动的小人实现预期的功能；然后根据小人模型对结构进行重新设计。

[案例5-3]　小人法解决水杯喝茶问题

水杯是人们经常使用的喝水容器，所有的人都在使用。据统计，中国有50%左右的人有喝茶的习惯，而普通的水杯不能满足喝茶人的需要。问题在于利用普通水杯喝茶时，茶叶和水的混合物通过水杯的倾斜，同时进入口中，影响人们的正常喝茶。在这个问题中，当水杯没有盛水，或者盛茶水但没有喝时，并没有发生矛盾，因此，只分析饮水时的矛盾即可。下面按照聪明小人法的步骤逐一分析。

第一步：分析系统和超系统的构成

系统的构成有水杯杯体、水、茶叶以及杯盖，超系统是人的手及口。由于喝水时所产生的矛盾与系统的杯盖没有较大关系，因此，不予考虑。而人的手和嘴是超系统，难以改变，也不予考虑。

第二步：确定系统存在的问题或者矛盾

系统中存在的问题是喝水时水和茶叶同时会进入嘴中，根本原因是茶叶的质量较轻，漂浮在水中，会随水的移动而移动。

第三步：建立方案模型

假定水为绿色的小人，茶叶为黑色的小人，杯体为紫色小人。在小人模型中，当紫色小人移动或者改变方向时，绿色小人和黑色小人也会争先向外移动。我们需要的是绿色小人，而不是黑色小人。这时，需要有另外一组人，将黑色小人拦住，如同公交车中有贼和乘客，警察需要辨别好人与坏人，当好人下车时警察放行，坏人下车时警察拦住，最后车内剩余的是坏人。因此本问题的方案模型是引入一组具有辨识能力的小人。

第四步：从解决方案模型过渡到实际方案

根据第三步的解决方案模型，需要在出口增加一批警察，而警察必须有识别能力，回到原问题中，需要增加一个装置，能够实现茶叶和水的分离。由于水和茶叶的大小不同，容易地会想到这个装置应当是带孔的过滤网，孔的大小决定了过滤茶叶的能力。

5. 尺寸—时间—成本法（Size-Time-Cost，STC）

尺寸—时间—成本法是指将待改变系统从尺寸、时间和成本上进行改变，以打破人们的惯性思维。其方法如下：将系统的尺寸从目前尺寸减少到0，再将其增加到无穷大，观察系统的变化；将系统的作用时间从当前值减少到0，再将其增加到无穷大，观察系统的变化；将系统的成本当前值减少到0，再将其增加到无穷大，观察系统的变化。尺寸变化的过程反映系统功能改变，而时间的变化过程反映系统功能的性能水平，成本则与实现功能的系统直接相关。

[案例5-4]　　STC法分析采摘果子的劳动问题

果农使用活动的梯子采摘果子劳动量是相当大的，运用STC法分析如何将采摘果子的劳动变得方便、快捷省力。

（1）假设果树的尺寸趋于零高度：种植低矮的果树。

（2）假设果树的尺寸趋于无穷高：将果树整形成梯子形树冠。

（3）假设要求收获的时间趋于零：轻微爆破或气吹。

（4）假设收获的时间不受限制：果子自由掉落。

（5）假设收获的成本费用要求很低：果子自由掉落或摇晃果树。

（6）假设收获的成本费用要求很高：研制采摘机器人。

6. 金鱼法

金鱼法是指从幻想的解决构想中区分出现实和幻想，然后从幻想部分再分出现实与幻想两部分。通过不断地反复进行划分，直到解决构想能够实现为止。

[案例5-5]　　金鱼法分析设计长距离游泳训练的游泳池

游泳运动员在普通游泳池进行游泳训练需要反复掉头转弯，若能单向、长距离游泳可提高训练效果。运用金鱼法分析设计长距离游泳训练的游泳池。

（1）幻想部分为什么不现实？

运动员在小游泳池内很快就游到对岸，需要改变方向。

（2）在什么情况下，幻想部分可变为现实？

运动员体型极小；运动员游速极慢；运动员游泳时停留在同一位置止步不前。

（3）列出所有可利用资源。

当前系统：游泳池的面积、体积、形状……

子系统：池底、池壁、水……

超系统：天花板、空气、墙壁、游泳池的供排水系统……

（4）利用已有资源，构想可能的方案。

方案一，游泳池内灌注黏性液体，降低游泳者游动速度，增加负荷使其不能向前游动，可让运动员游速慢下来；

方案二，借助供水系统的水泵，在游泳池内形成反方向流动的水道，类似跑步机，让运动员游泳时停留在同一位置；

方案三，建环形泳道，可使游泳池为闭路式。

创新有法但无定法，每一种创新方法只提供了一个大概的框架结构或模型。在实际应用中，一个有效的方法是将各类创新方法看成一个系统，在解决问题时将系统内各个方法综合考虑、综合运用、择优组合，实现创新资源的最佳配置。一种方法不够，可用两种，两种还不够，还可将多种方法穿插、搭配使用，其关键在于巧妙组合、系统综合。创新方法的核心就是要冲破传统方法的束缚、形式逻辑的思维框架，调动直觉、驰骋想象、捕捉灵感。它不是提供一种或一些机械的方法，而是提供一种可以使无数方法和观点自由发挥的思路；不是追求创造方法的多少，而是追求创造境界的实现。创新方法再多也是有限的，而创造潜能却是无限的，不能把创新方法当作一成不变的信条，这种信条对于创造没有任何积极作用。美国管理学家斯威尼在《致未来的总裁们》一书中写道："创新思想是那些专门从事开发创新思想的人的专有领地。"自然界在不断进化，社会在不停地向前发展，人类的认知也在逐步深化。新的现象、新的规律、新的事物也就在进化、发展、深化的过程中不断涌现出来。因此，已有的方法可能无法适应新形势的需要，这就需要创新。另外，多次运用同一种方法，会使人形成思维惯性，创新障碍。因此，也需要对创新方法进行改进。一是将已有的创新方法运用于新专业领域和新问题，二是根据解决问题的需要创造新的创新方法。在创新过程中要有高度灵活性，不拘泥于任何程序、习惯经验。因为过分强调程序、方法，就有使思维陷入呆板、僵化的危险。在创新活动中陷入困境，不得其解时，应不受既定思维和方法的束缚，进行立体、全方位的思考，来应付新的情况，以变化的方法对付变化的情况，才能确保立于不败之地。

第三节　创新能力

一、创新能力概述

拥有了创新思维和方法，只是为创新活动提供了理论可能，而创新能力才是创新实践获得成功的重要因素。

（一）创新能力的内涵

创新能力是一个人通过创新活动、创新行为而获得创新成果的能力，是在创新思维指导下，运用创新方法做出新发明，或者解决问题的能力。创新能力是人们创新潜能的现实外化。只有将创新潜能转化为显能，使之用于实践，人的创新思维才具有实际意义。

创新能力作为个体的一种创造力，不是孤立存在于个体心理活动中，而是与个体人格特征紧密相连。科学实践已经证明，优秀的人格特征是创造力充分发挥的必备要素。一般来说，对科技发展和人类进步有突出贡献的科学家往往具有优秀的人格特征，其中坚定的事业心、强烈的责任感，以及勇于探索、敢于创新的精神尤为重要。

创新能力不是少数人的专利，普通人也具有程度不等的创新潜能。大学时期是人生中最激情勃发的时期，每个大学生都已接受了多年教育，又置身于大学校园这样一个生机盎然的环境下，应该着力培养自己的创新能力。

（二）创新能力的特征

创新能力是创新主体在创新活动中形成的推动创新实践的能力。创新能力是最重要、层次最高的一种能力，独创性是创新能力的核心特征。

创新能力的独创性指创新主体在创新活动中突破思维定式，打破以往的模式和框架，凭借想象力和创新思维构造出前所未有的东西，包括产生新成果、新产品、新作品、新理论、新方案、新工艺、新方法等。独创性表现在以下两个方面：一是对既有知识成果进行综合或重新组合。"阿波罗"登月计划的成功是人类航天史上的创新壮举，展示出人类非凡的创新能力。然而在"阿波罗"登月计划中，登月工程所用的数万个零部件没有一个零部件是新发明的，都是对原有知识成果进行综合或重新组合的结果。二是突破思维定式。牛顿突破了亚里士多德的模式和框架而发展出经典力学，并统治了科学界长达 200 多年，以至于人们把牛顿力学奉为圭臬，以其为依据对一切科学进行解释和说明。然而，爱因斯坦突破了牛顿力学的思维定式，创立了广义相对论，而后许多物理学家再次突破爱因斯坦的理论框架，创立了量子力学，引发了物理学研究的空前繁盛。这一系列的突破，一代又一代物理学家创新能力的新飞跃，体现的正是创新能力的独创性。

（三）创新能力的构成

创新能力与一般能力不同，其构成不是单一的，而是多种能力的综合。单一能力至多可让创新成为可能，多方面因素的组合才能够形成真正的创新能力。创新能力一般由以下因素构成。

1. 知识因素

知识因素是创新能力的基础，即吸收知识、记忆知识和理解知识的内容。运用知识分析问题，是创新能力的基础。任何创新都离不开知识积累，知识丰富，有利于更好地提出创新设想，并对设想进行科学分析、鉴别、简化、调整和修正；有利于创新方案的实践与检验；有利于克服自卑心理，增强自信心。

学习力是知识因素的核心，也是创新能力的根本。学习力是学习能力、动力、态度创新能力的综合。学习力是当代人类生存最需要的能力，也是一个人生存的最大资本。因此，要努力提高获取和掌握知识、方法、经验的能力，包括阅读、写作、理解、表达、记忆、搜集资料、使用工具、对话和讨论等能力。此外，学习力还包括态度和习惯，比如终身学习的态度和信念。没有学习力就没有创造力，创造力枯竭也就意味着生命力的枯竭。

2. 理智因素

即智力和多种能力的综合因素。既包括敏锐、独特的观察力，高度集中的注意力，高效持久的记忆力，灵活自如的操作力、思维能力，还包括掌握和运用创新原理、技巧和方法的能力等。这是构成创新能力的重要部分。其中，思维能力是理智因素的核心。

思维能力体现在分析能力、想象能力、理念的灵活运用上。分析能力是把事物的整体分解为若干部分进行研究的技能和本领。想象能力是以一定知识和经验为基础，通过直觉、形象思维或组合思维，不受已有结论、观点、框架和理论的限制，提出新设想、新创见的能力。理念指导着思维能力、分析能力的运用，是原动力。运用分析能力，能正确认识事物，并在想象能力的配合下，实现有价值的创新。

3. 人格因素

即人的意志、情操等方面的内容。人格是在一个人生理素质基础上，在一定社会历史条件下，通过社会实践活动形成和发展起来的，是创新活动中所表现出来的创新素质。人格因素是构成创新能力的重要影响因素。优良的个性品质，如永不满足的进取心、强烈的求知欲、坚忍顽强的意志、积极主动的独立思考精神等，是发挥创造力的重要条件和保证。

总之，知识、理智和品性是构成创新能力的基本要素，它们相互作用、相互影响，决定了创新能力的水平。

二、创新能力形成

虽然说每个人都有创新潜能，但不是每个人都能把它真正转化为创新能力。把创新潜能转化为创新能力，需要激发、培养和提升。创新能力的形成受到很多因素影响，主要包括内因与外因两个方面。

（一）创新能力形成的内因

个人内部因素对创新能力的形成起着尤为重要的作用。影响创新能力形成的因素包括以下几个方面。

1. 遗传素质

遗传素质，就是通常所说的天资禀赋。遗传素质是形成人类创新能力的生理基础和必要的物质前提。遗传素质是指个体与生俱有的生理特点，包括脑和神经系统的结构与机能特性、感觉和运动器官机能、身体结构和机能等。遗传素质决定着个体创新能力未来发展的类型、速度和水平。大脑是创新能力形成的物质基础，是创新能力发展的物质载体，离开了这个物质基础，创新能力的形成和发展就成了无源之水、无本之木。创新能力的形成首先要遵循遗传规律，遗传素质是创新能力的物质基础。人们承认天赋，但并不把天赋视作唯一要素。

2. 理想信念

理想是对未来事物的美好想象和希望，信念是坚信不疑的想法。理想与信念是一个人的精神支柱和动力源泉，能激发人们的聪明才智，激励人们奋发向上。崇高的理想信念为创新活动提供目标导向，把社会发展的需要内化为个人的需要，使创新活动产生尽可能大的价值。创新者只有在崇高理想信念的激励下，面对困难永不放弃，面对痛苦自强不息，面对挫折百折不挠，才能始终锚定创新，保证创新活动深入、持久地进行。

3. 人格素养

人格素养是健康心理、灵活思维、合作意识、创新意识、目标追求、坚强意志、奉献精神的综合素质的培养。健康心理，是指创新者对客观事物有正确的认知和良好的心态；灵活思维，即创新者在追求目标过程中不受思考角度的影响；合作意识，即创新者为实现目标能与他人真诚合作的心态与理念；创新意识，即创新者思新求变的意向与冲动；目标追求，即创新者对未来自我有清楚的设计与追求；坚强意志，即创新者为达目标而克服各种困难挫折的心理状态；奉献精神，即创新者对新事物中蕴含真理的无私热爱、忘我追求与努力贡献。

4. 文化基础

创新能力不是凭空产生的，而是建立在丰富的文化底蕴基础上。有了丰富的文化知识积累，博闻广识，能够对创新能力的形成起到积极作用。反之，如果本身知识贫乏，闭目塞听，就会对创新能力的形成产生巨大阻力。大学生要积极主动地拓展自己的文化视野，积蓄自己的文化修养，让自己的创新能力有坚实的基础。

5. 思维方式

每个人都存在着思维惯性和思维定式，消极思维惯性和思维定式会产生思维障碍，影响创新思维的形成，阻碍社会经济和科技发展。思维定式使人丧失了生命活力，成为个人和组织发展的瓶颈。破除思维障碍，有利于创新能力的形成。破除思维障碍有很多方式，一是把复杂问题转化为简单问题；二是把不能办到的事情转化为可以办到的事情；三是把直接变为间接；等等。

6. 实践能力

实践是检验真理的唯一标准，实践是检验创新能力水平和创新活动成果的标准。创新能力只有在创新实践中才能得到施展发挥，实践是创新能力变成现实的唯一平台。只有通过社会实践才能把人的创新意识变成现实，而创新能力也必须通过实践才能形成，实践是创新能力形成的唯一途径。因此，实践能力的提升，有利于创新能力的形成和创新结果的实现。

（二）创新能力形成的外因

环境是创新能力形成和提高的重要条件。环境优劣影响着个体创新能力发展的速度水平。环境包括自然环境和社会环境。社会环境对创新能力形成极为重要。

1. 国家政策

国家政策对创新能力的形成具有重要的导向、激励作用。如果国家政策鼓励创新，能调动全民开拓创新的积极性，增进创新的热情与信心，则全民的创新能力就能得到激励与培养；反之，如果一个国家的制度强调因循守旧，循规蹈矩，阻碍创新，则整个社会创新能力就受到压制。在科学技术高度发展的现代社会，创新的根本在于科技，而要鼓励科技的发展创新，则依赖于国家的科技政策。科技政策通常包括科技发展目标的确定、优先发展领域的选择、鼓励科学发展和技术进步等政策措施。系统而积极的科技政策可以在一定时期内集中有限的资源，支持一些关键领域内的研究及开发，取得推动国民经济发展的效果。此外，社会舆论是支持还是反对创新，人们能不能自由地发表创新言论、开展学术研究，这些都是影响到人们创新能力形成的社会环境因素。中国提倡、鼓励大众创新，并制定、出台了一系列鼓励和支持创新的文件、政策。

2. 经费投入

经费投入对创新能力的形成具有重要影响。经济是一切发展的基础，对创新能力的形成同样也不例外。现代社会，要想在科技前沿领域进行科学研究，更需要强大的资金支持。一个国家的科研经费的投入规模与其工业化的发展程度有着密切的关系，在一定程度上反映了该国的科技水平、创新能力以及经济增长后劲。中国已经投入了巨大的资金来促进、激励创新，设立了科技进步奖，定期评审奖励。

3. 科技发展水平

科技发展水平制约着创新能力的形成。原始人不会知道火器为何物，封建社会精英无法拥有创造现代网络文明的能力。进入 21 世纪以来，国家的科技创新能力强弱已成国际竞争中成败的主导因素。科技竞争力将决定一个国家或地区在未来世界竞争格局中的命运和前途，成为维护国家安全、增进民族凝聚力的关键所在。建设国家创新体系，促进科技创新，成为世界各国关心的重要问题。科技日新月异的发展，各种不同学科的彼此交叉和不同领域的相互渗透，加速了现代科学技术的重大进展，也为创新开辟了新的领域创新能力，必将体现在越来越多的新学科、新科技以及它们之间交叉的空白地带中。只有大力推动科技发展，才能更好地满足科技发展和创新要求，才能形成更强大的创新能力。与此同时，不断提升创新能力，又能进一步促进科技进步，推动社会发展。

4. 教育理念

教育理念影响创新能力的形成。中国传统教育理念强调"师道尊严"，重视师生平等鼓励创新不够，这种教育理念指导下的教育方法不利于学生创新能力的形成。现代教育正在将传统的单一灌输教育转变为双向教育，综合运用问题式、启发式、研讨班、讨论小组、案例教学、活动教学、游戏教学、网络教学、微课堂等多样化的教学手段和多样化教学方式，通过全新的教学和管理模式实现教学互动，更快捷、更简便，教师之间、师生之间、学生之间、学校之间共享优质的教学资源，大大节约了资源搜集和获取成本。先进教学技术手段的广泛应用，激发学生学习兴趣，提高教学质量和教学效果，有利于推动学生创新能力的形成。

三、创新能力培养

创新能力并非天生，要在创新实践中不断提升，在持续培养学习能力、记忆能力、分析能力、想象能力、实践能力中不断增强。

(一) 学习能力培养

只有在丰富的想象、灵活的思维、敏锐的感知、坚韧的毅力、清晰的记忆、热烈的情绪共同作用下，学习才能取得良好效果。

1. 明确学习目标

目标是人们活动所追求的预期结果，学习目标是人们通过学习所期望达到的结果。明确学习目标对大学生的学习行为具有激发和促进作用。没有明确的学习目标，人就缺乏学习的积极性和主动性。明确学习目标能够帮助大学生制订学习计划，朝着目标一步步靠近，消除学习的盲目性，培养学习能力。

2. 树立坚定信心

坚定的信心是成才的关键。一些人认为，有的人之所以能成才，原因在于他们本来就是人才，由此否认人人都可通过学习成才。实际上，学习能力人人皆有，只是发展的程度不同而已。学习能力是在实践中逐渐培养、逐渐提高的，每个人都有可能在正确学习目标的指导下，采用合适的学习方式方法，经过锻炼使自己的学习能力发展壮大。因此，应该树立实现目标、价值的坚定信心，在学习成才的道路上阔步前进。

3. 培养稳定情绪

稳定的情绪和平静的心境是具备良好学习能力的重要表现形式。有些人虽然具有强烈的求知欲和好奇心，但是学习情绪不稳定，心血来潮时，情绪高涨，学习劲头十足；遇到挫折时，则心灰意冷、情绪低落，丧失学习动力。要成为创新者必须保持稳定的情绪和愉快的心态，使自己始终能精力充沛、持久地进行学习。

4. 锻炼顽强意志

学习的过程就是一个探索的过程，充满困难和挫折，只有那些具备顽强学习毅力的人，才能克服学习过程中的重重困难，将学习活动坚持到底。而顽强的学习毅力是在实践过程中逐步培养起来的，不可能一蹴而就。创新者应该将锻炼顽强的学习毅力视为学习成才的重要任务，在学习活动中，自觉磨炼、持之以恒。

5. 形成独立思考的习惯

独立思考是学习的重要途径，也是学习的关键因素。在学习过程中，遇到难题要开动脑筋，独立思考，不要回避困难，直接向他人求助。要特别注重养成勇于探索、独立思考的良好习惯，提升发现问题、分析问题、解决问题的能力。

6. 把握科学方法

在学习过程中，掌握科学的学习方法可以使人少走弯路、节省时间、提高效率，达到事半功倍的效果。努力探索科学的学习方法，善于借鉴他人的先进学习经验和成功做法并用于指导自己的学习活动。

（二）记忆能力培养

要掌握记忆技巧，根据个人特点加以灵活运用，并通过训练形成自己的记忆习惯，加强记忆力。

1. 理解记忆法

理解记忆法是在积极思考、深刻理解基础上记忆的方法。例如，知识要领、范畴定理、规则法律、历史事件、文艺作品等，首先理解其基本含义，借助已有的知识经验，通过分析综合，把握其特点和内在的逻辑联系，使之纳入已有的知识结构，进而保存到记忆中。

2. 联想记忆法

联想记忆法是利用联想来增强记忆效果的方法。例如，将毫不相关的事物连成一个前因后果的小故事，能极大地提高记忆效果。

3. 协同记忆法

协同记忆法是多种感觉、知觉参与的记忆方法。要记忆外部信息，必须先接收这些信息，而接收信息的渠道不止一条，有视觉、听觉、味觉、触觉等。在记忆过程中，看、读、听、写多渠道同时进行，交叉协调，这样记忆效果才有保证。现代科学研究表明，单独从视觉获得的知识，能够记住 25%；从听觉获得的知识能够记住 15%；若把视觉、听觉结合起来，能够记住 65%。人们必须将各种感觉器官都调动起来，使之为记忆的总目标服务，记忆效果才会更好。

4. 口诀记忆法

口诀记忆法是将记忆材料编成口诀或押韵的句子以提高记忆效果的

方法。口诀大都押韵，朗朗上口，可以减少记忆材料的绝对数量，把记忆材料分成组块来记忆，加大信息浓度，增强趣味性，不但可减轻大脑负担，而且记得牢，避免遗漏。可把记忆的内容编成有趣的歌诀，以引发兴趣，帮助记忆。例如，中国古代人们根据节气的变化配合温度、降水来从事农业生产，为便于记忆，人们编成了二十四节气口诀歌，流传至今。

除了以上几种常见的记忆方法以外，还有规律记忆法、对比记忆法、数形记忆法、描述记忆法、争论记忆法、改错记忆法、朗诵记忆法、推理记忆法、辨别记忆法、卡片记忆法等，都可在记忆时灵活采用。

（三）分析能力培养

培养分析能力的主要途径是进行严格的逻辑思维训练，最好能够选修一两门与逻辑分析相关的课程，比如逻辑学导论、批判性思维等课程，并在日常生活中，积极主动地对各种问题进行分析，特别是分析一些较为复杂的事物和事件，积累实践经验，分析能力就会不断提高。经常参加针对某些专题进行的分析研讨会，倾听别人的分析以及别人对自己分析的评价，也有助于提高分析能力。同时，还应多读一些具有分析性质的文章，借鉴和学习别人的分析方法。

（四）想象能力培养

1. 激发创新热情

由于想象是一种心理功能，因此，想象与人的情绪、态度密切相关，情绪可以激发想象，态度可以调节想象。积极乐观的情绪使人容易想象那些充满希望、令人兴奋的情景；消极悲观的情绪则常常使人想象那些可怕、令人失望的情景。人只有在饱满而热烈的激情下，想象力才能得以充分发挥。在创新活动中，创新者的乐观情绪和积极态度能够激发和丰富创造性想象。

2. 开阔想象视野

想象力是人在已有形象的基础上创造出新形象的能力。想象力发展的基础是丰富的知识和经验。知识越渊博，经验越丰富，涉及的领域就越广，想象的空间就越大。相反，满足已有知识和经验，容易故步自封。创新者需要以独立思考的态度、开拓进取的精神不断扩大知识面，积累丰富多样的实践经验。

3. 捕捉创新灵感

某些因素激发下的创造性想象会以新想法和新观念的形式表现出来，但是它们很不稳定，必须及时准确地记录下来，并进行深度加工和实践检验，以获得具有实用价值的创新突破。以吉利集团的"源动力"工程为例，吉利集团在每个生产基地最醒目的位置都放着一本"吉利人发明构思记录"手册，只要员工有关于工作岗位的点子、创意、构想，不管它们是否成形或成熟，都可以随时写下来，这些点子、想法将提交到技术部门，合理的建议由工程师进一步完善。如果最终能形成专利，提出想法的员工还能获得 1000 元到 30 万元人民币不等的奖励。

（五）实践能力培养

1. 增强实践意识

知识的理解并不等于实践能力的形成。"纸上得来终觉浅，绝知此事要躬行。"实践能力只有经过反复训练才能形成。战国时赵国名将赵奢的儿子赵括年轻时熟读兵法，善于谈兵，但缺乏实战经验，导致长平之战惨败。人的行为是由一系列行动组成的，行为的顺利完成依赖于实现这些行动的熟练程度。通过反复练习可使行为实现的方式得到巩固。

2. 端正实践动机

实践动机是培养实践能力不可缺少的前提条件，是从事实践活动的原动力。实践动机促使人们将对任务目标的认识从外部诱因转化为内部需要，引发并推动人们从事实践活动。缺乏实践动机的实践活动水平必定是有限的。同样，没有创新实践动机就不可能产生相应的创新实践活动，应当将端正实践动机作为培养创新实践能力的首要内容。

3. 掌握实践技能

实践活动以掌握一定的专业知识、具备一定的实践技能、遵循一定的活动规律为基础。如果没有掌握相关的基本知识和专门技能，实践过程就会由于缺少预见性、计划性、方向性、步骤性和安全性而导致半途而废，甚至引发事故。专业化水平越高的领域，要求实践者具备的专门技能的水平、层次就越高。因此，为了提高实践能力，在开展实践活动前，应当认真学习相关专业知识并制订详细的实践计划，以确保实践效果。

4. 训练实践能力

实践能力只能在实践过程中产生和发展。实践活动过程在人脑的指挥下进行，培养实践能力离不开对实践过程的认真参与和积极思考。要对实践目的是否明确、实践方法是否合理、实践步骤是否具体、实践过程是否完善、实践结果是否可靠等进行反复思索，并在实践过程中手脑并用，发现问题，分析问题，最终解决问题。

第六章　大学生创新思维训练

　　高等院校学生创新素质的培养，是高等院校实施全面素质教育的核心内容，也是高等院校特色办学的关键。而创新意识和创新能力，是人的综合能力的外在表现，它是以深厚的文化底蕴、高度综合化的知识、个性化的思想和崇高的精神境界为基础的。创新意识和创新能力是大学生素质教育的核心，是大学生获取知识的关键。在知识经济时代，知识的增长率加快，知识的陈旧周期不断缩短，知识转化的速度猛增。在这种情形下，知识的接受变得不再重要，重要的是知识的选择、整合、转换和操作。学生最需要掌握的是那些涉及面广、迁移性强、概括程度高的"核心"知识，而这些知识并不是靠言语所能"传授"的，它只能通过学生主动地"构建"和"再创造"而获得，这就需要大学生的创新意识和创新能力在其中主动地发挥作用。

　　在创新意识和创新能力的指引下，大力培养大学生的创新思维，使大学生有能力在毕业之后，利用各种有利条件，根据所从事的工作不断完善自身的知识和能力结构，更好地达到完善自我和适应社会的目的、从而为终身教育打下坚实的基础。

第一节　培养创新思维意识

创新意识是指人们根据社会和个体生活发展的需要，引起创造前所未有的事物或观念的动机，并在创新活动中表现出的意向、愿望和设想。它是人类意识活动中的一种积极的、富有成果性的表现形式，是人们进行创新活动的出发点和内在动力，是创新思维和创造力的前提。创新意识是以思想活跃，不因循守旧，富于创造性和批判性，具有敢于标新立异、独树一帜的精神和追求为主要表现。只有具备强烈的创新意识，才敢想前人没想过的事，敢创前人不曾创成的业。

创新意识包括创新动机、创新兴趣、创新情感和创新意志。创新动机是创新活动的动力因素，它能推动和激励人们发动和维持进行创新性活动。创新兴趣能促进创新活动的成功，是促使人们积极探求新奇事物的心理倾向。创新情感是引起、推进乃至完成创新的心理因素，只有具有正确的创新情感才能使创新成功。创新意志是在创新中克服困难、冲破阻碍的心理因素，创新意志具有目的性、顽强性和自制性等特点。

一、认识创新

（一）创新及其内涵

1912 年，美籍奥地利经济学家约瑟夫·阿罗斯·熊彼特在《经济发展理论》一书中首次使用了创新（Innovation）一词。他提出，所谓创新就是一种生产函数的转移，或是一种生产要素与生产条件的重新组合，其目的在于获取潜在的超额利润。

一般认为，熊彼特的创新概念大致是：一项创新可看成是一项发明的应用，也可看成发明是最初的事件，而创新是最终的事件。

熊彼特还认为，创新是一个经济范畴，而非技术范畴；它不是科学技术上的发明创造，而是把已发明的科学技术引入企业之中，形成一种新的生产能力。具体来说，创新包括以下内容：引入一种新产品；采用一种新的生产方法；开辟新的市场；获取原材料新的供应来源；采用一种新的组织形式。

许多研究者也对创新进行了定义，有代表性的定义有以下几种。

（1）创新是开发一种新事物的过程，这一过程从发现潜在的需要开始，经历新事物的技术可行性研究阶段的检验，到新事物的广泛应用为止。创新之所以被描述为一个创造性过程，是因为它产生了某种新的事物。

（2）创新是运用知识或相关信息创造和引进某种有用的新事物的过程。

（3）创新是对一个组织或相关环境的新变化的接受。

（4）创新是指新事物本身，具体说来，就是指被相关使用部门认定的任何一种新的思想、新的实践或新的制造物。

（5）当代国际知识管理专家艾米顿对创新的定义是：新思想到行动。

（6）现代管理大师杜拉克认为，创新是"使人力和物质资源拥有新的更大的物质生产能力的活动"，"任何改变现存物质财富，创造潜力的方式都可以称为创新；创新是创造一种资源"。

由此可见，创新概念的内涵很广，可以说，各种能提高资源配置效率的新活动都是创新。目前，我国不少学者也在探讨创新问题，较为统一的看法认为，创新是一个经济学概念。对于创新概念的理解一般有狭义理解和广义理解两个层次。狭义理解的创新概念，立足于把技术和经济结合起来，即创新是一个从新思想的产生到产品设计、试制、生产、营销和市场化的一系列行动。广义理解的创新概念，力求将科学、技术、教育以及政治等与经济融汇起来，即创新表现为不同参与者和机构（包括企业、政府、大学、科研机构等）之间交互作用的网络。在这个网络中，任何一个节点都可能成为创新行为实现的特定空间。创新行为因而可以表现在技术、制度或知识等不同的侧面。

（二）对创新认识的误区

对于个人而言，创新逐渐成为一种生活和工作方式；对于企业而言，创新已经成为一种生存和发展方式。然而，很多人对创新的认识还存在误区，主要体现在以下三个方面。

1. 把创新等同于科技创新

一提到创新，人们下意识地会在前面加上"科技"两字，认为创新往往都是"高大上"的，社会已经形成了只有高科技行业才有创新的认识误区，而政府政策也更多地倾向于科技领域。事实上，创新成果不仅仅是技术成果，还可以是创意、品牌、产品、商业模式等。

2. 创新一定是高学历者的专利

高学历创新创业者更容易受到政府、媒体和社会的关注，而那些草根创业者多是默默无闻的。很多地方政府对高学历创新创业者的追逐，已经到了接近疯狂的地步，而本土草根创业者往往受到了冷落。殊不知对中国庞大国内市场的感同身受者，还应该是本十的创新创业者，而且多数是埋头苦干的草根创业者。

3. 创新必须颠覆

创新创业者常常把"颠覆式创新"挂在嘴边。然而，创新成功与否，最终要看是否获得市场或社会的认可，进而生成更大的持续的财富创造效应。任何创新均是实验性、探索性和循序渐进的，只有前进一步才能看清下一步要走向何方。模仿式创新、迭代式创新等创新方式与颠覆式创新一样，值得我们鼓掌和喝彩。

总而言之，在当前新时代背景下，要坚定不移地走创新驱动发展之路，使人人皆可创新，创新惠及人人。

二、认识创新思维

（一）大脑的两种思考模式

大脑重约 1 400 克，但却是宇宙中最复杂的器官。大脑里面存储信息的地方叫作神经元（Neuron），又称神经细胞，是构成神经系统结构和功能的基本单位。神经元还有接收、整合和传递信息的功能。它接收从其他神经元传来的信息，并进行整合，然后通过轴突（Axon）将信息传递给另一些神经元。

人的大脑里面有很多神经元。新生儿出生后，大脑里面的神经元是独立存在的，并没有形成相互的连接，更没有形成网络。而神经元若没有相互的连接，是没有办法解决问题的，只有神经元之间产生轴突的连接，相互交错形成神经网络，才能解决各种问题。也就是说，儿童的大脑虽然有不少神经元，但轴突连接不发达，所以在思考问题、处理问题时较为欠缺。

有的人学习了大量的知识，但这仅仅能说明在他的大脑神经元里存储的信息很多，仅此而已。而只有信息存储是远远不够的，要在不断地思考和处理解决问题的过程中，加强神经元之间的连接。有那样一些人，在遇到问题时，其大脑有更多的思考角度，能想出更多的解决方法，这样的人我们往往定义其思维能力较强。

成功要诀：世上所有你认为难的事情都不是事情本身难，而是没有找到正确的解决方法。弱者一开始就会"自我设限"，说："这太难了，没法解决。"而强者会"自我暗示"，说："没什么能难倒我的。只要敢想敢做，没什么大不了。"

当你有这种想法时，你才会主动去思考、去实践，并最终成为强者。

研究发现，我们有两种完全不同的思考模式：专注模式和发散模式。当你专心致志地试着学习或理解某些东西时，你就是在用专注模式，这是我们所熟知的。而发散模式，我们并不熟悉。当我们思考一个问题时，大脑会按照原先在我们各自头脑里形成的思维路径来思考，而很多问题往往可以顺利解决。但如果碰到一个新的无法解决的问题后，那就需要形成一套新的思维路径。问题是，我们不仅仅不知道新的思维路径在哪里？长什么样子？而且旧的思维路径，甚至会成为你形成新思维路径的拦路虎。

因此，要开启一个新的思维模式，我们需要一个不同的思路，即发散模式。这是一种完全不同的全景视角，我们可以更概括地看事物。随着想法在新通道里穿梭，我们便可以建立起新的神经连接。我们不能像以前那样专注于落实某个问题的解决方法，或理解某个概念中最细微的方面，但可以找到解决这个新问题的出发点。

就目前的研究看来，这两种模式是不能同时使用的。这就像一枚硬币，你只能看到其中一面而不能同时看到两面。

当碰到一个新的无法解决的问题时，爱迪生的做法是：躺在椅子上放松，手上抓几个滚珠轴承，放松自己的身体和意识，以放松的方式漫无目的地回想自己之前的工作，持续地放松之后，他会在躺椅上睡着，而这时轴承就会掉在地上将他惊醒。这样，他就能把刚刚在脑海中得到的联想和想法及时收集起来，然后带着这些想法回到专注模式中。

因此，当我们面临一个问题百思不得其解时，不妨找到让自己放松、逃离专注的方式，可以是冲凉的时候，也可以是乘公交或外出散步的时候。也许在不经意中，一个好的问题解决的方案就来到了你身边。

（二）思维

"思维"（thinking）一词与"思考""思索"是同义词或近义词。《词源》中说："思维就是思索、思考的意思。"思维科学认为，思维是人接收信息、存储信息、加工信息以及输出信息的活动过程，而且是概括地反映客观现实的过程。在自然界优胜劣汰的竞争中，人类之所以能成为这个世界的主宰，就是因为人有着任何其他动物都无法比拟的思维能力，人靠着思维显示的无限智慧，不断探索利用自然和征服其他动物，繁衍生存下来，并主宰着这个世界。

从思维的本质来说，思维是具有意识的人脑对客观现实的本质属性、内部规律的自觉的、间接的和概括的反映，它是人类所具有的高级认识活动。从字面来理解，思维就是思考的维度，包括思考的时间、空间、广度、深度、角度、方向和内涵等。

思维能力不是生来就有的，而是后天认真思考、培养锻炼出来的。

我们研究思维的目的是为了解决问题。解决问题是一个非常复杂的心理过程，包括整个认知过程、情绪和意志过程，其中，思维活动是关键性的。解决问题的思维过程大致要经历觉察问题、分析问题、提出假设、检验假设四个阶段。

1. 觉察问题

（1）解决问题的思维过程从觉察问题开始

问题就是矛盾，矛盾到处都是、时时都有。但是，人不一定都能觉察到。或者有的时候，即使觉察到了某些问题，人也许对它们不大关心。

（2）觉察问题主要取决于人的态度和需要

人对活动的态度越积极，就越容易发现活动中存在的问题，并把它转化为自己需要考虑的问题。有求知欲的人，不满足于对事物的通常解释，进一步追求现象内部的原因和结果，便能在一些别人看不出问题的地方、在一些熟知的、已有公认解释的事实中觉察出问题。

（3）觉察问题也取决于知识经验

缺乏某方面的知识经验，就不容易看出这方面事物的复杂性，也就难以觉察其中的问题。然而，缺乏知识经验也会刺激人们提出他所不了解的问题，激励他去求知、思考。

2. 分析问题

如果说，觉察问题是发现矛盾的过程，那么分析问题就是暴露矛盾、找出主要矛盾的过程。分析问题，首先要弄清楚问题的要求是什么，哪些是已知条件，已知条件和问题的要求之间有什么联系，进而明确问题的关键所在，即区分出问题中的主要矛盾。

3. 提出假设

提出假设是解决问题的关键。这一阶段包括形成解决问题的方案方法和找出解决问题的具体步骤。问题可以用四种典型方式中的一种或几种加以解决。

（1）尝试错误

即经过尝试、犯了错误、再尝试、有所进展、直到最后成功解决了问题。司机找出汽车发生故障的原因，学生解一道数学难题等，一般都是以这种方式来解决问题。

（2）机械的方式

即以记忆的方式解决问题。解决问题的方法、步骤储存在记忆库中，重新遇到这种问题时，立即提取信息加以解决。比如在以前，粮店的售货员在工作中，把粮和钱换算表背熟了，当顾客买粮时即可不假思索地说出价钱。

（3）推理

即用逻辑推理来解决问题。这是一种根据事实、严格遵循逻辑规律解决问题的方式。

（4）顿悟

即以突然领悟来解决问题。以这种方式解决问题时，人们通常觉察不到解决问题的方法和步骤。

4. 检验假设

检验假设是解决问题的最后一步。有两种检验假设的方法：一是实践的检验，即根据假设去具体地解决问题。如果实践成功，问题得到解决，就证明了方案方法和步骤都是正确的，这样既检验了假设又解决了问题。如果实践失败，就证明方案方法或步骤有错误。二是头脑中的检验，即进行推论。例如，高明的棋手在下一个棋子之前，都是在头脑中进行推论了的。推论是否正确最终还得靠实践来检验。

通过检验，如果假设被证明是正确的，那么问题就得到解决。如果假设被证明是错误的，那么就要寻找新的解决问题的方法和步骤，重新提出假设。正确的新假设的提出，在很大程度上取决于对失败的原因是否有充分的了解。

以上是从阶段性上，对解决问题的思维过程所作的描述性分析。如果从这个过程的总趋向来看，则可以把它视为逐步逼近问题解决的过程。

（三）思维的分类

1. 根据思维要解决问题的内容

根据思维所要解决问题的内容，可以把思维分为动作思维、形象思维和抽象思维。

（1）动作思维

动作思维的特点是以实际操作来解决直观的、具体的问题。例如，半导体收音机不响了，检修人员打开它的匣子，用电表检查，看看电池是否还有电，再检查线路是否接触不良、晶体管是否出毛病了等，最后找出了收音机不响的原因。

（2）形象思维

形象思维是通过形象进行思考的方法，是人们在认识过程中对表象进行取舍时所形成的，以反映客观事物形象特征、以直观形象来解决问题的一种思维形式。

（3）抽象思维

抽象思维是用抽象的概念和理论知识来解决问题的思维。例如，当我们思考"什么是道德""什么是文明"等理论问题时，用的是抽象思维。抽象思维又称逻辑思维，哲学家、数学家经常运用抽象思维来解决问题。

在正常的成年人身上，上述三种思维往往是互相联系、互相渗透的。一个人不可能单独地使用一种思维来解决问题。

2. 根据思维的主动性和独创性

根据思维的主动性和独创性，可以把思维分为习惯思维和创新思维。

（1）习惯思维

习惯思维又称模仿思维，是用惯常的方法来解决问题的思维，这种思维缺乏主动性和独创性。一般来讲，这种常规思维方式，比较适合已知的世界。在这个世界，人们的思维活动通常是在模仿以前的成熟经验或他人的成功方法，这种"复制成功"的做法可以帮助人们节省思考、摸索的时间和精力，少走弯路，从提高思维效率的角度来讲是完全正确的。

习惯思维对一些日常需要解决的问题尤其有效。比如，你每天早上起床后做的第一件事是什么？你是洗脸前刷牙还是洗脸后刷牙？你是先系左脚的鞋带还是先系右脚的鞋带？我们每天作出的大部分选择似乎都是精心考虑的结果，其实不然，人每天大约有40%的行为都是出于习惯。

科学家说习惯之所以出现，是因为大脑一直在寻找可以省力的方式。如果让大脑自由发挥，那大脑就会让几乎所有的惯常行为活动变成习惯，因为习惯能让大脑得到更多的休息。这种省力的本能是一大优势，这样的大脑能让我们不再思考基本的行为，如走路以及选择吃什么，所以人就有更多的脑力来进行创新。

（2）创新思维

习惯思维往往会成为创新的障碍。这种思维方式一旦进入未知的世界，由于人们没有可参照的模仿对象，它就不再适用，这时候人们就需要启动一种新的思维方式来适应陌生的环境，这种思维方式就是创新思维。在解决问题时，创新思维具有主动性和独创性。科学家的发明创造、文学家的创作、理论家的创见等，都是通过创新思维实现的。

创新思维是指以新颖独创的方法解决问题的思维过程。人们通过这种思维，能突破常规思维的界限，以超常规甚至反常规的方法、视角去思考问题，提出与众不同的解决方案，从而产生新颖的、独到的、有社会意义的思维成果。

创新思维不但能够揭示客观事物的本质特征及各种事物的内在联系，

而且可以产生新颖、独特的见解和想法，至少也能提出创造性的见解。所以，创新思维是比一般思维更高级的形式。它是一种主动地、独创地发现新问题、提出新问题、解决新问题的创造性思维过程。它包括七个方面思维能力的综合过程，诸如质疑思维、横向思维、逆向思维、想象（联想）思维、发散思维、收敛思维，此外还有直觉与灵感思维等。

人们面对的情境越陌生，面对的问题越深奥，习惯思维所能起的作用就越小。可以说，越是在高层次的智力活动中，人们越需要创造力，对创新思维的需求就越大。

众所周知，超强的记忆力可以造就一个学习天才，但一旦进入应用领域，初级智能记忆力所起的作用就非常有限了。不论是观察、分析，还是设计、决策，最需要的是高级智能创造力。许多在学校成绩出众的优等生，到了社会上却变得平庸无奇，关键就是他们在高级智能方面缺乏培养。

因此，创新思维是人类思维活动中最积极、最活跃和最富有成果的一种思维形式，创新思维比习惯思维更能体现人的主观能动性。

假如人类不懂得创新思维，也许今天仍生活在茹毛饮血、刀耕火种的蒙昧时代。从钻木取火到大规模使用火柴，从驾驭牲畜到驾驶汽车，从农业经济社会到创意经济社会，从知识短缺时代到信息爆炸时代，人类能够一步步走到今天，靠的就是创新、创新，不断地创新！

创新思维能力的大与小，将决定一个人的事业天地。古今中外，但凡在事业上有所建树、有所作为的人，可以说都是创新思维能力很强的人。他们靠智慧、靠特色、靠创新、靠点子，开拓出了事业上的一片广阔天地，为人们所赞颂、所称道。

创新思维能力超高、超众，就敢于说别人没有说过的话，敢于做别人没有做过的事，敢于思考别人没有思考过的问题。创新思维能力的超与凡，将决定一个人的勇气、胆识的大小、谋略水平的高低。因此，创新思维在人们的日常生活、学习和工作中的应用领域越来越广，这使普通人对创新思维的需求也越来越大，今天的现代人如果不懂得创新思维，不懂得如何运用创造力去开辟自己的生存与发展空间，那他们将无法在激烈的竞争中立足，势必会被社会淘汰，沦落为弱势阶层。

第二节 训练创新思维方式——思维导图训练

翻开身边一些人的笔记，你会发现他们的笔记大多和我们的一样，都是一行一行的多文字的、单调的线性笔记。这样的笔记其实不利于人的联想和想象，更不利于记忆。于是，有人开始寻找一种思维工具，它能给我们的思维以自由，能让我们按照自己的思考方式去自由地思考。

于是，世界上第一幅思维导图诞生于英国心理学家东尼·博赞手中。

思维导图又称心智图，是表达发射性思维的有效的图形思维工具。它运用图文并重的技巧，把各级主题的关系用相互隶属与相关的层级图表现出来，把主题关键词与图像颜色等建立记忆链接，充分运用左、右脑的机能，利用记忆、阅读、思维的规律，协助人在科学与艺术、逻辑与想象之间平衡发展，从而开启人类大脑的无限潜能。思维导图是一种将发散性思考具体化的方法。我们知道，发散性思考是人类大脑的自然思考方式。每一种进入大脑的资料，不论是感觉、记忆或是想法，包括文字、数字、符号、食物、香气、线条、颜色、意象、节奏、音符等，都可以成为一个思考中心，并由此中心向外发散出成千上万的关节点。每一个关节点代表与中心主题的一个联结，而每一个联结又可以成为另一个中心主题，再向外发散出成千上万的关节点，而这些关节的联结可以视为你的记忆，也就是你的个人数据库。人类从一出生即开始累积这些庞大且复杂的数据库，大脑惊人的储存能力使我们累积了大量的资料。经由思维导图的发散性思考方法，除了加速资料的累积量外，更多的是将数据依据彼此间的关联性分层分类管理，使资料的储存、管理及应用因为更有系统化而增加大脑运作的效率。同时，思维导图是最能善用左、右脑功能的，借由颜色、图像符号的使用，不但可以协助我们的记忆，增进我们的创新能力，还能让思维变得更轻松有趣，且具有个人特色及多面性。

一、思维导图的应用

思维导图是一种革命性的思维工具。它实际上就是一幅幅帮助你了解并掌握大脑工作原理的使用说明书，简单却又极其有效，因此得到广泛应用。

（一）提高思考力

思维导图的建立，有利于人们对其所思考的问题进行全方位和系统化的描述与分析，有助于人们对所研究的问题进行深刻和富有创造性的思考，从而有利于找到解决问题的关键因素或关键环节。思维导图的制作是非常灵活的，没有严格的限制原则。其关键点在于，能够体现制作者自己的思考特征和制作目标，并提高其思考能力和水平。

（二）记笔记

当我们接收讯息时，如阅读、听课、学习、面试、演讲、参加研讨会、参加会议等，需要记录要点时，都可以用思维导图进行记录。将要点以词语记下，把相关的意念用线连上，加以组织，方便记忆。用思维导图的好处是，无论信息表达的次序如何，都能放在适当位置上。每个意念都是以词语表达，容易记忆。画思维导图过程中，可帮助了解、总结信息和意念。

（三）温习

当我们在预备考试、准备演讲或者其他需要加深记忆的时候，我们可以将已知的资料或意念从记忆中以思维导图画出来，或将以往画的思维导图重复画出，能加深记忆。因此，思维导图也能帮助组织意念，令意念更清楚。

（四）小组学习

当我们面临要共同思考的时候，如头脑风暴、小组讨论、家庭/小组计划等，可以共同创作思维导图。首先由各人画出自己已知的资料或意念，然后将各人的思维导图合并、讨论，并决定哪些较为重要，再加入新的意念，最后重组成一个共同的思维导图。在这个过程中，每个组员的意见都要考虑，能提升团队归属感及合作效率。在共同思考时，也可产生更多的创意和有用的意念。最后的思维导图是小组共同的结晶。

（五）创作

当我们在写作、学术科研、制订新计划、产品设计等需要创新的时候，也可以使用思维导图。首先，要将所有围绕主题的意念都写下来，包括新的意念，甚至包括不可能发生的意念，不用理会对或错。其次，将意念组织合并，重新画出思维导图，但要将不可能的划去。因为重要的意念可能有所改变，我们可以休息一下，让大脑放松，而这时新的创意可能产生。最后，我们将思维导图改写。在这个过程中，思维导图帮助我们将大量的意念联系起来，产生新的意念，而且中心目标十分清晰。

（六）作决定

当有多个意念要求我们去选择和作出决定时，如决定个人行动、团体决议、设定先后顺序、解决问题等，思维导图可以帮助我们更全面、更清晰地厘清问题。首先，将需要考虑的因素、目标、限制、后果及其他可行性，用思维导图画出来；其次，将所有因素以重要程度及个人喜好赋以权重；最后，尝试作出决定。

（七）展示

当我们在演讲、教学、推销、解说、作报告等需要向别人讲解自己的想法时，思维导图可以协助我们在准备时清楚自己的构思，令我们的展示更具组织性，更容易记忆。在展示时利用思维导图可令听众容易明白，不用阅读长篇大论的文字。展示者也不用将预备好的字句一字一句地读出来，令展示能更配合受众的需要，增加双方的交流畅通。如果有提问时，展示者可灵活地在思维导图上处理扩张，不会迷失在其他思路上。无论是展示者还是受众，都会对所展示的内容印象更深刻。

（八）计划

当我们在行动前需要思考时，如当我们要进行个人计划、行动计划、研究计划、问卷设计、写作、预备会议的时候，思维导图可以帮助我们将所有要留意的意念全部写出来再组织成目标更具体的计划。设计思维导图时，是围绕主题进行思考的，不会迷失方向。完成设计后，很容易书写报告。别人阅读计划的时候，也很容易能够了解计划的脉络，更容易跟进。

二、思维导图的绘制规则

要想高效地使用大脑的使用说明书——思维导图，充分发挥人类左、右脑的功能，我们需要遵守一些重要的规则。设计这些规则的目的，不是限制我们的思考，而是通过这些与大脑（工作与学习方式）一致的特定技巧，来帮助我们更快速地提升学习力、记忆力以及创造力。

（一）在纸的正中央用一个彩色图像或符号开始画思维导图

在正中央开始画，是因为它能反映出大脑思考程序的多钩状特性。从核心向四周发散思想，可以因此获得更多的空间和自由。使用图像和色彩，更有利于提升我们的记忆力和创造力。正如谚语"一图胜千言"所说。

（二）把写有主题的连线与中央图像连在一起

主题被连起来，是因为大脑是通过联想来工作的。如果线条附着于主题，就会在大脑内部产生类似于"附着"的思想。靠近中央图像的线条要粗一些，字号大一些，以此反映出这些主题的重要性。

（三）线与线相连

思维导图这种连接的结构反映了大脑中的联想本性。如果连线断裂，思维、记忆和创造就会产生断层。

（四）用印刷体字

写印刷体字虽然会多花一些时间，但是这种精确而持久的反馈，相当清楚的印刷体义字会带来非常多的好处，更便于识别和回忆。

（五）将印刷体字写在线条上

把印刷体字写在线条上，这样建立起了思维导图基本结构的关系和联想。我们会发现，如果重新组织思维导图的基本骨架，许多单词会"突然出现"在合适的位置。

（六）每条线上只有一个关键词

每个关键词都可以触发无限的联想。把关键词单独放在线上，让大脑从这个词开始，更加自由地扩展出去。而词组会让单个的词语受到限制，进而减少创造力和清楚地再现记忆的可能性。

（七）在整个导图中都要使用色彩

色彩是各种思想的最主要的刺激物，尤其是在增加创造力和记忆力方面。色彩也有美感，这在画思维导图时会增加大脑的愉悦感，提高我们回顾、复习和使用思维导图的兴趣。

（八）在整个思维导图中都要使用图像

正如达·芬奇建议要有适当的大脑训练，运用图像可以把记忆力提高到近乎完美的程度，让创造性思考的效率提高数倍，增强我们解决问题、交流和感知的能力等。

（九）在整个思维导图中使用代码和符号

运用各种形状（如有色彩和箭头的个性化代码）为思维导图添加第四维度，这会加强我们的分析、构造、说明、组织和推理能力。

三、思维导图绘制步骤

在绘制思维导图之前，首先找到一张合适的纸。注意，一定要用没有任何字迹的打印纸或白纸，不要用印有任何横格线条的纸张。如果我们用有线条的纸张，就会发现原本向外拓展的曲线，会不自觉地受到暗示而画成了直线。此外，要用尽可能大的纸张。A3 左右大小的纸张能为我们提供足够的空间来记录各种细节。为了便于携带，我们也可以找一个合适的文件夹来收藏它们。

在准备绘制的时候，纸要横着放，这样视野的宽度会大一些。因为我们随着思维导图连线的增多，会越画越宽。同时，这样也可以保证我们的大脑有足够的想象空间和画图空间。

（一）写下中心主题——从图开始

从白纸的中心开始绘制，画一个独特的且与所要表达的主题相关的图形。如果觉得这样的创作工作太过费神，可以从其他地方找一个符合你想法的图形来替代。花点时间来装点你的思维导图，并尽可能多地使用色彩，至少使用三种颜色来画，让图形更具吸引力，重点更突出，也更容易被记住。因为颜色和图形一样能让我们的大脑兴奋。越是独特的图形，越容易被大脑记住。这样，当我们回想时，就可以轻易地重现图的内容。中心主题不要用方框框起来，这样才能让我们自由地扩展分支。

（二）扩展层次——延伸分支

思维导图的分支通常是放射式层级的。越重要的内容越靠近中心，由内向外逐渐扩展。画分支时通常从时钟钟面上大概 2 点钟的位置开始，按顺时针来画。阅读思维导图自然也是从这个位置开始的。

（三）专注关键词——采摘智慧的果实

关键词通常是名词，占总词汇量的 5%～10%。我们使用思维导图，比传统的记笔记词汇量要少得多，这意味着无论是记忆还是阅读，我们将节约 90% 以上的时间。关键词用正楷字来书写，以便记忆时辨识。同时，通过想象来帮助大脑将词汇"图形化"。词汇写在线条的上面，每条线上使用一个单词或词语，这样可以触发更多的想象和联想。字体字形都可以根据需要多一些变化，这有助于我们按照一定的视觉节奏进行阅读，同时也有助于我们理解和记忆。

（四）连线——记忆与联想的桥梁

连线要与所写的关键词或所画的图形等长。太短会显得过于拥挤且不美观，太长则浪费空间。保证每条连线都与前一条连线的末端衔接起来，并从中心向外扩散。如果连线之间不衔接，那么在回忆的时候，思维也会跟着"断掉"，从而导致记忆的断层。

连线从中心到边缘逐渐由粗变细，就像一棵树，树干比较粗，树枝比较细。从中心延伸出来的主干最好不要超过 7 个，因为大脑的短时记忆一次只能记住 7 ± 2 个信息片段，主干过多不利于记忆，而且理解起来也很困难。

连线用较自然的波浪状分支，这样能向外引导我们的视线进行阅读。同时，使用曲线也能更有效地利用纸上的空间，可以让我们的眼睛感受线条或内容的视觉节奏，而不易造成大脑的视觉疲劳。

每一个主干及其下面的分支用一种颜色，这样在回忆时就非常容易。例如，"那个概念在绿色的分支上"是一个比较长的短语等。

只有我们喜欢的，我们才会愿意投入更多的时间去关注它。

（五）增加颜色——增加视觉节奏

每个人天生就喜欢色彩，我们生活的周围同样也是一个五彩缤纷的世界。与其用白纸黑笔写一些单调的文字，不如用最好的纸张、水彩笔或彩色铅笔来创作。去文具店找些不同的笔，油性笔、荧光笔、香水笔等，用它们来标注我们的关键词，画不同的线条。不要小瞧这些小小的改变，不同类型的笔也能触发我们的记忆。

（六）使用箭头和符号——增强联系

思维导图是一种能帮助我们增强对事物理解的方法，它能使我们了解到信息是如何相互联系在一起的。普通和优秀、成功与失败的区别，也就在于我们是否知道知识与事物之间的内在关联。

当同一个词出现在两个或更多的分支上时，说明这个词是一个新的主题，贯穿在我们的笔记中。如果利用传统的线性笔记方式，就不容易发现。当我们发现一个单词出现在不同的分支上时，用一个箭头连接它们，这样我们的记忆也随之连接了。

字母和文字是一种象征符号。同样，马路上的交通标志、电脑中的图标、五线谱、数字等都是符号。尝试把自己经常在思维导图中使用的符号整理一下，建立个人的符号库。我们还可以用符号来进行速记。比如，一个词语在思维导图里出现了多次，我们可以用一个符号代替它（如用一个五角星）。这样，下次它再出现时，只要画一个五角星就可以了。

我们也可以在思维导图中使用颜色标记。比如，在"备忘录"中用红色表示紧急的事情，用蓝色表示需要他人支持的事情，用绿色表示已经完成的事情。对于相关的概念或想法，我们同样可以用一种颜色来表示。

（七）利用感官技巧——触发更多的记忆和灵感

闭上眼睛，做一个深呼吸，想象我们最喜欢吃的水果，它是苹果、橘子还是菠萝？它是什么形状？什么颜色？用手触摸它的表皮时，手会有什么感觉？它闻起来是什么味道？想象我们最熟悉的朋友，她或他有什么与众不同之处？我们是怎样把她或他从人群中区分出来的？她或他的相貌、模样、走路的姿势，以及最喜欢的事物是什么？用我们的鼻子深深地吸一口气，闻闻她身上香水的味道等。

我们通过这样的想象练习，可以增加感官体验，增强理解力和记忆力。任何经历都是我们所有感官体验的总和。因此，要在思维导图中加入文字、图片，以便唤起我们其他的感官体验。

如果要记录的信息非常重要，我们可以用透视法画出类似三维的表现效果，或是使用一些特别的颜色和符号代码等。这样，当我们要回忆时，这些信息就会跃入眼帘。

思维导图是一种非常有趣、具有创造性的记录思维的方式。为了让我们的思维导图更加有趣，让大脑处于兴奋状态，可以使用更多的感官技巧。

这就是制作思维导图的基本步骤和注意事项，学会思维导图的最大秘诀就是画思维导图，不断地画、重复地画。

第三节　训练创新思维方式——发散思维训练

一、发散思维

几乎从启蒙那天开始，社会、家庭和学校便向学生们灌输这样的思想：这个问题只有一个答案，不要标新立异，这是规矩等。当然，就做人的行为准则而言，遵循一定的道德规范是对的。正所谓"没有规矩，不成方圆"。然而，凡事都制定唯一的准则，恰恰是在扼杀创造力。

心理学家曾做过这样的试验：在纸上画一个圆点，问看到的人这是什么？其中很多成年人的回答大体一致："这是一个圆、一个点等。"而幼儿园的小朋友则给出了各种各样的答案："太阳""皮球""人脸上的痣"……可谓五花八门。或许成年人的答案更加符合所画的图形，但是比起幼儿园孩子来说，他们的答案是不是显得有些单调呆板呢？而孩子们的答案更加"五花八门"，则说明了孩子们的思维方式更加发散。

对于成人来说，对很多事物都已经习以为常了，并不会再去仔细推敲，由此造成了许多思维上的定式，甚至是"误势"。有些时候，谁能克服这种生活的习惯和思维的定式，谁就是强者。富兰克林正是冒着生命的危险获得了雷电的奥秘；伽利略正是顶着亚里士多德传统理论的巨大压力证实了他的"两个铁球同时落地"的物理定论。

发散思维的概念，是美国心理学家吉尔福特在 1950 年以"创造力"为题的演讲中首先提出的。发散思维又称辐射思维、扩散思维，是指在思维过程中，以某一问题为中心，沿着不同方向、不同角度向外扩散的一种思维方法。

具体来说，就是从一个问题（信息）出发，突破原有的限制，充分发挥想象力，经由不同的途径、方向，以全新的视角去探索，重组眼前的和记忆中的信息，产生多种设想、答案，使问题最终得到圆满解决的思维方法。它的实质是从一到多，犹如光源向四面八方辐射光线一样，"洒水壶式"的思维方式。

就像上面的思维热身，如果你的答案可以分为好几大类，如水的性质、功能、形状、结构等，你能想到的类别越多，且每一类里面你能想到的数量越多，则说明你的思维越发散。而如果能想出的答案很少，或者始终固定在某一类里面重复，则说明你的思维被禁锢住了，思维不够发散，就需要好好进行练习了。

发散思维是在创新活动中最常使用的一种创造性思维。发散思维好的人在学习、工作中，会在已有的基础上，提出更多的方案和答案，从而使自己与众不同，出类拔萃。我们所看到的那些有成就、有造诣的人，他们的发散思维往往都是非常出色的。

二、发散思维的特点

（一）流畅性

流畅性是指单位时间内产生的设想和答案的多少。

流畅性是衡量思维发散的速度（单位时间的量），可以看作发散思维"量"的指标，是发散思维的基础。

（二）变通性

变通性是指知识运用上的灵活性，观察问题的多层次、多视角。它是发散思维的"质"的指标，表现了发散思维的灵活性，是思维发散的关键。

比如，面对"红砖的用途有哪些?"这样一个问题。某人说：用来盖房子、盖仓库、建教室、修烟囱、铺路、修炉灶等。所有这些反应，都是把红砖的用途局限于"建筑材料"这一个范围之内，缺乏变通。

另一人说：用来打狗、镇纸、支书架、钉钉子、画画等，这些反应的变通性较大，多数是红砖的非常规用途。因此，后者的思维比前者更加发散。

（三）独特性

独特性是指提出的设想或答案的新颖性程度。它是发散思维的本质，表现发散思维的新奇成分，是思维发散的目的。独特性又称为独创性、求异性，这一点是创新思维的基本特征和标志。严格来讲，没有这个特征的思维活动，都不属于创新思维。

英国著名作家毛姆的小说有一段时间销售不畅，他便在报刊上刊登了一则征婚启事：本人年轻英俊，家有百万资产，希望获得和毛姆小说中主人公一样的爱情。结果毛姆的这一独特举动使他的小说在短时间内被抢购一空。毛姆在推销他的小说中，就运用了思维的独特性，收到了意想不到的效果。因此，思维的独特性，实际上就是超越固定的、习惯的认知方式，以前所未有的新视角、新观点去认识事物，提出不为一般人所有的、超乎寻常的新观念。

三、思维发散的角度

通常以材料、功能、结构、形态、组合、方法、因果、关系等八个方面为"发散点"，进行具有集中性的多端、灵活、新颖的发散训练，以培养创新思维的能力。

（一）材料发散

以某个物品作为"材料"，以其作为发散点，设想它的多种用途。比如，尽可能多地说出回形针的用途，答案可以有：把纸或文件别在一起；可用来代替西装领带上的别针；拉开一端，能在水泥板或泥地上画印痕——画图、写字；拉直了，可用作纺织工的织针；穿上一条线可以当挂钩；可用来固定标签；可以装在窗帘上代替小金属圈……

（二）功能发散

以某事物的功能为发散点设想出获得该功能的各种可能性。例如，怎样才能达到照明的目的？答案可以有：点油灯、开电灯、点蜡烛、用镜子反射太阳光、划火柴、烧纸片、用手电筒、用手机、用汽车灯、点火把、燃篝火……

（三）结构发散

以某种事物的结构为发散点，设想出利用该结构的各种性能。比如，尽可能多地说出包含三角形结构的东西。答案可以有：三角尺、三角窗、三角旗、屋顶、三角帽、动画人物、旗帜、帆船、项链、路标……

（四）形态发散

以事物的形态，如形状、颜色、音响、味道、气味、明暗等为发散点，设想出利用某种形态的各种可能性。比如，尽可能多地想出利用红色可以干什么。答案可以有：红灯——禁止通行的交通信号、红旗、红墨水、红喜报、红皮鞋、红袖章、红领巾、消防车的红色车身、红十字标志、红星、红色印泥、红灯笼、红头绳、红指甲油、烫头、化妆、贴标签……

（五）组合发散

从某一事物出发，以此为发散点，尽可能多地设想与另一事物（或一些事情）联结成具有新价值（或附加值）的新事物的各种可能性。例如，尽可能多地说出钥匙圈可以和哪些东西组合在一起。答案可以有：可同小剪刀组合、可同指甲剪组合、可同图章组合、可同纪念章组合、可同微型手电筒组合、可同开汽水瓶扳手组合、可同开罐头的刀组合、可同微型圆珠笔组合、可同微型温度计组合、可同小工艺品组合……

（六）方法发散

以人们解决问题或制造物品的某种方法为发散点，设想利用该种方法的各种可能性。比如，尽可能多地说出用"吹"的方法可以干什么。答案可以有：吹气球、吹灰、吹疼痛的伤口、吹泡泡糖、吹去眼里的灰、吹塑料袋、吹玩具风车、吹口哨、吹口琴、吹喇叭、吹牛、吹胡子、吹暗器……

（七）因果发散

以某个事物发展的结果为发散点，推测造成该结果的各种原因；或以某个事物发展的起因为发散点，推测可能发生的各种结果。比如，尽可能多地说出造成玻璃杯破碎的原因。答案可以有：手没抓稳，掉在地上摔碎了；被某种东西敲碎了；冬天冲开水时爆裂了；杯里的水结冰胀裂了；撞到了坚硬的东西；被猫碰倒，掉在地上打碎了；被弹弓的子弹击碎；发怒攥碎；被火烧裂；被高音震碎；被牙齿咬碎；被水滴滴碎……

（八）关系发散

从某一事物出发，以此为发散点，尽可能多地想出其与其他事物之间的各种联系。例如，你有哪些身份？尽可能多地写出你与社会、与他人的关系。答案可以有：我是老师，我是电影院的观众，我是广播电台的听众，我是小王的邻居，我是百货商场的顾客，我是图书馆的读者，我是市民，我是公园的游客，我是中国人，我是外国人，我是某某学校的校友，我是追梦人……

四、发散思维的形式

（一）横向思维

横向思维是相对于纵向思维而言的一种思维形式。纵向思维是按逻辑推理的方法，直上直下的收敛性思维。而横向思维是当纵向思维受挫时，从横向寻找问题答案。正像时间是一维的、空间是多维的一样，横向思维与纵向思维则代表了一维与多维的互补。最早提出横向思维概念的是英国学者德博诺，他创立横向思维概念的目的，是针对纵向思维的缺陷，提出与之互补的对立的思维方法。

横向思维有以下几种方式。

1. 横向移入

横向移入，就是把其他领域的好方法移到本领域来。

2. 横向移出

横向移出，就是把本领域的成功方法移到其他领域去。例如，法国细菌学家巴斯德发现酒变酸，肉汤变质都是细菌在作怪。经过处理，消灭或隔离细菌，就可以防止酒、肉汤变质。李斯特把巴斯德的理论用于医学界，轻而易举地发明了外科手术消毒法，拯救了千百万人的性命。

3. 横向转换

横向转换，就是不直接解决问题，而是转换成其他问题。比如，我们都知道的曹冲称象，他把测重问题转换成测船入水深度的问题。

（二）逆向思维

从正面去寻找解决问题的方法和途径，这是常规的正向思维方法。如果从问题的反面去思考解决的方法和途径，就叫逆向思维，也叫反向思维。在学习、工作和生活中，我们经常会遇到从正面无法解决的问题，因而陷入思维的陷阱。如果能转换一下思维视角，反其道而行之，把事物的位置颠倒过来进行思考，从反面寻找出原因，往往会收到意想不到的效果。

因为客观世界上许多事物之间，甲能产生乙，乙也能产生甲。比如，化学能能产生电能。据此，意大利科学家伏特在 1800 年发明了伏打电池。反过来，电能也能产生化学能。通过电解，英国化学家戴维 1807 年发现了钾、钠、钙、镁、锶、钡、硼等七种元素。又如，说话声音高低能引起金属片的振动。相反，金属片的振动也可以引起声音高低的变化。爱迪生在对电话的改进中，发明制造了世界上第一台留声机。

那么，如何进行逆向思维呢？

1. 就事物依存的条件逆向思考

例如，小孩掉进水里。把人从水中救起，是使人脱离水。司马光救人是打破缸，使水脱离人，这就是逆向思维。又如，做钟表生意的都喜欢说自己的表准，而一个表厂却说他们的表不够准，每天会有 1 秒的误差。这样，非但没有失去顾客，反而更加得到大家的认可，踊跃购买。

2. 就事物发展的过程逆向思考

比如，人爬楼梯是人走路，而坐电梯是路走、人不动。再如，不管螺丝怎么设计，正向拧不开的时候，反向必定拧得开。

3. 就事物的位置逆向思考

例如，开展"假如我是某某"活动，站在对方的位置进行逆向思考。

4. 就事物的结果逆向思考

一位青年画家请教大画家门采尔："我作一幅画只用一天的时间就够了，为什么卖掉它却要用上一年的时间？"门采尔反问道："你为什么不反过来试试？"在传统的动物园内，无精打采的动物被关在笼子里让人参观。然而有人反过来想，把人关在活动的"笼子"里（汽车中），不是可以更真实地欣赏大自然中动物的面貌吗？于是野生动物园应运而生。

第四节　训练创新思维方式——收敛思维训练

如果按照上文的方法训练发散思维，你可以有很多天马行空的想法。但具体到某个问题，最终指向某个需要实现的目标时，这个想法是否可行？能否实现？那就要用到收敛思维的方法。

一、收敛思维概述

比如，现在有 A、B、C、D、E、F 六个人，他们在身高上有着如下五种关系：A 比 B 高；C 比 D 矮；B 比 D 高；A 比 F 矮；F 比 E 高。请问：这六人中谁最高？谁最矮？

在这个问题里，"谁最高""谁最矮"就是思考的中心点。我们只要通过一步步地推理，即可找出答案。

围绕"谁最高"这个中心点，收敛思维的结果是 F 最高。

围绕"谁最矮"这个中心点，收敛思维的结果是 C 最矮。

我们称这种思维方式为收敛思维。

收敛思维又称集中思维或聚合思维，是指人们为了解决某一问题，调动已有的知识、经验和条件去寻找唯一的答案。为了获得正确答案，要求每一思考步骤都指向这一答案。从不同的方面集中指向同一个目标去思考。其着眼点是由现有信息产生直接的、独有的、为已有信息和习俗所接受的最好结果。

二、收敛思维的特征

收敛思维是有方向、有范围的，它具有封闭性、收敛性、集中性、严密性的特点。它主要是运用逻辑思维，在发散的基础上通过分析、比较、选择、判断，综合而得出结论。

（一）封闭性

封闭性即思维应指向某一目标。如果说发散思维的思考方向，是以问题为原点指向四面八方的，具有开放性，那么，收敛思维则是把许多发散思维的结果，由四面八方集合起来，选择一个合理的答案，具有封闭性。

（二）连续性

连续性是指思维进行的方式步步推进，环环相扣。发散思维的过程，是从一个设想到另一个设想时，可以没有任何联系，是一种跳跃式的思维方式，具有间断性。收敛思维的进行方式则相反，是一环扣一环的，具有较强的连续性。

（三）可行性

可行性是指想出的办法或方案，对最后的产品形成是否可行、是否真正具有价值或是否值得这么做。发散思维所产生的众多设想或方案，一般来说，多数都是不成熟的，也是不切实际的，我们也不应对发散思维做这样的要求。对发散思维的结果，必须进行筛选，收敛思维就可以起到这种筛选作用。被选择出来的设想或方案，是按照实用的标准来决定的，应当是切实可行的。这样，收敛思维就表现出了很强的可行性。

三、收敛思维和发散思维的关系

收敛思维与发散思维各有优缺点，在创新思维中相辅相成、互为补充。只有发散，没有收敛，必然导致混乱；只有收敛，没有发散，必然导致呆板僵化，抑制思维的创新。因此，创新思维一般是先发散而后收敛。

（一）思维指向不同

发散思维是"放"，是从一个问题中心向外发散，获得若干解决问题的思路；而收敛思维是"收"，是由若干解决问题的思路出发，指向问题的中心，最终获得问题的解决。

（二）两者作用不同

发散思维求"量"，其主要目的是求异、求多、求广，力求尽可能多地想出所有的可能；而收敛思维求"质"，其主要目的是求同、求精、求是，力求最终能创造性地解决问题。

（三）真实性差异

发散思维经常表现出不成熟、不切实际，必须经过收敛思维，对发散思维的结果进行层层筛选、去粗取精、去伪存真，从而取得思维结果的突破，最终求取最优解决方案。

因此，两者既区别又联系，既对立又统一。一般来说，发散思维与收敛思维不应单独使用，应在发散思维的基础上运用收敛思维。进行发散思维的时候，不追求产生最优的结果，但应尽可能多地写出可能的方案；而收敛思维则须考虑到各个方案的经济性、可行性，确定最佳方案，并作出说明。

四、收敛思维训练的方法

（一）目标确定法

这个方法要求我们在思考问题时，要善于观察，发现事实和看法，并从中找出关键的现象，对其加以关注和定向思维。[①] 德波诺（Edward de Bono）在1987年《思维的训练》一书中认为，这个方法就是要求"搜寻思维的某些现象和模式"，其要点是，确定搜寻目标（注意目标），进行观察并作出判断。通过不断的训练可以促进思维识别能力的提高。

在实际生活中，我们可以观察到，许多人在自学打字技术时，都只用两个指头打。这是因为，他们的根本目的不是要熟练地掌握打字技术，而是工作中需要打字。

例如，农业种植时，人们就发现种植豆类植物时，不仅不需要往土壤里施氮肥，而且还可使土壤增氮。如果在种过豆类植物的土地上种植其他农作物，还能提高作物的产量，为什么呢？经过仔细观察、分析、比较，得到以下结果：各种豆类植物的根部有根瘤，不需施氮肥；各种非豆类植物都没有根瘤，需要施氮肥；比较上述两步所得的结果，豆类植物不需要施氮肥的原因是有根瘤。

（二）间接注意法

间接注意法，即用一种拐了弯的间接手段，去寻找"关键"技术或目标，达到另一个真正的目标。也就是说，要求你把东西分成类别，分类的过程导致另一个后果。对被分类的东西进行仔细考察，去评估每一种有关的价值，这才是使用间接注意法的真实意图。

---

① 德波诺. 思维的训练. 何道宽等译. 生活·读书·新知三联书店, 1987.

(三) 层层剥笋法

我们在思考问题时，最初认识的仅仅是问题的表面，也是很肤浅的东西。然后，我们通过层层分析，向问题的核心一步一步地逼近，抛弃那些非本质的、繁杂的特征，以便揭示出隐蔽在事物表面现象内的深层本质。

(四) 聚焦法

聚焦法，就是人们常说的"沉思、再思、三思"，是指在思考问题时，有意识、有目的地将思维过程停顿下来，并将前后思维领域浓缩和聚拢起来，以便帮助我们更有效地审视和判断某一事件、某一问题、某一片段信息。

由于聚焦法带有强制性指令色彩，因而它对人们的思维可产生双重作用：其一，可通过反复训练，培养我们的定向、定点思维的习惯，形成思维的纵向深度和强大穿透力，犹如用放大镜把太阳光持续地聚焦在某一点上，就可以形成高热。其二，由于经常对某一片段信息、某一件事、某一问题进行有意识的聚焦思维，自然会积淀起对这些信息、事件、问题的强大透视力、溶解力，以便最后顺利解决问题。

使用聚焦法，首先，要研究问题是如何存在的，以加宽注意的广度及想出较多的解决方法；其次，试着区分问题的叙述，以决定是否把精神集中于一个更特定的层面上；最后，在思维的特定指向上积累一定量的努力，并达到质的飞跃。

有利于我们进行收敛思维的方法有以下几种。一是将发散思维中产生的想法，用卡片写下来，每张卡片上写一个。二是分析每张卡片，将内容相关、内在联系比较紧密的卡片放到一起。三是仔细思考内容相似的卡片的内在联系，将形成的新的思想材料，写成卡片，追加上去。四是反复整理卡片，进行各种不同的排列。五是不断地调整、思考，我们的思想就会从发散思维时的不同方向，逐渐指向一个方向，进而指向一个中心点，直到我们满意为止。

第五节　训练创新思维方式——质疑思维训练

一、质疑思维概述

所谓质疑思维，是指创新主体在原有事物的条件下，通过"为什么"（可否或假设）的提问，综合运用多种思维，改变原有条件而产生的新事物、新观念、新方案的思考方式。也就是说，质疑思维方法是在原有事物的基础上进行"假设性"的提问，因此，这种方法又称设问法。

苏格拉底曾经说过：问题是接生婆，它能帮助新思想的诞生。巴甫洛夫也曾经说过：质疑思维，是创新的前提，是探索的动力。质疑是创新的起点，一切科学发现都是从疑问开始的。如果没有质疑，哥伦布发现不了新大陆，牛顿发现不了万有引力。古人也有"尽信书不如无书"的说法。质疑思维对创新思维的重要程度由此可见一斑。

二、质疑思维的特征

（一）疑问性

质疑思维的核心特征是疑问性。它充分体现在问"为什么"上。这是探索问题的切入点、入口处，表达了一种开发、开掘的欲望，是发现问题、提出问题的钥匙。

（二）探索性

质疑思维最活跃的特征是探索性。它充分体现在思考、解决问题的过程中，穷追不舍、不达目的不罢休的探索精神，直到得出正确答案为止。有时候，能够提出一个问题，有时比解决这个问题本身意义还重大。

（三）求实性

质疑思维最宝贵的特征是求实性。质疑思维的结果、目的完全在于它的求实性，也包括它的求真性、完整性、价值性和规律性。质疑是人们的天性，是孕育探索未知世界的摇篮。比如，我们经常听到一句话——天下乌鸦一般黑！为什么一般黑？没有别的颜色吗？我们通过观察查证，确实发现有白色的乌鸦。

大千世界纷繁复杂，大到宇宙，小到粒子，新的问题、新的方法、新的观点和新的流派层出不穷，但是人的生活空间却是有限或单一的。两者的巨大反差，造成了人类认知世界的大片盲区，人们对某些问题的怀疑实属正常现象，人类社会的文明正是在不断质疑—求知—获解的过程中积淀起来的。

三、质疑思维的形式

一般来说，质疑思维有以下几种形式。

（一）起疑思维

起疑思维是指把"为什么"作为关键词，置换为疑问句作起始点，探究事物的起因和本质属性的思维过程。例如，为什么会这样呢？事情难道真是这样的吗？这究竟是怎么一回事？

（二）提问思维

提问思维又称设问思维，是指在思考、发现和处理问题时，通过对现在、过去的事情提出疑问来寻求准确的答案、观念、理论的一种思维方式。

（三）追问思维

追问思维就是由第一个"为什么"所引出的问题，再提问并一直追问下去，直到找出其产生问题的根源，解决问题的思维过程。

（四）目标导向思维

目标导向思维，就是通过"模糊性"的"为什么"，围绕着目标而产生的独特、新颖、有价值和高效的创新方法，最终达到最佳目标的思维过程。

第六节　训练创新思维方式——联想思维训练

一、联想思维概述

联想就是由所感知的事物、概念和现象的刺激，而想到其他事物、概念和现象的心理过程。当你看到一件事物时，你的大脑就像搜索引擎一样，自动根据你的经历和经验，搜索和看到的事物相关的信息并推送到你眼前。

人几乎每天都在联想。比如，当你某一天在路上遇到你的大学老师时，你就可能联想到他过去讲课时的情景，甚至联想到他对你说过的一句话。你甚至可能在不经意间看到一样东西，就会联想到另外一样东西。

所谓联想思维，是指人们在头脑中，将一种事物的形象与另一种事物的形象联想起来，探索它们之间共同的或类似的规律，从而解决问题的思维方法。

二、联想思维的特征

（一）目的性和方向性

目的性和方向性是指联想思维是从一定的思考对象出发，有目的、有方向地想到其他事物，以扩大或加强对思考对象某方面本质和规律的认识或解决某一问题。

（二）形象性和概括性

联想思维基本的操作单元是表象，是一幅幅画。它又是从整体上把握表象画面，而不是顾及细节如何的思维操作活动。例如，由裙子下摆想到不贴身的雨衣，由蜡烛想到奉献。这里的每一组联想、每一幅画面都不是某个具体的形象，而仅仅是带有事物一般特征的形象，具有一定概括的特性。

三、联想思维的类型

（一）相似联想

相似联想就是由某一事物或现象，想到与它相似的其他事物或现象，进而产生某种新设想。这种相似，可以是事物的形状、结构、功能、性质等某一方面或某几个方面。

比如，由语文书想到数学书；由铅笔想到钢笔；由小孩用石块在跷跷板一端摩擦，另一端可以听到声音，联想到给病人听胸腔内的心脏、肺呼吸的声音。

（二）接近联想

接近联想是根据事物之间在空间或时间上的彼此接近进行联想，进而产生某种新设想的思维方式。

比如，由闪电联想到雷鸣，联想到下雨，联想到滴答声。

（三）对比联想

对比联想是根据事物之间存在着的互不相同或彼此相反的情况进行联想，从而引发出某种新设想的思维方式。

比如，由黑想到白，由书写想到擦拭，由温暖想到寒冷，由黑暗想到光明，由好看的玩具想到丑陋的玩具。

（四）连锁联想

连锁联想是根据事物之间这样或那样的联系，一环紧扣一环地进行联想，从而引发出新的设想。

（五）飞跃联想

飞跃联想是在看上去没有任何联系，或相去甚远的事物之间形成联想，以引发某种新的设想。

从现象上来看，煤油与野花没有任何联系，但是通过飞跃联想把它们联系起来，却取得了意想不到的成果。

（六）因果联想

因果联想是对具有因果关系的事物所形成的联想。例如，由海水污染联想到海洋生物的死亡，由空气污染联想到全球变暖。

四、联想思维的方法

（一）类比法

类比法是把陌生的对象与熟悉的对象、把未知的东西与已知的东西进行比较，从中获得启发而解决问题的方法。它的原理是根据对某一对象的成分、结构、功能、性质等方面特性的认识，推导出当前要解决问题的可能性的设想。

它在实施的时候可以进行直接类比，根据原型的启发，直接将一类事物的现象或规律用到另一类事物上。例如，古埃及人曾用不断转动的链条运送水桶以灌溉农田，1783年，英国人埃文斯运用类比法将该方法用于磨坊以传送谷粒。

在实施的时候，也可以进行仿生类比，类比生物结构、功能或原理而产生新成果。例如，根据鱼类、鸟类的身体形状的流体力学特性，研制出各种各样的船舶和空间飞行物；根据蛋壳、乌龟壳、贝壳等弯曲表面，发明了建筑物上的薄壳结构；狗鼻子灵敏度高，能嗅出200万种物质和不同浓度的气味，嗅觉比人灵敏1万倍，据此研制出的"电子警犬"，其灵敏度可达到狗的1000倍等。

还可以进行对称类比，利用对称关系进行类比而产生新成果。例如，根据常见的女性化妆品进行类比联想，发明出专门针对男性消费者的化妆品。

（二）移植法

移植法是把某一事物的原理、结构、方法、材料等转到当前研究对象中，从而产生新成果的方法。它的原理是把已经成熟的技术转移到新的领域，用来解决新问题。

它在实施时可以根据原理进行移植，将某种科学技术原理转移到新的研究领域。例如，电子语音合成技术最初用到贺年卡上，随后，有人将其移植到汽车倒车提示器上。后来，有人把它移植到公交车辆上报站名，引起了无人售票车的出现。后来，又有人把它移植到玩具上。我国东北的一位大学生，把它移植到了婴儿的尿布上等。

它也可以根据结构进行移植，将某事物的结构形式和结构特征转用到另一事物上，以产生新的事物。例如，拉链除了用在衣服、裤子、鞋子、被子等方面外，许多人将其移植到新的领域。某公司为一个有口蹄疫的地区的羊群做了成百上千双"短筒拉链靴"，以防止这种传染病的蔓延。美国的 ATROX 医疗公司，已正式将拉链移植到外科手术，完全取代用线缝合的传统技术。

它还可以根据方法进行移植，将新方法转用到新的情景中，以产生新的成果。例如，由荷兰著名的"小人国"移植到国内，变成"世界公园"。

它还可以根据材料进行移植，将材料转用到新的载体上，以产生新的成果。例如，纸造房屋、塑料坦克、夜光工艺品和夜光油墨等。

五、联想综合训练

对联想思维进行综合训练，可从以下几个阶段进行。

第一阶段，从给定信息出发，尽快用某种联想类型，想到其他的事物，越多、越离奇越好。例如，从月亮展开联想。

第二阶段，从给定信息出发，尽可能多地用到各种类型，形成多种多样的综合联想链。例如，从鸡通过相似联想想到鸭，再通过相关联想想到鸭蛋，再通过因果联想想到快速腌蛋罐，再通过对比联想想到真空保鲜罐。

第三阶段，从给定的两个没有关联的信息，寻找各种各样的联想链将它们连接起来。例如，试建立一个从"粉笔"到"原子弹"的联想链。在这一阶段，可以标明类型，要追求联想的速度和数量（主要是联想链的数量）。

第四阶段，寻找任意两个事物的联系，可以省去联想链，但要建立两个事物间有价值的联系，并由此形成创造性设想。例如，教师——听诊器。这一阶段联想的难度较大，但却是有价值的联想，应当多进行训练。

第七节　训练创新思维方式——直觉思维训练

一、直觉与直觉思维

直觉（Intuition）是千百年来人们一直关注、研究的一个悬而未决的思维问题。由于它在人类的各种实践活动中大量存在，并发生着不可忽视的诸多作用，因而引起了人们越来越大的研究兴趣。

直觉是人们在生活中经常应用的一种思维方式。小孩亲近或疏远一个人凭的是直觉；男女"一见钟情"凭的是各自的直觉；军事将领在紧急情况下，下达命令首先凭直觉；足球运动员临门一脚，更是毫无思考余地，只能凭直觉。

科学发现和科技发明是人类最客观、最严谨的活动之一。但是许多科学家还是认为，直觉是发现和发明的源泉。诺贝尔奖获得者、著名物理学家玻恩说："实验物理的全部伟大发现，都是来源于一些人的'直觉'。"

所谓直觉思维，是一种非逻辑抽象思维的跳跃式的思维形式。它根据对事物的生动直觉印象，直接把握事物的本质和规律，是一种浓缩的高度省略和减缩了的思维。

直觉思维常常表现出人的领悟力和创造力。直觉一般表现在艺术创造和科学研究过程中，经过长期的思索，猛然觉察出事物的本来意义，使问题得到醒悟，进入一种走出混沌的清晰状态。就如古诗词中所描绘的那样："众里寻他千百度，蓦然回首，那人却在灯火阑珊处。"

因此，直觉思维是创造性思维的重要组成部分，在我们的生活、学习，特别是科学研究中，具有不可忽视的重要意义。对此，爱因斯坦指出："物理学家的最高使命，是要得到那些普遍的基本定律。由此，世界体系就能用单纯的演绎法建立起来。要通向这些定律，并没有逻辑的道路，只有通过那种以对经验的共鸣的理解为依据的直觉，才能得到这些定律。"苏联科学史专家凯德洛夫则更为直接地论述："没有任何一个创造性行为能够脱离直觉活动。""直觉、直觉醒悟是创造性思维的一个重要组成部分。"这些均指出了直觉思维在整个人类思维活动中的重要作用。

梅里美的"急智"天才在同行中传为佳话。科学家把这种"急智"称为"直觉"或"直感",这种思维方式是与逻辑思维相对应的。梅里美对当时自己的想法也是知其然不知其所以然,用他的话说就是"这部挂钟肯定与密码有关,它一定能告诉我密码"。让我们分析一下原因。

首先,梅里美是一名经验丰富的优秀特工,他具备丰富的反间谍知识。其次,鉴于格力高里的特点——年纪较大、老奸巨猾,像密码这类重要文件,应该是随身携带或放于一隐秘处。但是格力高里的阅历使他更高一筹,他用一部普通的挂钟就锁住了机密。另外,梅里美脑际中梦寐以求的问题就是密码,所以在紧要关头他能从挂钟上领会到玄机,得到直觉的灵感。

直觉作为一种思维方式,它是指不依靠明确的分析活动,不按事先规定好的步骤前进,而是从整体出发,用猜想、跳跃、压缩思维过程的方式,直接而迅速地作出判断的思维。

爱因斯坦曾说:"真正可贵的因素是直觉。"我们在创造发明等活动中,可以凭直觉抓住思维的"闪光点",直接了解事物的本质和规律。

比如,有一名学生在栽培辣椒苗时,他用细铁丝捆住弯曲的辣椒茎秆,意外地发现这棵被细铁丝缚住的辣椒结果率高于未缚茎秆的辣椒植株。他凭直觉感到这一现象绝非偶然,一定有它的科学性。他抓住这一直觉,在老师的帮助下,有意识地进行了实验,以两排辣椒植株作为实验对象,一排辣椒均用细铁丝缚住茎秆,另一排则不缚。

实验结果证实了这名同学的直觉是正确的。原来,用细铁丝缚住植株茎秆有效地控制了光合产物的向下运输,使果实生长所需的营养得到进一步保证,从而提高产果率,增加产量。这一发现受到有关人士的赞同和认可。

直觉思维在创造发明过程中的作用可谓无与伦比。每个人在学习和生活中确实能获知一些创造发明的灵感,而这一灵感的获取是与直觉密切相关的。我们解决问题有时会不按常规思路突发奇想,从而得到一个意想不到的答案和结果,有时也会作出种种猜想和设想,找到一条解决问题的捷径。因此,我们从小要像科学家那样积极思考问题,认真观察事物,能够在常人习以为常的现象中提出自己独到的见解。

二、直觉思维的特征

（一）直接性

倘若我们用最简洁的语言来表述直觉思维的最基本特征，那就是思维过程与结果的直接性。

直觉思维是一种直接领悟事物的本质或规律，而不受固定逻辑规则所束缚的思维方式。它不依赖严格的证明过程，是以对问题全局的总体把握为前提，以直接的、跨越的方式直接获取问题答案的思维过程。正因为如此，许多哲学家和科学家在谈到直觉时，常把它与"直接的知识"放在一起讨论。

（二）突发性

直觉思维的过程极短，稍纵即逝，其所获得的结果是突如其来和出乎意料的。人们对某一问题苦思冥想，却不得其解，反而往往在不经意间顿悟问题的答案，或瞬间闪现具有创造性的设想。例如，著名的"万有引力定律"就是牛顿在苹果园休息时，观察到苹果掉落的现象而顿悟发现的。

（三）非逻辑性

直觉思维不是按照通常的逻辑规则按部就班地进行的。它既不是演绎式的推理，也不是归纳式的概括。直觉思维主要依靠想象、猜测和洞察力等非逻辑因素，去直接把握事物的本质或规律。它不受形式逻辑规则的约束，常常是打破既有的逻辑规则，提出一些反逻辑的创造性思想。例如，爱因斯坦提出的"追光悖论"。它也可能压缩或简化既有的逻辑程序，省略中间烦琐的推理过程，直接对事物的本质或规律作出判断。

（四）或然性

非逻辑的直觉也是非必然的，它具有或然性，既有可能正确，也有可能错误，这对于任何人来说都是如此。

虽然直觉思维能力较强的科学家正确的概率较大，但也可能出错。许多科学家都承认这一点。爱因斯坦在高度评价直觉在科学创造中的作用时，也没有把它看作万能灵药。他在 1931 年回答挚友贝索提出的问题时说："我从直觉来回答，并不囿于实际知识，因此，大可不必相信我。"

（五）整体性

在直觉思维过程中，思维主体并不着眼于细节的逻辑分析，而是对事物或现象形成一个整体的“智力图像”，从整体上识别出事物的本质和规律。

三、直觉思维的内容

直觉思维的内容是比较丰富的，其基本内容如下。

（一）直觉的判断

它是人脑对客观存在的实体、现象、词语符号及其相互关系的一种迅速的识别，直接的理解，综合的判断。人的这种能力，就是我们通常所说的洞察力。在这个认识过程中，人们很难区分出感觉、知觉、表象和概念、判断、推理，因为它进行得十分迅速和直接，直觉判断“是这样”，而来不及考虑“为什么是这样”。

日常生活中，素未谋面者相遇，往往会觉得对方或心胸开阔、豁达，或城府深不可及，一般都是凭直觉；在学习过程中，学生常常会表现为对某一概念、命题、问题的直接理解、领会；在科学实践中，地质学家会仅凭岩石上的巨大擦痕，就可以判断出这是远古时代冰川的遗址。所有这些都是对事物和现象的直觉判断。

直觉的判断不是分析性的，而是对事物整体形势的一种概括性判断，它有赖于对整个形势的整体估价，因此，与判断主体的知识经验密切相关。一般来说，在各自的领域内，人的知识经验越丰富，其直觉判断力或洞察力越强。

（二）直觉的想象

在许多情况下，人们仅仅根据所面临的事物、符号或情景，是不能作出直觉的判断的。这是因为，外界所提供的信息并不充分，有许多空白点或真空带，这时就要借助于想象、猜测，才能形成一个大致的判断，即用创造性的想象力去理解和连贯看似毫无联系的纷杂事物，然后再去寻找证据，以证明或否定自己的初步判断。

创造性的想象力可以把零散的“思维元素”充分调动起来，并加以新的组合。这些思维元素并不是凭空产生的，而是以前就积累在人的大脑之中，但由于时间的变迁而沉淀至心理或意识的深处，甚至掉入无意识的

"深渊"。

我们可以把这类思维元素称为"潜知"，它隐匿于人的潜意识之中，在一定的条件或在外界的刺激下，它就会"先验"地表现出来。创造性的想象力就可以把这类"潜知"激活、充分调动起来，与已知的思维元素形成一种新的联系，从而弥补信息的空白点或真空带，将各种思维元素串联起来，形成一个完整的思维图像。

爱因斯坦在创建狭义相对论的过程中，想象过人以光速运行，在建立广义相对论时又设想光线穿过升降机发生弯曲；德国数学家明可夫斯基的丰富想象力，使他把三维空间和一维时间联系在一起，提出了四维时空的表达式。

（三）直觉的启发

与直觉的判断和直觉的想象不同，还有另一种情况：思维的主体沉思于某一问题，既没有得出直觉的判断，又没能凭借自己的想象力获得什么有用的结论，然而在某一时刻，在他所思考的问题领域之外，甚至是一个遥远之外传来的信息倒起了巨大的启发作用。

于是，思维过程中的"障碍物"被清除了，思路打通了，问题得到了解决，这种情况就是直觉的启发。它有别于形式逻辑中的类比推理，是一种具有很大跳跃性的超越于形式逻辑的"类比"。

直觉的启发是在某种新的外部信息刺激下发生的联想，既包括由实物载体所载信息的启发，也包括由语言载体所载信息的启发。例如，牛顿在苹果园中看到苹果落地，从而获得启发找到解决引力问题的线索，这是前一类直觉启发；对于生物为什么会进化，达尔文百思不得其解。某天晚饭后，他信手拿起一本书来消遣，偶尔翻开马尔萨斯的《人口论》，于是茅塞顿开，得出了在自然环境中，有利的变异被保存下来，而无利的变异则被消灭的解释，这属于后一类直觉启发。

在科学实践中，直觉的判断、想象和启发是难以截然分开的，因为直觉思维过程进行得非常迅速，三者有时几乎是同时进行的。但是，直觉思维最基本的表现形式是直觉的判断，直觉的想象和启发最终也要以判断的形式出现。

四、直觉思维的生成

尽管直觉的产生极为突然，然而其生成绝非偶然。直觉的生成有其极为复杂的原因与条件。

（一）一定直觉的生成必须有相关知识的积累

这里所说的相关知识既包括有关的经验知识，又包括有关的专业理论知识。知识的积累是指经过人们的反复实践和反复认知而积淀并存储于大脑皮层上，生成为深层的下意识并形成相应的经验认知模块或有关学科专业认知模块。认知模块是指一定的认知运作程序、经验知识或学科知识组合方式。人们常说"三句话不离本行"，说明一定的认知模块在人们日常思维和相互交流中的作用。

（二）直觉的生成有其内在的机制

这里所说的内在的机制是指主体在问题的激发下，思维处于活跃状态，进而对这一问题进行多方面、多层次，甚至是长时间的思索或考察；然而却百思不得其解，于是便处于极度的困惑状态。

（三）直觉的生成须有一种特定的情境

主体或者处于特定的场景之中，或者观察到特定的现象，或者在突发性的压力下，或者是主体思维活跃状态的暂时"缓冲"，进而使思维出现了突发性的脉动，直觉出现了，随之，思如泉涌。

（四）直觉的生成有其不同的境界

一是灵感，即主体在瞬间突然捕捉到解决问题的思路，然而还不够清晰；二是顿悟，亦称恍然大悟，即主体突然间达到了对事物本质的了解，或者对问题的关键的把握；三是直观，即主体在瞬间突然对要解决的问题及其发展达到了整体性的了悟。

五、直觉思维在创新中的作用

直觉思维能把埋藏在潜意识中的思维成果和显意识中所要解决的问题相沟通，从而使问题得到突发式、顿悟式的解决。然而，直觉思维没有明确、具体的凭借物，也没有明确的形式和步骤。因此，它显得有些神秘，这也使人们对它产生了误解，把它当作一种原始、初级的思维方式。但是科学实践证明，直觉思维是人类的一种基本思维方式，在人类的创新与发展中具有十分特殊的重要意义。

（一）有利于人们突破思维定势，对事物产生崭新的认识

在认识过程中，认识主体的思维定势，妨碍着人们对事物本质和规律的把握。人的思维一旦形成定势，就使人难以从客观实际出发，去正确认识事物的本质和规律，而倾向于以权威的思想为标准，从书本知识出发，从习惯、经验出发，从而在人的思维与客观事物之间形成一道巨大的屏障，使人们难以正确发现事物的本质和规律。这样，人们就容易犯教条主义和经验主义的错误。因此，创新的关键是突破思维定势，突破原有的知识排列和组合关系，在以往知识经验的基础上产生大胆、丰富的想象，进而迸发出灵感和顿悟，取得创新成果。

爱因斯坦就善于运用直觉思维，突破力学说明一切的思维定势，即从牛顿的"绝对时间"和"绝对空间"中解放出来，确立起"相对时间"和"相对空间"的观念，进而创立了狭义相对论，完成了物理学的伟大革命。

（二）有利于人们模糊估量研究前景，大胆提出假说和猜想

在面临一个课题或解决一道难题时，人们往往先对其结果作大致的估量与猜测，然后再对这个结果进行实验验证或逻辑论证，这就是直觉思维中的模糊估量法。这种直觉思维方法，是思维主体依据以往的知识经验，凭借自身的直觉判断能力，大致、模糊地估量某一课题的研究结果，并大致选择研究方案。这种模糊估量法，能够帮助研究者形成一种总体的、战略性的眼光，有利于把握研究的总方向，有时会导致一种假说的提出。

（三）有利于人们从整体上把握事物的本质和规律

直觉思维具有整体性特征，它是综合的，而不是分析的；它侧重于从总体上把握认识对象，而不拘泥于某个具体细节。

在科学创造活动中，对研究对象进行整体把握是非常重要的。因为在知识经验的基础上提出某一具有创新性的理论或思想时，不可能对未来的新理论的细枝末节考虑得非常清楚，也不可能对日后的实验验证或逻辑论证设想得很周到，因此，在创新的开始阶段只能对事物进行整体把握。如果一开始就陷入暂时无法解决的枝节问题，支离破碎地去考虑问题，而缺乏对问题的整体把握，那样就很可能在细枝末节的问题中迷失方向，使当初的新奇思路被淹没掉，最终失去创新的灵感。

在科学史上，许多取得划时代成就的科学家，都是借助于整体把握问题的方法，才找到了解决问题的突破口，如阿基米德发现浮力定律。

虽然直觉思维在科学创新中具有重要的作用，但直觉思维的产生和作用却离不开逻辑思维。这主要表现在：一是直觉思维以知识经验为基础，而许多知识经验又是人们逻辑思维活动的结果。直觉是人脑在知识经验的基础上，对客观现象直接的整体性反应，人们以往的知识经验，直接影响其直觉思维水平的高低。二是直觉思维与逻辑思维存在互补关系。在一个问题的解决过程中，当逻辑思维方式难以奏效时，直觉思维的作用便会凸显。而在直觉思维的探索取得初步成果之后，则需要借助逻辑思维去验证。因此，直觉思维和逻辑思维是科学进步的"两翼"。

为了建设创新型国家，提高整个社会的创新能力，我们必须高度重视对人的直觉思维能力的培养，但也不能绝对化、片面化。否则，直觉思维能力的培养就成了无源之水、无本之木。

六、直觉思维意识的培养

（一）松弛
遐想躺在海滩上休憩的情景，或仰面躺在草坪上凝视晴空。以此进行自我松弛，有利于右脑机能的改善。

（二）回想
尽量形象地回想以往美好愉快的情景，这对大脑中负责储存记忆的功能，可以起到积极促进的作用。训练时间以 2~3 分钟为宜。

（三）想象
根据自己的心愿去想象所希望的未来前景，并想象通过哪些途径得以成功地实现。刚开始的时候闭眼想，习惯之后可以睁眼想。

（四）听古典音乐
听莫扎特的曲子，直接触及他的情感，会使直觉力变得敏锐。《梁祝协奏曲》《平湖秋月》等经典乐曲，最适用于平定心情和思考问题时的伴音。

（五）使用指尖

打玻璃弹子等，最需要速断力，可培养"秒的直觉力"。

（六）进行自由联想

将空中飘浮不定的朵朵白云，想象成各种形象，这能提高左脑进行逻辑思维和记忆储藏库的功能，进而提高思维的集中能力。

（七）用左手拿筷子

不妨先试 2 天，然后中间休息 1 天，再继续 2 天，并坚持练习 1 个月左右。

（八）在书店速读

即使忙得不可开交，也要抽空逛逛书店，牢牢地盯着书目来推想书中可能会写着什么。

（九）向似乎办不到的事情挑战

有时灵感是在被逼得走投无路时突然产生的，简直是绝路逢生。不要惧怕艰难的工作，要勇敢地去挑战。

（十）回到童心

回想幼儿时期唱过的歌、玩过的游戏，并描绘出当时的情景，有助于增强记忆源泉。

七、直觉思维能力训练

（一）学会换角度看问题

换个角度看问题，可以使你获得新的理解，作出与常规思维不一样的行为决策。正所谓"变则通，通则灵"。常规思维会限制我们的视野，尤其在遇到挫折困难时，常规思维通常使我们无法摆脱困扰，从而导致行为上的偏差。因此，我们要从生活自身的逻辑出发，学会变通进取，换一种立场和角度看问题，从挫折中不断总结经验，产生创造性的变革。

（二）获得有益的知识

有效的学习能力，是动态衡量人才质量高低的重要尺度。我们通过学习开发大脑潜力，吸纳有实用价值的信息。实践证明，凡是通过自我超越、心智模式等方式提高学习的修炼，都能在原有基础上重焕活力，再铸辉煌。想提高学习力，读书是一种有效的方法，通过读书可以从他人的成功里汲取经验。练好内功不仅能提高自身的素质和修养，也有益于身心健康，这是古今能人共同追求的目标。

（三）提高领悟力

孔子在《论语》中说过："学而不思则罔，思而不学则殆。"意思是说你不仅要会学，还要勤思考、会领悟。在实际的工作中，我们要把学到的东西融会贯通、触类旁通、理论联系实际，从而提高自己的能力和水平。

第七章　大学生创新方法学习

第一节　创新方法与创新学习方法

创新性确定了明确可行而又富有价值的目标后，能不能实现它取决于是否具有良好的创新方法。创新目标是"河对岸"，创新方法是"过河的桥或船"。

一、创新方法

方法是人们分析问题和解决问题的行为结构。在实现创新目标的过程中，可能的行为组合方式即行为结构不可胜数，只有正确的行为结构即良好的创新方法，才能使人到达成功的彼岸。一个问题能否解决取决于主体把握能力与问题难度之间的较量。实现创新目标需要从两个方面着手：一是提高自身把握能力，二是降低问题难度。降低问题难度主要从五个方面着手：一是化繁为简，二是化整为零，三是化无形为有形，四是化此为彼，五是化不确定为确定。

（一）科学抽象是化繁为简的基本方法

一个事物严格说来包含无限多个因素，然而对于特定的问题许多因素是无关的或关系可以忽略不计的。通过科学抽象舍弃无关因素和次要因素，抽取少数本质要素，就可以使问题大大简化，从而为认识事物的本质

181

和规律创造出有利的条件。

（二） 科学分析是化整为零的基本方法

一个问题作为整体，其难度超出了主体把握能力，通过科学分析，将其要素分解开来分别加以考察，化为一系列较小的问题，就可以使每个小问题的难度都在主体的把握能力之下。

（三） 想象方法和模型方法是化无形为有形的基本方法

做出模型摆在眼前可以使复杂机制变得易于理解，直觉发挥作用也有了直观载体。符号化本质上是一种模型化，把看不见的抽象事物或不能尽收眼底的事物用符号来表示并建立对应的符号关系，相当于建立了一个可视的平面模型。当由于条件限制无法建立可视模型时，人们可以通过想象建立理想模型并进行理想实验，就好像回忆老朋友时如闻其声、如见其人一样，用内心的眼睛看到的理想模型和理想实验同样具有直观性，同样有利于直觉作用的发挥。

（四） 变换方法是化此为彼的基本方法

基本思路是把一个问题由难于把握的形式变换为易于把握的形式，或者把一个复杂问题用一个同构的简单问题所取代。变换方法本质上是一种类比方法，所谓类比方法就是根据两个对象在某些方面相同或相似，而推测它们在另外一些方面也相同或相似的思维方法。移植和模拟是两种特殊的类比。移植就是把较熟悉领域的知识、工具和方法加以适当改造而运用于陌生领域，模拟就是用较简单的模型代替复杂原型而展开研究。无论是一般的类比，还是移植与模拟这两种特殊的类比，都具有化此为彼、化复杂对象为简单对象的变换方法的特征。丰富的联想以雄厚的知识储备为选择空间，以创新敏感为引发激活的施控因素。无论类比还是联想都带有把不同因素连接起来加以考察的综合方法的特征。综上所述，变换方法是一种综合运用多种方法的灵活性很强的方法，也可以说所有方法的精髓就在于有效的巧妙变换。

（五） 逻辑方法是化不确定为确定的基本方法

逻辑方法的精髓在于找出有效推理的确定程序，从而把一些过去凭智慧解决的问题化为按机械的确定程序操作就可解决的问题。按照多少代人总结出来的有效逻辑模式进行思考，不仅可以提高思维的严密性和结论的可靠性，而且可以提高思维的快捷性。在数理逻辑趋于成熟和计算机普遍应用的现代条件下，许多逻辑推理可以借助机器来完成，逻辑方法的威力也将与日俱增。

二、创新学习方法

（一）创新学习内涵

创新学习是学习学与创造学交叉的边缘学科，是学习科学的一个新领域。学习的本质在于获得一种对主体而言新颖的经验，这种新经验或是现有的，或是未知的，或是需要探索的。对现代人来说，更需要创新学习。创新学习是人们通过对已有知识、经验的摄取，经过同化、组合和探索，获得新的知识和能力，提高自身素质，使学习者的内部状态和外显行为发生变化的一种活动。学生创新学习能力的形成，是在多种知识能力的基础上发展起来的，是各种能力的综合反映。

大学生创新学习能力的培养，旨在培养他们的创新学习精神、创新学习意识、创新学习思维、创新学习技巧和方法。人的一生，只有通过创新学习，才能不断地改造自己，提高自己，才能更好地适应自然界的变化和人类社会的发展。创新意识是创新学习活动主体必备的素质，是创新学习活动的重要心理机制。因此，我们应重视培养、激发学习者的创新意识，使自己具有强烈的创新动机、坚忍不拔的创新意志力和健康的创新情感，养成符合创新学习活动的求新、求异、综合、发散性思维方式。

这里，我们这样来界定创新学习：创新学习是指学习者在学习的过程中，不拘泥于书本，不迷信于权威，不依循于常规，而是以已有的知识为基础，结合当前的实践，独立思考，大胆探索，标新立异，别出心裁，积极提出自己的新思想、新观点、新思路、新设计、新意图、新途径、新方法的学习活动。这里的"新"不仅指新发现，也指新发展。因为不可能每个人都能揭示新的原理，发现新的方法，只要把人们已揭示的原理和发现的方法应用在不同的问题上，就是一种创新学习。更简单地说，"创新学习就是以创新为目的的学习"。

（二）创新学习的条件

1. 要有勇于批判的精神

古代学者治学，常因受前人之见的束缚而不敢提出自己的见解。尤其先贤圣哲著书立说之定论，往往被认为是天经地义的真理。治学人常因自身学识浅薄，以为书上所载、圣人所说，都是不可改变的事实。虽然"学穷千载，书总五车"，总是不敢越雷池半步，不敢提出自己的看法。再就是宋明理学发展以来，人们只在穷理上下功夫，空谈学术，不讲实用，自然难以推出新见。学习若只停留在知识接受或穷理之上，那只能成为知识的储存器或保管人。《随园诗话》要求我们在学习时不要仅仅局限于知识积累，原封不动地把前人的成果保存下来，而是要加工制作，进行创造发挥，形成独立见解，从而建造自己的"蚕丝"与"蜂蜜"。不守旧才有批判，有批判才能开拓，才有创新。这是古今中外名人治学的经验之谈。只有具备批判精神，敢于冲破时弊，独立思考，才能推陈出新，有所作为。

2. 要有善于继承的品质

任何事物都是发展变化的，前人总结的思想认识与实践经验，往往受时间、条件与文化背景的局限，即便当时是正确的，具有新意，可是随着历史的发展，就会出现"到了千年又觉陈"的现象，这是正常的。因此，在学习前人积累的书本知识或实践经验时，就不应一味地生搬硬套，必须有所取舍，有所变更，才能适应新的发展需要。我们要创新，尽管是旧的成分新的组合，但旧的成分也需要继承，有继承才有发展。发展与创新是紧密联系、不可分割的。在学习的过程中，不因循守旧，处处都质疑问难，养成独立思考的习惯，具备德、识、才、学的创新素质，就为创新打下了基础。

3. 要有精于发展的眼光

创新使我们由蒙昧走向文明，创新使我们拥有了将自己与其他动物区别开来的宝贵的智慧。在科学技术快速发展的今天，人们必须改变学习方式，用超前发展的眼光对待学习。

（三）创新学习的特征

创新学习在其自身的界定中，已把学习者所具备的最基本的素质揭示得非常清晰，如有一定的基础、广泛的实践活动、多元的思维方式等，创新学习的基本特征如下：

1. 学习个体呈现主体性

学生的学习活动的对象或内容，是学习的客体，而学生自然是学习的主体。在传统的学习观中，更多的是强调教师的教，强调学生的接受，强调知识的注入。当然，教师的教和必要的接受在学生的学习过程中的地位是毋庸置疑的。但在创新学习中，我们更强调学生的主体性，教师的主导性是通过学生而发生作用的。

（1）学生有明确的目标意识

学生对自己所要达到的学习要求及其社会价值有所认识，并能主动规划和安排自己的学习。

（2）学生有强烈的学习动机，主动参与学习活动并积极探索

在创新的学习活动中，学生不仅完成了知识的简单累积，同时也使自身所有的每一部分都与新的知识或经验发生了相互作用，并促使其知识、能力、态度及人格等多方面发生变化。而这一切变化，只有学生充分发挥主体性才能实现，从而使其学习更有创新的成分。

（3）学生在学习过程中勇于质疑

学习的过程，其实质是学习者不断地"生疑—质疑—释疑"的过程。南宋理学家朱熹说过："读书无疑者，须教有疑。"因此，"疑"是学生创新学习的关键。只有"疑"，学习者才能积极思考，只有在不断生疑、质疑、释疑的过程中，才有创新。质疑是创新学习的重要环节，只有当学习者能质疑、会质疑，才有创新的可能。

（4）学生能根据各种反馈信息不断反思自身的学习活动

反思或监控是创新学习的一个重要组成部分。学生在学习过程中的反思，是指学习者了解自己的学习过程、学习效果和学习的社会价值，有意识地对自身的学习活动进行自我监控或自我反省，进而自我调节，不断提高学习效率的一种信息活动。

2. 学习内容突出方法性

20 世纪六七十年代以来，人们在强调学习方法的同时开始重视各种学习变量对学习方法的影响，把学习方法的选用置于更为广泛的学习情境中考察，并转向研究各种学习变量、元认知与学习方法选用的关系。这样就将学习方法的探索提高到了学习策略的水平。如果用战术与战略关系来比喻，学习方法属战术的范畴；而根据学习情境的特点和变化选用最适当的学习方法才是学习的策略，它属于战略的范畴。

进行创新学习的学生，在选择和运用学习方法时，往往遵循学习规律，明确学习任务，利用一切可以利用的学习条件，根据学习的情境、内容、目标和特点，进而灵活地应用。在这一过程中，学习方法不断内化为学生的学习能力，进而学会创新，而这是通过"反映抽象"的机制来实现的。心智能力的不断提升，为学生创造更多获取知识的机会，并为学生进行创新学习走上创新道路铺好基石。

学习方法的习惯化与迁移化，标志着学生主体从方法知识的拥有向学法知识的应用转化，标志着学法内化为学习能力，向创新学习迈出了坚实的步伐。习惯化，表明学生不再需要教师的提示，也不再需要有意识的自我监控，而能够在潜意识的监控下，自发地使用所学方法。迁移化表明，学生在掌握一定学法后，当他面对新的学习情境（即异类学习情境）时，不仅能够使用所学过的方法，而且能够依据新条件、新情况加以调整和改变。实际上，习惯化是主体对其活动的监控的能力问题，而迁移化则反映了主体心智操作概括化的能力问题。

（四）创新学习方法的分类

创新学习方法一般包括以下几种。

1. 直接式学习法

直接式学习法就是根据创新的需要而选修知识，不搞烦琐的知识准备，对创新有用的就学，没有用的不学，直接进入创新之门。

2. 模仿学习法

模仿学习法就是指学生按照别人提供的模式样板进行模仿性学习，从而形成一定的品质、技能和行为习惯的学习方法。换句话说，就是从"学会"到"会学"。

3. 探源索隐学习法

学生为了积极地掌握知识采用创新性的思维方式，对所接受的某项知识出处或源泉进行认真的探索和追溯，并经过分析、比较和求证，从而掌握知识的整个体系，探源索隐学习法对于激发自己提出问题大有益处。

4. 创新性阅读法

创新性阅读法是以发现新问题，提出新见解，从而能超越作者和读物，产生创新思考获取新答案的阅读方法。

5. 创新性课堂学习法

通过老师的传授和指导，让学生获得系统的知识并形成一定的能力。同时，学生通过预习时对新知识的自学和探求，在上课时进入一种全新的精神状态，利用一切机会大胆发言，大胆"插嘴"，从而获得课堂学习高效率。

第二节　创新思维的主要方法

一、类比思维法

（一）类比思维法的内涵

科学发现往往把两种似乎没有联系的事物联系起来，从而取得新的突破。这种把看上去似乎毫无关系的两类事物纳入同一范畴进行对照，寻找其间所遵循的共同规律，从而创造性地解决问题的方法，叫类比思维法。

类比思维中所涉及的两个事物往往具有某种程度的相似，或者说有某些属性相同，在已知其中一事物有某种属性时，可以推出另一事物也具有相同的属性，进而将两事物联系在一起进行思考，从而产生创造性的设想。例如，把三角形和圆联系起来，就产生了三角理论；把时间、空间与运动速度联系起来，就产生了相对论；把光的波动性和粒子性联系起来，就产生了量子力学；而将苹果落地看成两个星体之间的相互吸引，则发现了万有引力定律。

（二）类比思维法的作用

1. 它能启发人们提出科学假说，做出科学发现

在人们碰到难题无法解决之时，类比思维法能给人们指出解决问题的方向和目标。正如康德所说："每当理智缺乏可靠论证的思路时，类比这个方法往往能指引我们前进。"

2. 类比思维法是使思考内容具体化的一种方法

人们依靠类比，使一些模糊的东西逐步明确。比如，有些科学家鉴于一般的汽车在北极、南极并不适用，于是想制造一种极地使用的汽车。在思考过程中，将企鹅与雪地的关系，转用在汽车与雪地的关系上，这就使本来不具体的一种构思，变成了具体的，从而为设计提供了思路。

（三）进行类比思维要注意的问题

1. 尽可能看到事物的共同之处

类比思维的进行，首先要求能看出两类事物之间的类比关系，意味着能将乍看上去似乎毫不相关的两类事物纳入同一个深层次的上位范畴，从而将已经把握的关系，转用于尚处生疏的事物上去，使问题得到创造性解决。这就要求我们尽可能寻找事物的相同点，不能断然认为事物之间毫无共同之处，关键是看放在怎样的上位范畴中。

2. 作为类比的属性应是两类事物的本质属性，而不是非本质属性

比如，海豚具有流线型的体形和特殊构造的皮肤（具有双层结构，柔软的皮可以相互滑动并吸引移动时产生的漩涡从而减少阻力），于是人们就设想使潜艇具有流线型的体形，并"穿上"用橡胶仿制的"海豚皮"，以减少前进的阻力，从而提高航速。这个类比中所依据的属性（体形和皮肤）是本质的，所以结论（在水中前进速度快）就比较可靠。"机械类比"就是把偶然的属性或仅把表面上有些相似、实质上完全不同的两种对象进行类比，从而推出一些意想不到的结论。

二、广开思路法

（一）广开思路法的内涵

一个人的思路越开阔，越容易产生创新思维。广开思路法就是主体的思路不受限制，从多个角度寻找问题答案的思维方法。

有一个研究，是让中学生给一个故事情节设定标题，所定标题数目不限。中学生分为两组：对其中一组，要求设定的标题数量越多越好；另一组则要求设定的标题要保证质量。然后请专家评定两组中学生所给标题的质量。结果发现，就绝对的数量而言，要求数量组的高质量标题要远远多于要求质量组的，这表明广开思路有助于创新思维。

（二）广开思路法的具体应用

1. 原型辐射

原型辐射是指以某一事物为核心，从各个不同的角度和侧面进行思考，以获得对此事物较为全面的认识。比如，列举出某一物体尽可能多的用途；以某个形状为出发点添笔画，所成物体越多越好；写出带有某个偏旁的字；列举出能分出大小的事物；给故事续编结尾；给一篇文章定标题；解题时一题多解等。

2. 重新界定

重新界定的关键是将信息或物品的原意给予重新限定，以适合另一种目的。例如，将建筑用的砖用作自卫的武器，把写字的纸当作奖品发给优秀生，用玩具飞碟做搬运积木的容器，用取暖的布当作屏障来变魔术，都是重新界定的结果。

（三）组合思维法

1. 组合思维法的内涵

美国"阿波罗登月计划"总指挥韦伯说："阿波罗计划中没有一项新发明的技术，都是现成的，关键在于综合。"这里的综合，实质上就是组合。组合思维法就是对现有的实物加以组织，以形成形态、功能更优的事物的创新思维方法。

2. 合理进行组合思维

怎样进行组合才能比较合理，才能使组合处于最佳状态呢？这就需要注意以下几点。

（1）在进行组合思考的时候，应从多方面、多个事物中去寻找组合物

比如围巾，如要加以改进，一般只是从它的大小、长短、花色、材料方面进行考虑，即离不开一般的常规思维，所以改进不大。而国外，有人打开思路，大胆设想，将音乐和围巾组合起来，组成音乐围巾，人们一边围着温暖的围巾，一边听音乐，别有情趣，这种围巾十分流行畅销。

（2）在进行组合思考的时候，要把握住组合的方向

思维是有方向性的，组合思维也是这样。那么，组合的方向是什么呢？就是事物之间的组合点。组合点就是组合的方向，只有把握住组合点，才能进行有效的组合。人们把洗衣机和甩干桶组合在一起，组成双缸

或套缸洗衣机，它们的组合点就是洗衣。人们把收音机和录音机组合在一起，组成收录机，它们的组合点就是声音，离开声音，它们无法组合。反之，人们不会把收录机和洗衣机组合在一起，因为它们两者没有共同的组合点。

（3）在进行组合思考的时候，要注意实用性

市场上有一种母子式自行车雨披，巧妙地将大人、小孩的两件雨披组合在一起。但是我们从未见过大小两把伞组合在一起出现过，为什么？因为不实用，大小雨披的组合前提是使用者运动速度相同；而大小雨伞的使用者运动速度可能不同，使用起来不方便，还不如每人打一把伞好。

三、灵感思维法

（一）灵感思维法的内涵

灵感思维法是指经百思不得其解的问题，由于某些因素的诱发而使问题以不同寻常的方法突然获得解决的一种创新思维的方法。"山重水复疑无路，柳暗花明又一村"这两句诗，正是灵感思维的写照。

（二）灵感思维法的特点

1. 注意的集中性

当一个人的注意力高度集中的时候，大脑皮层的相应区域便产生一个优势兴奋中心，与此相对应的智力活动便得到最佳效果；新的暂时神经联系容易建立和巩固，已有的暂时神经联系容易唤起，使创造者的才能得到充分发挥。注意力的高度集中性是灵感的准备和基础。

2. 幻想的奇特性

异想天开的幻想似乎不易被人接受，然而多少创造发明中没有奇思妙想？一些当时听起来令人目瞪口呆的幻想如今已变成有目共睹的事实。古人"嫦娥奔月"的幻想，今天不是也已经成为事实了吗？正是靠这种奇特的幻想，牛顿才将习以为常的苹果当作星球从而发现了万有引力定律。这些事例，都说明了灵感中幻想的奇特性。

3. 情感的激奋性

在灵感产生时，人的情绪、情感往往非常强烈，不能自已。英国化学家戴维在成功制取钾元素时，不顾烫伤了手、灼伤了眼睛，就在实验室里

跳起舞来，碰坏了曲颈瓶之后，仍然边跳边喊："妙极了！"他在做实验记录时，一口气写坏了好几个笔头，写完后唱着歌冲出实验室，然后又跑回来补写了一行字：出色的实验。

4. 逻辑的跳跃性

灵感在逻辑方面具有较大的跳跃性，是一种直觉的非逻辑的思维过程。问题解决之时，问题的结果与出发点之间并没有严格的逻辑推导，仅仅是恍然大悟，绝没有一步一步的逻辑论证或推导。当然，当灵感闪现之后仍然需要通常的思维予以整理，使其所获得的表象、感受、概念等纳入一定的模式进行加工，借助语言、文字、图像等形式表达出来，成为完整、系统的思维成果。

5. 成果的突发性

灵感的发生常常是经过长期的积累、思考、尝试和探索，在艰苦、紧张的智力劳动之后，精神放松时，因为某种刺激的触发，突然降临的。究其原因，大概因为对某个问题集中的长期的思考，限制了可能导致成功的其他思路；而当思考者散步、聊天、睡觉、看电视时，被压抑的大脑皮层的某些区域得到释放，正确的思路一触即通。

6. 时间的即逝性

灵感的发生是一刹那的事，它的出现所带来的新思想、新观念如果不及时加以强化，就会像流星般转瞬即逝。三百年前，大数学家费尔马证明了一个大定理，但他没有记录，只在书边上写道："我发现了这个定理的一个真正奇妙的证明，但书上的空白地方太少，写不下。"结果三百年来数学家们绞尽脑汁，至今还没有结果。

（三）抓住灵感的途径

1. 坚持不懈的努力

这是获得灵感的首要条件。对问题和有关材料进行长时间的顽强思考，是所有曾经获得灵感的人共同经历过的体验。创造大师爱迪生就是在坚持不懈的努力下，获得了许多创造机遇，取得了丰硕的创造成果，这与他坚持不懈的努力是密切相关的。据说在为制造灯丝所考虑的各式各样的材料中，仅竹子纤维一项，他就进行了六百多次实验。

2. 留心观察

灵感是转瞬即逝的，如果不留心观察就很难抓住机遇。正如发明家弗莱明所言："我的唯一功劳是没有忽视观察。"

3. 勤于记笔记

灵感往往是不期而遇的，来得快去得也迅速，因此，要勤于记笔记。爱迪生习惯于记录想到的几乎每一个意念，而不管这个思想在当时是怎样的微不足道。

4. 重在实施

灵感是一种非逻辑的顿悟，它的闪现仅仅提供一种思路，系统化的东西尚需在有条件的时候加以整理、实验、操作，否则，创造性的成果也难以得到。

第三节　创新的主要技能和方法

创新是树，思维是花，技法就是如何使这棵树上的花开得多、开得美、开得长的方式、方法。

一、主攻型创新法

主攻型创新法是指把创新比喻如打仗一样，集中兵力向确定创新的主要问题进攻，攻克其难关，取得创新的成功。主攻型创新技法主要有要求点主攻技法、功能点主攻技法和改进点主攻技法。

（一）要求点主攻技法

人人都具有美好的希望与要求。这是人类需求心理反映的一种美好愿望的追求。要求是发明创新的强大动力。例如，人类要求冬暖夏凉，就发明了各种类别的空调设备；人类要求黑夜像白天那样方便，就发明了各种功能的电灯；人类要求像鸟儿那样在空中飞翔，就发明了各种类型的飞机。总之，人类从社会或个人愿望出发，提出了一个又一个的要求，把这种要求点再转化成新的概念、新的设想、新的课题、新的方案，我们把这种创新技法称为要求点主攻技法。

1. 运用要点

（1）注重不同群体的要求点

不同群体指的是年龄层次的不同、性别的不同，以及和居住环境所属区域的不同等的人群。例如，在年龄层次方面就可以分成幼儿、儿童、少年、青年、壮年、中年、老年等不同的群体。不同年龄群体的要求是不一样的。

（2）注重潜在的要求点

善于发现潜在的要求点是涉及企业生存与发展的极其重要的问题。据国外有关方面的统计，全社会对产品的需求中，潜在的需求占 50%~60%。为此，凡是世界上比较出名的企业都非常重视潜在要求点的研究。潜在的要求，需要你深入社会去观察、调查与分析。一旦发现有巨大潜在需求，那就有可能为社会创造出巨大的财富。

（3）注重特殊群体的要求点

特殊群体是指残疾人、孤寡老人、住院病人、精神病人和具有特殊嗜好的人等。这一些特殊群体必然会有适合他们自己特点的需要从而有许多的要求点。例如，残疾人各有自己在生理上的缺陷，而这种生理缺陷需要通过某种工具去弥补。

2. 要求点主攻的方法

（1）主动向用户和销售商征集要求点

用户对所使用的产品最有发言权，因为用户在实际使用过程中，最容易发现产品存在的问题。销售商与购买的客户直接接触，同样可以通过各种各样的客户了解到对产品的意见和要求。因此，通过与用户和销售商沟通，可以获得许多要求点。

（2）深入社区召开收集要求点座谈会

不同企业可以针对自己产品不同的发展需要，选定某些社区深入下去召开针对某些产品或随意提出各自要求点的座谈会。

（3）对全社会进行抽样调查

相关企业可以组织有关人员进行社会抽样调查，可以根据企业产品销售区域的分布状况，选择重点区域进行抽样调查。当然，在调查之前，先设计一份要求点调查问卷，再通过社会发放、回收统计、分析研究等程序，从中获得有价值的要求点。

（二）功能点主攻技法

1. 技法的原理

每一个产品都有自己的功能，将某产品的功能一一列出，然后探讨能否将其中某一个功能进行改革和怎样实现其改革的方法。

2. 功能点主攻的方法

（1）确定某一产品为研究的课题

根据社会的需求和企业发展的需要，确定某一产品为目标研究课题。

（2）排列功能

将确定为目标研究课题的某一个产品的功能一一排列（一个不漏）。同时，再取同类的其他产品（市场上最新型的和最先进的同类产品）将其功能一一排列。

（3）分析功能提出新的设想

将某一产品的各个功能作全面而细致的分析，再将其与同类的其他产品的功能进行一一对比分析，从中进一步选定一至两个功能做改革与调整，或增加新的功能。然后，在此基础上进行研究，提出新的设计方案。

（三）改进点主攻技法

1. 技法的原理

产品都不是十全十美的，都存在不足之处。一般来讲，产品在使用的过程中会逐步暴露它的缺陷。因此，本技法原理很简单，只要想办法找到某产品或某事物的不足之处，就可以针对其缺陷，考虑怎样来弥补这个不足，怎样来改进这个不足，从而提出新的设计方案，并攻克难关，使其新的设计方案获得成功。

2. 改进点主攻的方法

（1）收集用户意见法

本法可以有三种途径：一是上门征求用户意见，此法可以挑选一些分布在不同区域的重点用户；二是召开用户座谈会，此法可以选择不同的重点社区召开用户座谈会征求意见；三是利用网站征求用户意见，此法速度快、面广量大，其效果较好，可以获得大量的信息，然后从中挑选最有价值的意见。

（2）比较分析法

本法主要召集相关专家和技术人员，针对自己生产的某一产品与市场上最先进、质量最好的同类产品，从产品的性能、特点、功能以及各种技术参数、外观、内外质量、内外包装等方面进行全面而深入的比较分析与研究，然后找出自己产品的不足之处，全面吸收各家优点，设计出更富有竞争力的新产品。

二、转移创新法

（一）转移创新法的原理和类型

1. 转移创新法的原理

转移创新法主要是将某一个领域的技术原理、结构、方法与材料转移应用结合到另一个领域的技术原理、结构、方法与材料之中，从而达到产生全新事物的方法。

2. 转移创新法的类型

（1）原理转移

把某一个领域的一种科技原理转移到另一个领域的新载体里，就形成了原理转移。最早使用的是磁带录音，就是通过其录音原理转移到电子领域，形成了电子语音合成技术。将电子语音运用到了汽车上，如在公交车上会有电子语音自动提前报站名，以提示顾客。

（2）方法转移

方法转移在创新中可发挥出极大的启发和催化剂的作用。例如，美国科技人员将面包发酵技术转移到橡胶中，形成一种全新的海绵橡胶。后来又有人把面包发酵技术转移到塑料中，又形成了一种全新的泡沫塑料。这些方法转移后的新产品的不断出现，有力地推动了社会经济的发展。

（3）材料转移

通过材料转移可以降低产品的成本，还可以提高产品的安全性能和使用寿命。例如，原来汽车外壳都是金属做的，现在将塑料转移到汽车外壳上，不但降低了成本，还可以减轻汽车的自重量，从而节省了汽油。

（4）结构转移

结构转移是指某一事物的结构特征和形式转移到另一种事物的结构特征和形式上，从而产生了新的事物。例如，美国的一家医疗公司，已将拉链结构技术转移到外科手术之中并获得成功。这种转移使外科手术伤口闭合只需两分钟，比手工针线缝合快十倍，还避免了伤口拆线的麻烦。

（二）转移创新法的运用方法

1. 问题研究型转移

问题研究型转移就是针对某问题从进行研究着手，通过创新思维之法去寻找其他现成的研究成果，再通过转移使问题得到很好的解决。

2. 成果运用型转移

成果运用型转移就是广泛、主动地把各种科技成果运用到其他领域中去，特别是通过各种创新思维方法去寻找新的领域、新的载体。

三、心理激励创新法

（一）心理激励创新法的原理

一个人的心理状态问题是涉及人的行为表现的关键性因素。经心理学家研究发现，人的所有外在行为表现完全是在其内在的心理动机的推动下所形成的。这就是心理学的基本理论——行为与动机理论。根据行为与动机理论，要想改变与调节人的行为，就首先必须改变调节深藏在人的内在心理活动的动机状态。当然，这种改变调节心理活动的动机状态也有多种方式方法，各种方式方法是因人而异的。那么，我们要想发挥出人的创新动力与行为，就可以运用行为与动机理论来达到激励人的创新行为的目的。心理激励创新法就是充分发挥这种原理来推动人不断地进行创新的行为。

（二）心理激励创新法的运用方法

1. 自我心理激励法

自我心理激励法是指通过个体自身产生的一种鼓励，来推动自我不断进取的一种心理活动的方法。一般情况下，自我心理激励须具备心理健康素质这样一个心理基础。具备了良好的心理基础，自我心理激励才能发挥效果。一般来说，自我心理激励主要根据自己的需要来确立自己的奋斗目标，自我心理激励与目标激励有着密切的关系。自我心理激励最关键的是意识与意志。例如，一个人具备了创新的意识和创新的意志，那么肯定会激发出很大的创新动力与行为。因为这个人已经具备了很强的创新动机。

一般来说，创新目标实现难度越大，其价值越大；反之，其价值就越小。将所选的创新目标的实现难度调整到适当的难度，一是给自己一点压力，二是给自己一点信心。只要朝着这个目标去刻苦努力，就有可能实现创新目标。因此，调整与确立创新目标实现难度的过程，正是一种自我心理调节激励的过程。

2. 多方心理激励法

本法是由多个参与个体通过互相交流来产生调节与激励作用的方法类型。本法是通过参与激励来达到实际效果的。

（1）明确召集人

一般是由组织（单位）来指定召集人，也可以由参与的成员推荐召集人。

（2）明确议题

初步明确本次激励会主要解决的问题，其问题宜小不宜大，宜细不宜粗，宜集中不宜扩散，宜明确不宜含糊。

（3）明确参与的人选

自愿与指定相结合。以自愿为主，适当针对需要指定几个合适人选。参与人数应控制在6~14人。

（4）明确集中的时间和地点

集中的日期和地点须提前征求参与人员的意见。当集中的日期和地点明确后，须提前10天左右通知相关参与人员，便于参与人员做好安排，从而保证较高的出席率。激励会时间一般控制在1~2小时。

（5）激励会召开的方法

由召集人主持会议，并指定记录员；提倡各自充分自由发挥，大胆设想，看谁提的设想多；相互间不指责不批评；提出的设想不分好坏，能想到提出来就是好的；可以边听别人的设想，边写自己的设想，到时可以读出自己的设想；如果时间有限，会上来不及提设想，会后可以书面补充。

总之，通过激励会上一个接一个的设想发言，可以连续不断地激励参与人的每一颗心，心与心之间通过语言的碰撞，会产生创新的火花。凡是参与激励会的人，通过这种相互间的语言激励，你讲出一个设想，我要讲出两个设想，你讲的设想比较新，我讲的设想比你的设想更新。由此，不知不觉会形成一种你追我赶的创新设想比赛，以达到激励创新的目的。

四、专利文献分析创新法

（一）专利文献分析创新法的原理

专利文献是指一种法律文书，而这种法律文件是人们在某一领域某一方面的发明创新所处的法律状态。

专利文献是人类发明创新的知识宝库，具有国际科技情报化的特点，能又快又及时地反映出当代科学技术发展的水平的最新状况。人类进行发明创新，首先要在了解这种科技发展水平最新状况的基础上寻找创新目标，因此，专利文献是发明创新的重要源泉。

（二）查阅与分析专利文献的作用

1. 避免损失提高科研效率

在一般情况下，通过提前查阅专利文献，可以让你避免科研项目的重复和资金的浪费，同时也让你不走弯路或少走弯路，从而大大提高科研工作的效率。

2. 能产生创新的不竭动力

通过查阅专利文献，可以从中不断发现有些专利存在的缺陷，因此，会激发你去改进与完善，并激励你去不断地研究出更完美、更具有市场竞争力的产品。

3. 在查阅专利文献中发现创新目标

通过不断地查阅专利文献，能使你从中发现其专利的空白之处，这种空白之处就能成为你的创新目标。另外，你在查阅专利文献的过程中，会不断地受到专利内容的刺激，当这种刺激不断地加大时，会促使你从中得到启发，进而打开你的创新思路，促使你产生创新的灵感，帮助你确立创新的目标。

4. 学习专利成果促进发明创新

当你查阅与分析同类型专利文献达到一定数量时，你已经对这一类专利技术了如指掌，从中学习到了书本上学不到的创新知识。随着你的这种创新知识积累到一定的程度，你就能激发出极大的创新动力，这种创新动力一旦与创新目标相结合，你就有可能获得发明创新的成功。

（三）运用要点

1. 确定查找的专利网站

我国的专利网站主要有以下几个：中国专利信息网、中国专利信息检索系统、中国发明专利技术信息网、易信专利信息网、中国发明专利网、中国专利网。

2. 查阅专利文献的方法

（1）分类查阅

按照专利类别查阅，专利分三种类别：第一种，发明专利；第二种，实用新型专利；第三种，外观设计专利。按照以上三种专利类别分别查阅。

（2）根据自己的需要进行查阅

可以根据学习、生活与工作等方面的不同需要进行查阅，还可以根据自己的爱好进行查阅。

（3）按照不同领域和不同科技类别查阅

这种查阅是要根据需要解决的不同问题所属领域的科技类别进行查阅。

（4）纵向查阅

以上讲的分类查阅统称为横向查阅，现在所说的纵向查阅是与分类查阅相对而言的。首先查阅专利的某一类别；其次查阅专利某一类别中的某一产业领域；再次查阅某一产业领域中的某一科技类专利；最后查阅某一科技类专利中的某一种方面的专利文献。

第四节　大学生创新的常用方法

面对着变化的现实世界，要想真正发挥创新潜能，除了要理解前两节的方法外，还必须从小事上精心地培育你的创造力。这里所罗列的，是许多成功人士常用的方法。

一、及时记录一些创新想法

人们在工作、生活、交际和思考过程中，常会出现许多想法，而其中的大部分都会因为不合时宜而被人们放弃，直至彻底忘却。其实，在创新领域里，从来就不存在"坏主意"这个词语。三年前你的某个想法也许不合时宜，而三年后却可以成为一个真正的好主意。更何况，那些看来是怪诞的、不成熟的想法，也许更能激发你的创新意识。如果你能及时地将自己的想法记录下来，那么当你需要新主意时，就可以从回顾旧主意着手。而这样做，并不仅仅是为了给旧主意新的机会，更是一种重新思考、重新整理的过程。在这个过程中，你可以轻易地捕捉到新的创新性的思想。

二、自己提问自己

如果不问许多"为什么"，你就不会产生创新性的见解。为了避免这个常犯的错误，成功者总是透过所有的表面现象去寻找真正的问题。他们从来不把任何事情看作理所当然的结果；他们也从来不把任何事情看作水到渠成的过程。那些不明确的、看来似乎是一时冲动提出来的问题，往往包含着更多的创新性思维的火花。

三、经常表达自己的想法

如果你有了想法，不管是什么样的想法，你都应当表达出来。如果是独自一人，你就对自己表达一番；如果你身处群体之中，不妨告诉其他人，共同进行探讨。一个人一生中的大多数想法，都被无意识的自我审查所否决。这种无意识的自我审查机制将一切离奇的想法都当作"杂草"，巴不得尽快地加以根除。循规蹈矩的心境里没有"杂草"，但循规蹈矩的心境也没有创造力。你想要有创造力，就必须照料好每一株"杂草"，把它们当作有潜在经济价值的新作物。把你的不寻常的离奇想法说出来，把它们从头脑中解放出来。一旦它们进入交流领域之中，便能够免受无意识领域中自我审查机制的摧残。这样做，使你有机会更仔细、更充分地去审视、探索和品味，去发现它们真正的实用价值。

四、永远充满着创新的渴望

满足于现状，就不会渴望创造。没有乐观的期待，或者因为眼前无法实现而不去追求，都会妨碍创造力的发挥。发明家和普通人其实是一样的人，不同的是，他们总是希望有更好的方法。系鞋带时，他们希望有更简便的方法，于是便想到了用带扣、按扣、橡皮带和磁铁代替鞋带；煮饭时，他们希望省去擦洗锅底的烦恼，于是便有了不粘锅的涂料。所有这一切，都来源于改进现状的渴望。

五、换一种新的方法来思考

墨守成规不可能产生创新力，也无法使人脱离困境。有人喜欢用比较分析法来思考问题。面临抉择，他总是坐下来将正反两方面的理由写在纸上进行分析比较；也有人习惯于用形象思维法，把没法解决的问题画成图或列成简表。能不能换一种方法去思考，或交替使用各种不同的思考策略呢？也许，问题就会迎刃而解。

六、有了创新性的想法，一定要努力去实施

有了创新性的想法，如果不努力去实施，再好的想法也会离你而去。想努力去做，却又因为短期内收不到成效而不能持之以恒，你也会同成功失之交臂。爱迪生说："天才是1%的灵感加99%的汗水。"这是他的至理名言，也是他的经验之谈。坚持努力，持之以恒，才会如愿以偿。

第八章　大学生创新技能培养

第一节　创新技能的概念及分类

一、创新技能的概念

技能是指掌握和运用专门技术的能力。创新技能是创新能力成果转化的重要途径，它反映创新主体行为技巧的动作能力。创新技能主要包括动手能力或操作能力、熟练掌握和运用创新技法的能力、创新成果的表达能力和表现能力及物化能力等。

二、创新技能的分类

（一）自主创新学习技能

1. 自主创新学习技能的含义

自主创新学习技能是指人们不断地发挥自主能动作用，科学地把握现代学习的本质，以自主持续发展为目标，以提高创新意识和创新能力为目的的技术能力。从个人的学习活动来看，自主创新学习是指学生在认识、生活和实践活动过程中，有学习的自觉性、主动性和能动性，有不同于书本上或教师所讲的推导过程与思维过程；在解决问题和分析问题时，有新的方法和新的途径；不拘泥于教材、书本或教师所讲的结论，能通过交流、合作和探索提出独到新颖的观点或结论，学习自主改变自己的行为而形成新习惯，这是一种超越自我的创新活动。这个活动中，学习主体积极主动地学习与应用了四个方面的东西：一是创新知识；二是创新经验；三是创新事物；四是创新信息。突出强调了学生在学习中的主体地位和作用，强调了学生的创新精神和实践能力。其功能在于通过学习提高一个人发现、吸收新信息和解决新问题的能力，以迎接社会日新月异的变化。

2. 自主创新学习技能的特征

（1）自主创新学习技能具有自主性

自主创新学习技能强调学生是真正的主体，以学生的自主持续发展为目标。自主性是指一切由自己做主，完全依靠自己的力量，主动、自觉而积极地完成自己想做的事情的特性。这一特征，是自主创新学习技能中的重要特征之一。自主性主要体现在以下方面：一是符合人类天性的积极探究，学生在学习实践活动中是积极的探索者；二是注重实践，因为学生是学习实践活动的主体，读书、听课是学习，生活、实践也是学习，而且是重要的学习。

（2）自主创新学习技能具有创新性

这里讲的创新性主要是指学习与应用的创新性。其主要包括创新知识、创新经验、创新事物和创新信息等方面学习与应用的创新性。在教育教学实践中，让学生体验到创新的情感，塑造创新性人格，使学生在自主创新性学习过程中有批判意识和探索精神，有不同于书本或教师所讲的推导过程与思维过程，能提出独到的、新颖的观点或结论。这一特征将使学习主体为提高自主创新能力打下良好的基础。

（3）自主创新学习技能具有过程性

自主创新性学习技能将实施的过程看得比结果更为重要。自主创新性学习技能使学生学习、使用最新的方法，学习最新、最好的知识，进而感知认识产生的过程。同时，自主创新学习技能推崇勤于动手，巧于动手，勇于行动，善于行动，学生通过各种实践活动，体验知识产生发展的过程。

（4）自主创新学习技能具有超前性

超前性是指自主创新学习主体具有一种超前意识，能超前识别生存背景可能发生的各种变化，主动遵循其发展规律，并从某种程度上积极驾驭改变生存与发展空间背景的一种追求。超前性能使学习主体眼光高远，积极主动地去追寻和抓住学习、生活和事业等各方面的创新机遇，从而把握创新时机，获得创新成功的喜悦。

3. 培养自主创新学习技能的方法

（1）培养自主创新学习技能要提高创新活动的效率与效果

大学生在创新活动中要增强快速吸收消化创新知识经验、创新事物和创新信息的能力，提高创新速度，保证效率与效果，效率就是生命，效果就是金钱，只有高效率才会有高产出。只有这样，大学生才能在自主创新的学习与应用的过程中，不断提高自主创新能力和自主创新学习技能的素质。

（2）培养自主创新学习技能要捕捉创新机遇

创新机遇是指在创新研究活动中偶然发现的出乎人们意料的新现象、新事件。创新机遇具有意外性、创新性和非常规性的特点。在自主创新学习技能的过程中，自主创新学习的主体要重视和培养超前意识，通过这种意识，使自主创新学习主体能超前识别生存背景可能发生的各种变化，积极主动地去捕捉创新机遇。自主创新学习的成功需要创新机遇。

（3）培养自主创新学习技能要培育良好的心理、生理因素

心理因素是指学习主体的心理健康素质。一个人的心理健康问题也涉及其生理问题。经专家研究证实，心理疾病会引起生理疾病。心理与生理是紧密相连的。当心理受到较强刺激时，会引起各种反应。如果学习主体在生理上出现某种生理上的病态或者存在某些生理缺陷，将明显影响其学习与应用的效率与效果。因此，我们要培育良好的心理素质，并通过体育等锻炼方式塑造良好的生理素质，进而推动我们自主创新学习技能的培养。

（4）培养自主创新学习技能要提高自己的文化水平

文化水平一般以学历为标准衡量，小学、初中、高中、大专、本科、研究生等不同学历层次显示出不同的文化水平。众所周知，文化对人的影响是潜移默化和深远持久的。文化作为一种精神力量，能丰富人的精神世界，增强人的精神力量，促进人的全面发展，从而影响人们的交往方式和交往行为，影响人们的实践活动、认识活动和思维方式，进一步影响自主

创新学习技能的发挥。因此，我们要想提高自主创新学习技能，就要在有能力的前提下，追求高文化水平的发展。

（二）想象技能

1. 想象技能的概念

想象技能是指人类突破时间和空间的束缚，通过对原有的表象和经验进行加工、改造或重组等创造各种新形象的一种思维能力，是人脑借助表象进行加工操作的最主要的形式，例如我国举办 2008 年北京奥运会时，五个福娃的形象设计方案。实际上奥运吉祥物就是通过想象技能创造出来的。这种多米诺骨牌理论现象反映在认识活动中，就形成了因果联想方法。人类历史上众多的创造、发明，都离不开因果联想的创造活力。

2. 想象技能的分类

根据心理学的方法，想象技能可分为无意想象技能和有意想象技能。无意想象技能是指事先没有预定目的的想象技能。无意想象是在外界刺激的作用下，不由自主地产生的，例如梦是一种无意想象。有意想象技能是指事先有预定目的的想象技能。有意想象中，根据观察内容的新颖性、独立性和创造程度，又可分为再造想象技能、创造想象技能、幻想想象技能。根据创造性程度，想象技能又可分为再造想象技能和创造想象技能。再造想象技能是指主体在经验记忆的基础上，在头脑中再现客观事物的表象；创造想象技能则不仅再现现成事物，而且创造出全新的形象。

3. 想象技能的特性

（1）形象性

想象思维实质上是一种思维的并行操作，即一方面反映已有的记忆表象，同时把已有的表象变换、组合成新的图像，想象出外部世界的大致外形和结构，所以形象性很强。例如，把地球想象成鸡蛋，蛋壳就是地壳，蛋白就是地幔，蛋黄就是地核。有的科学家把原子结构想象为太阳系，太阳是原子核，核外电子就像行星，围绕着原子核转动。这些想象都是非常有形象性的。

（2）预见性

想象的最宝贵特性是可以超越已有的记忆表象的范围而产生许多新的表象，这正是人脑对未来事物的超前探索与发展，也是创新活动的重要体现。创新活动都离不开超前性的想象。

（3）实有性

实有性是指思维的结果是以现实生活中所具有的东西为依据的。例如：“蔚蓝的天空，几痕细线连于电杆之间，线上停着几个小黑点，那就是燕子。这多么像正待演奏的曲谱啊！”这是一种最常见的形象思维。

（4）可能性

可能性是指思维的结果在现实生活中不是确实存在而是可能存在的。例如：“在马路上吐了一口痰，也许会使许多人得病，甚至染上肺结核。”这种想象思维不能脱离生活凭空臆造。

（5）多重性

多重性在思维的结果表现上，有两个方面的内容：一是思维结果放在了同一事物的两个或两个以上的性质方面，二是思维结果放在了两个或者两个以上的事物的性质属性方面。例如：“这喷泉、这杏花给旅客们带来了温暖的春意。”喷泉和杏花一方面使旅客们看到了温暖的春天，另一方面又使旅客们感受到了小站工作人员热情、周到的服务，似有春天般的温暖。

4. 想象技能的作用

（1）补充作用

哲学家康德说过：“想象力是一个创造性的认识功能，它能从真实的自然界中创造一个相似的自然界。”想象技能是对人类认识活动的补充，能创造出新形象。想象技能本身是通过运用原有的表象和经验，再经过进一步的加工和改造，创造出新的形象。这个加工和改造的环节是想象技能关键性的重要环节，也是想象技能创造出新形象的环节。要想创造出良好的新形象，就要把握好这个环节。

（2）预见作用

预见性就是指创新者根据事物的发展特点、方向、趋势所进行的预测、推理而预见活动结果，指导想象活动方向的特性。想象技能具有预见性，从而想象技能可以让我们减少失误、增加成功，付出最小代价、获得最大收益；让我们抓住机遇、规避风险，遇到问题从容不迫、积极应对；让我们高瞻远瞩，不仅可以改变人生命运，而且决定人生的成败。这样在实际生活中，创新主体就可以把握选择事业、发展职业、寻找商机、挑选伴侣、规避风险的趋势和结果。

（3）替代作用

替代作用是指想象技能可以满足现实中不能实现的需要。在创新活动中，一旦通过想象技能体现出理想的作用，从中创造出创新活动目标所希望的新形象的话，这就将有力地促进创新活动获得成功，满足在这之前的现实中不能实现的需要，进而推动个人以及社会的发展进步。

（4）主导作用

人的精神文化生活丰富多彩，主要靠的是想象技能。想象技能要产生具有新颖性的结果，但这一结果并不是凭空产生的，要在已有的记忆表象的基础上加工、改组或改造。表象是人脑认知结构的最基本构件，只要涉及表象的活动，都离不开想象。许多创造性思维形式都是在想象思维的基础上进一步深化和发展起来的。作家、艺术家创作出优美的、动人心魄的作品，需要发挥想象力。读者、观众欣赏作品，也需要借助想象力。如果作者和读者、观众的想象过程与结果吻合，产生了共鸣，也就达到了理想的艺术效果。

5. 想象技能的培养

（1）要积累渊博的学识和丰富的经验

想象无非是对已有的知识、表象和经验进行改造、重新组合、创造新形象。因此，头脑中储存的表象、经验和知识愈多，就愈容易产生想象。一个孤陋寡闻的人是很难经常产生奇想的。

（2）要善于把不同种类的表象加以重新组合以形成新的形象

例如，《西游记》中的猪八戒这一艺术形象就是用这种组合法想象出来的。

（3）要善于把同类的若干对象中的最具代表性的普遍特征分析出来，然后集中综合成新的对象

例如，"阿Q"的形象，就是鲁迅先生用这种方法想象出来的。阿Q的原型"没有专用过一个人，往往嘴在浙江，脸在北京，衣服在山西，是一个拼凑起来的角色"。

（4）要善于抓住不同事物之间的相似性进行想象

想象可以通过比喻的途径来完成。例如，人们常常把"爱心"比作滋润心田的雨露，从而将这个抽象的概念具体化。比喻的关键在于发现不同事物之间的相似性。

（5）要善于把适合于某一范围的性质扩展到整个等级

想象也可以通过夸张的途径来完成。夸张的关键在于通过用具体的局部去代表未知的整体从而使整体具体化。例如，当人们只看到月牙时，他们就认为自己看到了整个月亮，这就是通过夸张来想象。

（6）要善于培育良好的想象素质，培养正确的幻想

幻想是人类的一种宝贵品质。但一个人必须把幻想和现实结合起来，并且积极地投入实际行动，以免幻想变成永远脱离现实的空想。同时，一个人还应当把幻想和良好愿望、崇高理想结合起来，并及时纠正那些不切实际的幻想和不良愿望等。大学生的想象特点是大胆、无拘无束，因为有着强烈的好奇心和很容易被激发的求知欲，好学、好问、好幻想。大学时期是创造力的发展时期，也是决定一个人想象力好坏的关键时期。

（三）创新机遇捕捉的技能

1. 创新机遇的简介及其特点

创新机遇，即创新时遇，通常被理解为在创新活动中，对创新目标的完成，有利的情况、条件和环境。创新机遇的出现形式多种多样，但一般表现为创新性、意外性和非常规性等特点。创新性既指你抓住了这种机遇，就能助你获得创新的成果，又指出现的这种机遇本身就是一种新发现，具有创新的价值，抓住这种机遇了，那就是你的创新成果。意外性是指在人们无法预料的时间、地点出现机遇，这是因为事物的内在本质只有在一定的条件下才能暴露出来，而人们对事物本质的认识又有一个由浅入深的过程。实际上，机遇是在人们的预料之外，却又在事物发展的情理之中的，即偶然性蕴藏着必然性。非常规性指创新机遇相对于传统理论、习惯见解、流行看法的不同，突破了旧的科学理论或技术方法而使人们感到异常、非常规的特性。

2. 创新机遇的分类

不同的创新机遇有不同的发生条件和具体情况。创新机遇，就其意外

程度看，可将创新机遇分为完全意外创新机遇和部分意外创新机遇；就其存在的时间长度看，一般可分为长时机遇、短时机遇、瞬时机遇；就其存在的范围广度看，可分为全局性机遇和局部性机遇；就其包含的因素看，可以分为由比较单一的因素形成的单一型机遇和由多种因素复合而成的综合型机遇。

3. 创新机遇的作用

（1）为发明和发现提供思路和线索

创新机遇所显露出来的大自然的新信息的启示，常常会导致科学上的新发明和新发现。在一般情况下，科学家在科学实验以及各项研究活动中，一旦把握机遇，就容易导致科学的新发明和新发现。

（2）能促进科技的发展，进而为拓展新领域、创建新理论奠定基础

科学研究主题在科学实验、观察中，抓住机遇，在机遇的引导下，常常会提出新观点、新经验，进而创立新的理论，促进科学技术的发展，推动科学发展的进程。例如，有了发明玻璃和凹凸透镜的机遇，才有可能发明望远镜、显微镜的机遇。有了显微镜才有可能发现细胞、细菌的机遇。

4. 捕捉创新机遇的方法

（1）树立机遇意识

由于创新机遇表现具有创新性、意外性和非常规性的特点，稍纵即逝的偶然机遇常常使毫无准备的人们在失之交臂的反思中后悔不已。因此，必须树立创新机遇意识，这就要求创新者注意观察，善于思考，把握机遇，应保持对新事物、新问题的敏感性和好奇心。

（2）要具有敏锐的观察能力和精确的判断能力

透过现象看本质，洞察事物的本来面目创造机遇，创新机遇带给人的信息和线索，有时很明显，有时则很隐蔽，只有具有丰富的创新知识和洞察力的人，才能从错综复杂的现象中将有用的线索突出并强化出来，为发明创造提供依据。在这个基础上，创新主体要依赖科学的态度和有效的方法，进行反复实践与检验，积累丰富的实践经验，不断提升观察能力和判断能力，这样才能更好地捕捉到创新的机遇。

（3）要培养问题意识，形成"有准备的头脑"来捕捉创新机遇

创新机遇，青睐有准备的人。创新主体面对悬而未决的问题，经过长时间的思考和探索，进而在头脑中积累了各种材料，这样就形成了强烈的"问题意识"。这种"问题意识"会使创新主体具有对所探究的问题的准备，在这种情况下，有准备的头脑会在人人都会碰到的偶然现象中，发现新事物，并由此创立惊人的科学业绩。在创新活动中会随着研究工作的进展，出现的偶然现象就是灵感，也是创新机遇。一旦抓住，创新主体就可以凭此获得创新成果的成功。

（4）要具有批判精神、开拓创新和锲而不舍的精神

批判精神是指创新者具有不受传统观念、权威、教条的束缚而大胆创新的精神。创新主体要具有批判精神和开拓创新精神，还要有锲而不舍的意志力，只有这样才能更好地捕捉到创新机遇。

（四）专业技能

1. 专业技能的概念

专业技能是指人们在相关专业领域里所具有的专项操作技术的能力。比尔·盖茨的十大优秀员工准则中的第五条是：具有远见卓识，并提高专业知识和技能；对周围的事物要有高度的洞察力；吃老本是最可怕的；不断学习，提高自己的工作能力；掌握新知识新技能，以适应未来的工作；做勇于创新的新型员工。其中，就强调了新技能，而这新技能指的就是专业技能。专业与专业技能之间存在着密切的关系，专业知识是相应技能的理论基础与指导，而专业技能是同一专业水平的显示。

2. 专业技能在创新活动中的作用

某专业技能说明了劳动者在某专业方面的操作技术能力达到了某种水平。在创新活动中就需要这种专业的操作技术。特别是在某专业的研究探索当中，在进入实验或试验阶段的创新活动当中，更需要与之相匹配的具有专业技能的人员参与实验或试验工作，这将成为能否顺利地完成实验或试验工作的极其重要的环节。一项创新成果是否获得成功。在某种程度上也取决于这项创新活动中相关的实验或试验是否能获得成功。从中可以看出，专业技能在创新活动中确实发挥着重要作用。

3. 培养专业技能的要求

（1）培养专业技能要全面掌握专业知识

一个专业里主要由四大方面的知识组成，即基础知识、专业基础知识、专业知识和专业技术操作知识。专业知识是显示专业特点的重要知识。专业知识是形成专业技能的前提条件。掌握了专业知识，要形成专业技能，先进行单项技能训练，在基本掌握单项技能的基础上，把各项单项技能综合起来练习，做到各单项操作连贯、协调，从而全面掌握专业技能。

（2）培养专业技能要熟练掌握专项操作技术要领

所谓专项操作技术是指在某种专业中为完成某一项工作所需要的操作方法与技巧，因为专业技能是由各个操作环节组成的，要掌握专业技能，就要掌握环节的操作要领。学习操作要领，要充分发挥视觉和动觉的作用，在听懂讲解、看清示范的基础上，认真模仿练习。在模仿中不断纠正错误操作，逐步掌握操作要领。只有掌握好各专项操作技术，才能提高专业技能的发挥。

（3）培养专业技能要科学分配练习时间

在进行技能训练时要做到集中练习与分散练习相结合。比较好的分配方案是，开始学习阶段，训练频率要高，但时间不宜过长，以后就可以逐渐减少训练次数，但需要延长每次训练时间。

（4）培养专业技能要不择练习时机、场所

技能训练不能只局限在学校、实验室和车间，也不能局限在学期中，社会、家里、假期等都有练习的时机和场所，大学生要随时把握，把技能训练与生产实践紧密结合，有利于养成更为全面的专业技能素质。

（五）操作技能

1. 操作技能的概念

操作技能又称实践能力、动手能力，是指为了实现解决问题的目标，运用一定的知识和信息，按照一定的程序和技术要求，调动自身肢体的潜能，改变客体的现存形态，完成一系列动作、技巧、活动过程的并适应主体需要的技能。操作技能是非常重要的智力因素，是整个智力因素的集中体现，是智力外显和实现的基本途径，在创新主体的创新活动和其他活动中起着关键性的作用。操作技能的学习既是一个身体运动的过程，也是一个心理加工的过程，只是在技能学习的不同阶段，心理的参与程度有所不同。操作技能的学习既要求个体进行认知上的加工与分析，也要求实际做出协调的肢体运动反应。对于操作技能的强弱，一般是按照以下七个标准衡量：准确性、熟练性、灵活性、协调性、客观性、适应性、实践性。

2. 操作技能类型

对操作技能进行分类，有助于深入探讨其结构与规律，也为有效地形成操作技能提供依据。对操作技能的划分可以从不同的维度进行。

（1）按肌肉运动强度的不同分类

①细微型操作技能。这类技能主要靠小肌肉群的运动来完成，通过手、眼、脚等的协调配合，在比较狭窄的空间领域来完成操作活动。如打字、弹钢琴等活动中所包含的技能主要是细微型操作技能。

②粗放型操作技能。这类技能主要靠大肌肉群的运动来完成，动作执行时伴有强有力的大肌肉收缩，并通过全身的运动神经来协调肌肉运动。如举重、游泳等体育运动项目中所包含的操作技能主要是粗放型的。虽然参与这类技能的主要是大肌肉群，但其协调性并未因此而降低。

（2）按操作的连续性的不同分类

①连续型操作技能。这类技能主要由一系列连续的动作构成，操作技能表现为连续的、不可分割的、协调的动作序列，如骑车、跑步、游泳等活动主要是由连续的动作组成的活动序列。

②断续型操作技能。这类技能主要是由一系列不连续的动作构成，构成技能的各个动作在操作过程中可以相互独立，如打字、射击等活动的完成是分步的且独立完成的。

（3）按操作的控制机制的不同分类

①闭合型操作技能。这类技能在大多数情况下主要依赖机体自身的内部反馈信息进行运动，对外界环境中的反馈信息的依赖程度较低。跳水、自由体操、舞蹈等活动中所涉及的大部分技能都属于闭合型操作技能。

②开放型操作技能。这类技能在大多数情况下主要依赖外界反馈信息进行活动，即根据外界环境变化来调整、控制并做出适当的动作，以适应外界的变化。如足球、排球等球类中涉及的大部分技能、骑车技能等对外

部反馈信息有较大的依赖性。

（4）按操作对象的不同分类

①徒手型操作技能。这类技能操纵的对象主要是机体自身，即通过身体的协调运动来完成的，无须操纵各种器械或仪器。自由体操、太极拳等运动项目即属于徒手型操作技能。

②器械型操作技能。这类技能主要是通过操纵一定的器械来完成的，如打字、驾驶、球类运动项目等都包含着大量的器械型操作技能。

（5）从行业角度的不同分类

①营销服务性操作技能。这类技能是指在营销服务行业中的操作技能。

②餐饮服务性操作技能。这类技能是指在餐饮服务行业中的操作技能。

③艺术性操作技能。这类技能是指在艺术行业中的操作技能。

3. 操作技能的作用

（1）操作技能是变革客观现实、促进创新所不可缺少的心理因素

人类在历史的发展过程中，不仅积累、传递着关于现实的认识方面的经验，即知识，同时也积累、传递着用于直接适应和改造现实的操作经验。操作技能是一种操作性的经验，它使人类能够通过有效的、合理的活动直接与环境相互作用，从而更好地适应和改造环境，变革现实。从日常生活中的衣、食、住、行，到计算机、人造卫星等高科技领域，其中各种产品的产生无不包含着多种多样的操作技能。正是如此多样的操作技能，才使得世界充满创新，才使得人类社会发生了巨大的变革。

（2）操作技能是操作能力形成和发展的重要构成因素

操作技能的掌握就是要使学生形成完成某种实践任务的熟练的行动方式。这是培养或造就人的技术能力和才能不可缺少的一个重要因素。事实表明，要造就某种技术人才，除了要掌握有关科学技术知识外，更需要掌握有关的操作技能。未掌握吹、拉、弹、唱等基本操作技能的人却具有很高的音乐才能，这是难以想象的。人的操作能力是由操作性知识和操作性技能两种因素构成的，通过操作性知识和操作性技能的掌握及其广泛的迁移，操作能力才有可能形成。虽然个体固有的生理素质在操作技能形成中

起到非常重要的作用，但它们仅是操作能力形成和发展的自然条件，并不能完全脱离操作性知识和操作性技能的掌握与迁移而构成操作能力。

（3）操作技能可以提高工作的效率与效果

当今社会的每一个行业都有自己需要的操作技能，而每一个行业从事操作技能工作的人都是一线人员。在现代社会的激烈竞争中，行业之间的竞争关键是人才竞争。这种激烈的行业竞争关键就在于提高一线操作工的操作技能。操作工的操作技能提高了，生产的效率与效果就能得到提高，生产的效率与效果提高了，那么产品的质量与数量就有了良好的保障基础，有了良好的基础，才能取得更高层次的创新。

4. 操作技能的培养方法

（1）操作技能需要良好的生理和心理状态

这是关系到一个人的最基本的素质状态，只要其中一个方面出现病态，就会明显影响到这个人的操作技能的发挥或提高。创新者要树立良好的进取心，增强提高操作能力的自觉意识，这种健康的心理状态，可以使人反复练习，确保操作的准确性，并有助于人们积极思考操作中的各种问题，从而发现问题、分析问题并解决问题，进一步促进操作技能的成熟。

（2）操作技能需要良好的记忆能力

记忆能力是指主体将记住的经历过的事物和再现或再次经历过的事物，运用于实践活动的能力。一个人的记忆能力与他办事的效率是成正比的。即记忆能力越高，其办事的效率效果就越高、越好。获得强大的记忆能力可以运用以下几种方法：目的记忆、理解记忆、活动记忆、特征记忆、口诀记忆等。记忆能力直接关系与影响到操作技能的学习和掌握。如果记忆能力有缺失，那么创新主体虽然下了功夫，但学了就忘，等于没有学。无法学习知识，也就无法学习与掌握操作技能。创新主体学习和掌握操作技能就会受到较大的影响。因此，要加强记忆能力的培养。

（3）操作技能需要良好的知识、操作方法和有关原理的基础

学习掌握某一种操作技能，首先要学习掌握某一种类型操作技能的基本乃至专业知识。也就是说，专业知识是掌握操作技能的重要基础。在掌握知识基础的前提下，操作主体要认真学习与操作有关的方法和有关的原理，了解所要操作的对象的操作规程，并制定相应的操作步骤和计划，就

会使得操作过程具有计划性、方向性、步骤性、预见性，就会促进操作主体更好地掌握操作技能以及进行相应的创新活动。

（4）操作技能需要切实的实践活动

对于操作技能，其主要的特点之一就是实践操作性。操作与实践紧密相连。操作技能的磨炼与提高本身就须进行反复的实践。实践活动通常分为两种：一种是刻苦练习专业技术操作技能，这种实践要在技师或者工程技术人员的指导下认真、刻苦地练习；另一种是在日常生活中锻炼操作技能，比如拆、装或修理自行车、童车和摩托车或者是各种电动工具，甚至是修理桌椅板凳等，养成"心灵、手巧"的具有创新精神的操作者。

第二节　大学生创新能力的构成与特性

创新能力是指在已有的发现或发明的基础上通过自身的努力创造性地提出新的发现、发明或改进革新方案的能力，是研究者运用知识和理论，在科学、艺术、技术和各种实践活动领域中，不断提供具有经济价值、社会价值、生态价值的新思想、新理论、新方法和新发明的能力。

一、大学生创新能力的构成

大学生创新能力是创新能力的一种，其必然符合创新能力的构成要素。因此，大学生创新能力的构成要素也包括大学生创新思维能力、创新实践能力和大学生非智力因素。

具体来说，大学生创新能力的构成可以包括四个方面的因素：知识体系、能力体系、意识和行为倾向以及价值观体系。

知识体系是大学生对于专业知识以及专业外的其他必要的知识的掌握能力。能力体系包括大学生应当具有的学习能力、思考能力、独立面对和解决事物的能力等。价值观念贯穿于创新人才素质的各个方面，涉及主体对自身内在身心特征的认识和理解，对世界、人类和社会的理解与关怀，对个人志向与人生目标的认识和理解、对社会和国家的认同，对社会的关怀与责任感，对历史文化的关注与理解，对公民权利及义务的认识与实践意愿等。意识和行为体系包括大学生应当具有的自信等品质、乐观积极的生活态度、能够遵守社会道德和伦理等。

（一）创新思维能力

创新思维能力主要是指在掌握了一定的知识的基础上，人们所具有的逻辑思维能力和非逻辑思维能力。"一定的知识"，这就要求学校教育的努力，而创新思维能力所需要的知识，并不纯粹是书本上的知识，而是将思维扩散开来的非逻辑思维能力，即所谓的"悟性"，和一定的论证的逻辑思维能力。这三者有机地结合起来，才能形成所谓的创新思维能力。

（二）创新实践能力

实践能力就是对个体解决问题的进程及方式上直接起稳定的调节控制作用的个体生理和心理特征的总和。实践能力包括广义和狭义两部分概念，狭义的实践能力就是我们通常所说的动手能力，这种动手能力与实践有着较为直接的关系，但是不包括智力因素和非智力因素。

广义的实践能力包括智力因素的成分，但是又与之不同，它是指个人在实践中所需要的智力因素和非智力因素。而创新实践能力，是人们进行创造新事物的实践的能力，它是实践能力的一部分。

（三）非智力因素

非智力因素主要是指学生的意志力等与学生个体心理相关的因素，在人实践的过程中，有一些心理因素如动机、兴趣、意志、性格等，并不是直接与学生的认知和实践活动有关的，但是却对人的实践结果有着非常大的影响作用。由此可见，非智力因素的作用也是非常重要的，能够挖掘出学生的潜在价值，培养出学生的创造力。心理学家认为，非智力因素的内容很多，但是主要包括的方面有兴趣爱好、热情、承受挫折的能力、自信、理想抱负等。

二、大学生创新能力的特性

（一）大学生创新能力是人人有、处处有和时时都有的一种能力

1. 人人有创新

创新能力具有普遍性。它不分人群，不分年龄大小，也不分智商高

低，更没内外行、条件好坏之分。也正因如此，创新理论，包括创造学、人类潜能学，才有它存在的必要和意义。

2. 处处有创新

创新表现在各个领域各个行业，它涵盖了社会所有的职业、所有的阶层、所有的地方。曾有位哲人说过，在每个国家里，太阳都是早晨升起的。这句话很有道理。这句话也可以这样理解，一个人只要有创新意识，那么创新的机会处处都有。

3. 时时有创新

创新本身不受时空的限制，每个时期每个人的创新能力都表现得不一样。而在什么时间能产生创新和创意，也是因人而异的。也许在白天，也许在晚上，也许在闲聊的过程中，也许在淋浴过程中……创新虽然没有严格的时间限制，却有公认的最佳创意时间。

（二） 大学生创新能力是一种可以激发和提升的能力

大学生的创新与创新能力是可以通过教育、训练、实践激发出来并不断提升的，即创新具有可开发性。创新能力的差异是客观存在的，也是开发的前提。它的差异不表现在人的潜能上，而表现在后天的差异上。把创新能力由弱变强，迅速提升人的创新能力，只能通过教育、培训、开发、激励和实践。人世间的一切成就、财富和惊人的业绩，都是靠人的创新能力实现的，但是每个人表现出来的创新能力却差异很大。

（三） 大学生创新能力具有主动性

表现为大学生主动地学习、参与各项科研创新活动，充分发挥自身主体的积极作用。高等教育中既要教师发挥主导作用，积极引导，也需要学生发挥能动性，主动参与。只有把两者有机地结合起来，才能使学生在深层次的参与中，通过自主的"做"与"悟"，培养创新能力，发挥个性优势。

（四） 大学生创新能力具有实践性

实践是创新的源泉，也是大学生成长成才的必由之路。个人的能力包括创新能力都是在社会实践中形成和发展起来的。大学生创新能力的培养无论是培养的目的、途径，还是最终结果，都离不开实践。创新本身就是一种创造性的实践，必须坚持以实践作为检验和评价大学生创新能力的唯一标准。

（五）大学生创新能力具有协作性

创新能力的协作性表现为由若干人或若干单位共同配合完成某一任务。大学生的创新能力不只是跟他们的智力因素有关，个性品质中的协作特征作为非智力因素在很大程度上也影响着他们创新潜能的发挥。大学生创新能力的发展必须基于协作精神的树立，这是具有创新能力的重要特征。

（六）大学生创新能力具有发展性

创新能力的发展性表现在，创新能力不是一成不变的，它是一种潜在的综合能力，受多种内外因素的影响，大学生正处于身心不断发展的阶段，其创新能力必然随着个体知识结构、思维方式的进步以及更多深层次的实践活动而不断提升。

（七）大学生创新能力具有综合性

创新能力是在创新过程、创新活动中体现出来的，是各种能力的合成。就创新能力本身而言，创新思维是创新能力的核心。创新能力，是一种综合性的能力，把创新能力作为一个能力系统来看，它是由众多子系统构成，是创新者应具备的各类能力的综合。

第三节　大学生提高创新能力的基础与方法

创新是一个民族进步的灵魂，培养创新型人才是使一个民族长盛不衰的首要条件。创新能力不是与生俱来的，而是需要培养的。创新是有规律可循的，人们经过学习和训练会使创造力获得迅速提高，创造潜能得到有效开发。这对于我们提高技术创新效率、创新水平、创新成果的产业化极为有益。因此，提高大学生的创新能力尤为重要。

一、大学生提高创新能力的基础

（一）要有积极正面的心态

积极的心态，是成功的一半，它具有改变人生的力量。创新，更需要积极的心态。要有自信，每个人天生都具有创新的能力。

（二）要保持放松而认真的状态

面对激烈竞争的社会，人们需要适度的紧张，以承担责任，完成工作。但是，过度的精神紧张以及由此导致的生理上的诸多不平衡，却不利于问题的解决甚至有损身体健康，对创造性思维则是致命的。因此，不要在自己的心里种下太沉重的种子，放松身心，保持一种轻盈但是认真的状态，才能更好地从事创造性的工作。

（三）接受新理念，柔性对待变化

"柔性"在管理学上是为了适应快速的市场需求变化而提出的一种新型生产模式。它有利于克服大规模生产的种种弊端，提高企业效益。在瞬息万变的社会环境中，不断地更新知识，接受新理念，把大问题切割细化，变成若干个小问题分别解决。因此，保持一种自适应的状态，可以更有利于创新。

（四）不要迷信任何权威

大学生自己要对所学习或研究的事物持有怀疑态度，不要认为被人验证过的都是真理。许多科学家对旧知识的扬弃，对谬误的否定，无不自怀疑开始。伽利略就是始于对亚里士多德"物体依本身的轻重而下落有快有慢"的结论的怀疑，发现了自由落体规律。怀疑是发自内在的创造潜能，它激发人们去钻研，去探索。对于课本，我们不要总认为是专家教授们写的，不可能有误，专家教授们的专业知识渊博精深，我们是应该认真地学习。但是，事物在不断地变化，有些知识现在适用，将来不一定适用。再说，现在的知识不一定没有缺陷和疏漏。教师不是万能的，任何教师所传授的专业知识不能说全部都是绝对准确的，大学生不要迷信任何权威，应大胆地怀疑。这是创新的出发点。

（五）要做好并注重实践能力的培养

"实践是检验真理的唯一标准。"正确的理论只有在实践的不断验证中才能发挥其应有的光芒，才能不断完善。同样，创新能力也只有在反复实践的基础上，才能不断地提高。在现今严峻的就业形势下，越来越多的用人单位将目光投向了有实习经历、有社会实践的大学毕业生，高校内的学生干部相比普通同学，更是成为就业大潮中的幸运者。因此，从大学时代，就应该注重对自身实践能力的培养，在此基础上，实现从实践到创新的转化。

二、提高大学生创新能力的方法

（一）获取前沿知识——培养知识学习能力

前沿知识是包含新的思路、新的方法和新的逻辑的新知识系统，是推动每一个时代变革与前进的脑力劳动生产力，是个体知识结构更新的载体。前沿知识一般体现为课程内容前沿化、教学方法前沿化、教学设施前沿化等。在课程内容、教学方法、教学设施、教师前沿化的前提下，吸纳学生直接参与科研活动进行新知识、新方法、新实验的实践，培养大学生的创新知识学习能力。

学习能力是指人们顺利完成学习活动所必需的个性心理特征。它是学习过程中各种具体能力的综合概述，如观察能力、记忆能力、思维能力、实验能力等。学习能力的大小、强弱直接影响着学习的效率，也决定着学习目标的完成，同时影响着一个人的各种潜能的发挥。学习能力是随着人的身心发展，在学习的过程中逐步形成和提高的，它与学习是两个不同概念，它们既有区别又有联系。学习是认知过程，也是信息获得、存储、整合、加工和输出过程，它是客观作用主观并能产生一定的主观能动性的过程。

学习能力是学生获取前沿知识和新的知识的能力。学习能力不仅仅表现为获取知识的能力，而且表现为持续更新知识的能力。获取知识这一过程主要是把学生的学习视为一个整体的框架来建立。学习能力的培养主要是实现知识整体化，在培养模式的设计上，主要为实现知识整体化的过程提供充分必要的条件。在此前提下，充分提高学生在知识获取过程中的智力参与和情感参与，发挥教师教学主导作用与学生自主学习策略相结合。在培养学生创新能力过程中，获取新知识与新方法，是提高大学生创新能力的基础。学习能力需要提高记忆力、思考力。记忆力是人类精神活动中从观察或感知想象和思考过渡的重要中间环节，它是人类学习，积累知识的重要基础，其实质是人类头脑对自身曾经感知过、认识过、思考过、操作过、体验过的经验和概念的一种反映。它是创新思维的重要基础。可以说，人类摄取的思维要素的保留，关键取决于记忆力，因此，记忆力是人类创新思维产生的基本原料——思维要素的决定性力量。而记忆能力提高的一个重要途径就是主动学习，不断记忆。思想政治理论课教学虽不是专门的记忆训练课程，但只要课程信息丰富，生动感人，吸引学生去学习和掌握，必然会对学生的记忆能力起到训练和提高的作用。思考力是人们在已感知的概念、形象的基础上，进行分析、综合、判断、推理等认识活动的能力，思考力是人们主观能动性的反映，一般可分为习惯性思考和创新性思考，而创新性思考能力的培养就在于对学生的分析、综合、判断、推理能力的不断锻炼，也是学生思考力锻炼提高的重要过程。

建立有效的信息渠道，是获取前沿知识的基础。主要有三种途径。一是通过本校图书馆、互联网获取最新的知识信息。二是在科研活动中获取科研前沿知识和技能。大学生可以通过参与科学实验和研究，从中学习到相应的实验、科学技能和知识。三是在生产实践中获取前沿知识。生产实践活动是检验知识真理的唯一途径，在生产实践中，大学生能够把所学知识运用到其中，同时也能够从中获取生产实践的前沿知识和技能，培养和提高自身的知识学习能力。通过以上三种途径，大学生能够获得前沿的理论知识、科研知识和生产实践知识，培养和提高自身的学习能力，最终培养和提高自身的创新能力。

（二）灵活运用知识——培养知识运用能力

灵活运用知识，就是把自身现有的知识和需要解决的问题结合起来，运用所学的知识加深对问题的认识，提高分析和批判能力，并借助已有知识去探索自己未知的领域。在学习中灵活运用知识，加深对知识的理解和记忆，培养知识运用能力，激发学生的创造性。

培养大学生灵活运用知识的能力的目的是培养大学生知识运用能力。体现在教学中，就是运用问题与活动的方式来教学。运用问题教学法主要是采用启发式来开发学生的创新思维；运用活动教学法主要根据"因材施教"的原理来实现个性化教育，在活动中达到充分发挥学生的个性与动手动脑能力，发掘学生的创新思维，激发学生创新精神，提高学生的创新能力。

提高大学生运用知识的能力，要做到以下两点：一是获取信息、解读信息，将有效信息进行整合，明确已知条件，明确求解、设问；二是调动知识，运用知识。首先是依据问题调动知识，基础知识是分析问题、解决问题的工具和依据，解题需要依据、需要工具，调动知识的过程就是将解题中所需要的基础知识调动出来；我们强调学科知识要形成网络，这就是说从网络上调动基础知识稳、准、快捷，而且系统。知识调动出来了，要将所学的知识与试题的形式和内容进行联系，准确地运用相关知识和有关信息，认识和说明问题，这就是运用知识的过程。运用知识解题过程就是从已知状态向目标状态转化的过程，当然这个过程就是思维过程，也是知识创新的过程，是培养大学生创新能力的重要途径。

运用知识的前提是必须有知识，没有知识根本就谈不上运用知识，也根本运用不起来。运用知识的条件有：第一，必须通过学习使大脑里面出现知识。第二，必须有意识地从大脑里面回忆出所需要的知识。第三，必须结合实际，按照知识所讲的严格去做。

这就要求大学生在运用知识时，一是要学习知识、获取前沿知识。二是必须把学习的知识、获取的前沿知识内化为自己的知识。三是必须与生产实际相结合，把所学知识运用到实践活动中，把理论知识与实践活动结合起来，把理论知识转化为自身的运用能力。

（三）观察理解问题——培养分析判断能力

观察法是人们为认识事物的本质和规律，通过感觉器官或借助一定的仪器，有目的、有计划地对自然条件下出现的现象进行考察的一种方法。

1. 提升观察力

观察力说到底，就是对一件事物的留心程度，对你身边的每一个人或者每件事都要细心地去看、去思考，无论它是多么地常见与平凡，重在区分它们之间的异同点，不单是观察新的事物。提高观察能力的首要条件，还是要从我们身边做起。观察，也是需要坚持的，需要长期地做。更需要观察的时候，尽力地去思考。观察问题、分析和解决问题的能力是指能阅读、理解对问题进行陈述的材料，能综合应用所学知识、思想和方法解决问题，包括解决在相关学科、生产、生活中的问题，并能用语言正确地加以表述。它是逻辑思维能力、运用能力、空间想象能力等基本能力的综合体现，注重对知识和方法的判断和理解，强调知识综合性。

2. 提升分析判断能力

分析判断能力是指人对事物进行剖析、分辨、单独进行观察和研究的能力。分析判断能力较强的人，往往学术有专攻，技能有专长，在自己擅长的领域里，有着独到的成就和见解，并进入常人所难以达到的境界。同时，分析判断能力的高低还是一个人智力水平的体现。分析能力是先天的，但在很大程度上取决于后天的训练。在学习和科研中，经常会遇到一些难题，分析判断能力较差的人，往往思来想去不得其解，以致束手无策；反之，分析判断能力强的人，往往能自如地应对一切难题。一般情况下，一个看似复杂的问题，经过理性思维的梳理后，会变得简单化、规律化，从而轻松、顺畅地被解答出来，这就是分析判断能力的魅力。

提升分析问题的能力需要具备以下条件：分析和研究问题要具备扎实的理论基础，树立以人为本的价值观，抓住热点、难点和重点问题，摆脱传统思想的禁锢等条件。培养学生的判断能力，提高学生分析和解决问题的能力。观察问题、分析问题的目的是解决问题。首先，解决问题需要培养学生善于抓住问题的关键，对学习中出现的潜在问题要及时察觉和发现，分析问题的动向，做出准确的判断，构建出解决问题的有效措施和方法。其次，培养学生善于从解决问题的措施出发，在准确把握问题的关键所在的基础上，有针对性地研究解决措施。最后，培养学生善于从根本问题上分析和解决问题的能力。

培养大学生的分析判断能力，可以通过运用案例教学来实现。案例教学就是在教师的指导下，根据教学目的要求，组织学生对案例的调查、阅读、思考、分析、讨论和交流等活动，教给他们分析问题和解决问题的方法，进而提高分析问题和解决问题的能力，加深学生对基本原理和概念的理解的一种特定的教学方法。

（四）构建和谐环境——培养知识整合能力

和谐是对立事物之间在一定的条件下，具体、动态、相对、辩证的统一，是不同事物之间相同相成、相辅相成、相反相成、互助合作、互利互惠、互促互补、共同发展的关系。

所谓知识整合能力是指学生在获取、解读信息后，在已有知识储备中有针对性地甄选出合适的知识，并将之组织、运用到解决实际问题中去的过程，能够将接收到的信息迅速地与相关的知识内容建立准确有效的联系，并自如地调用或驾驭有关知识分析、解决问题的能力。创新知识的整合能力是大学生创新能力的重要组成部分，和谐的环境是大学生创新知识整合能力形成的推动力。和谐的创新教育环境指的是社会条件、学术条件、文化条件、物质条件、教学条件等的结合度与开发度，就是指多元化创新能力培养环境。多元的创新环境指的是营造宽松且多样化的、有利于创新能力培养的多元环境。

1. 宽松的社会环境及制度创新环境，浓厚的学术及文化创新环境，充足的物质环境等

宽松的社会创新环境的营造需要长时间的发掘和发展才可以得到完善，制度创新环境的营造需要国家根据时代的进步和社会的需求改革教育制度，尽量营造有利于培养创新能力的制度环境。浓厚的学术环境是需要学校和学生自己在学习和研究中共同营造，浓厚的文化环境体现的是一个民族的文化积淀，文化的传承与创新是一个民族进步的标志。充足的物质环境指的是，在创新能力培养过程中，需要给研究者提供资金、设备、团队等具体的物质支持。

2. 符合大学生知识整合能力培养的教学条件

主要包括完善的课程体系，符合学生自主学习的教学方法，先进的教学、实验设备，优秀的教师队伍，完善的实践、训练平台等。这些教学条件的有机结合，形成一个有效的运行机制，充分发挥各自的功能，优化大学生创新能力培养模式，培养和提高大学生的知识整合能力，最终培养大学生的创新能力。

开放的创新环境主要是要求加强不同专业、学校与学校、国家与国家之间的学术交流及创新技术、创新研究等的交流，充分创造有利于培养大学生创新能力的开放的创新环境。和谐环境给大学生提供了良好的创新环境，有利于学生把学习到的知识在运用过程中很好地整合起来，并转化为自身的能力，进而培养和提高大学生的知识整合能力。

（五）培养综合素质——创新知识创造能力

大学生的综合素质是大学生在身体和心理两大方面的基本要素及其品质的综合，其具体内涵包括思想道德素质、业务技术素质、文化审美素质

和心理生理素质等几个方面，或我们通常而言的德、智、体、美等要素及品质。对于大学生的发展而言，综合素质的各个构成是各有侧重的，各个要素之间又是一个相互联系、协调发展的有机整体。

大学生的综合素质对个体而言代表了其"人才含金量"，关系到他的学习和就业的竞争力。对整体而言代表了祖国未来一代建设者的质量和水平。它包括品德、价值观、性格、兴趣、智力、能力以及体能。提高综合素质就是要有一个良好的生活习惯、勤于思考、勇于攀登、勇于承担，在学习、工作和生活中要善于观察、善于自省，还要有求知欲。

创造能力是善于运用前人经验并以新的内容和形式来完成工作任务的能力。应该随着社会的发展，环境的变化和工作的需要不断地对其内容和形式进行新的创新、补充和完善，使之更为丰富。创造能力一般表现为发散性思维，而聚合性思维也起着重要的作用。总之，创造能力是在丰富的知识经验的基础上逐渐形成的，它不仅包含敏锐的观察力、精确的记忆力、创造性思维和创造性设想，而且与一个人的个性、心理品质、情感、意志特征等有密切关系。创造能力是在人的心理活动的最高水平上实现的综合能力。

创造能力一般表现为：具有探索和发现问题的敏锐性和预见性；具有用一个概念取代若干个概念的统摄思维能力；能够总结和转移经验，用以解决其他类似问题；善于运用侧向思维方法和求异性思维方法；具有想象、联想和形象思维的能力，不断产生新的比较深刻的思想和观点；善于把主观意识同客观实际相结合，有所发现、发明和创造。

培养知识创造能力是提高大学生综合能力的重要方式。培养知识创造能力就是大学生在保持身心良好素质的同时，学会把学习到、会运用、整合好的理论知识应用到实践活动中从而实现创新。培养知识创造能力是大学生创新能力的最终体现，是培养和提高大学生综合素质的最终结果。

培养学生的创造能力的途径：一是改革阻滞学生创造力发展的教育方法。让学生"自由思维"是培养创造力的重要条件。二是鼓励学生学习创造需要的广博的知识。"学愈博则思愈远"，知识越广泛，新思想和新观念越容易产生。三是建立良好的师生关系。创造不是在紧张压抑的氛围中产生的，而是在松弛、宽容、令人愉快的环境中迸发的。四是高校需要建立完善的实践平台。建设开放的"工程坊"、实验吧、实验超市，为大学生知识创造力的培养提供实践平台，把知识转化为学生自身的创造能力，培养和提高大学生的创新能力。

第九章　大学生创新力开发培养模式构建

第一节　创新力开发有赖于科学的培养模式构建

随着科技进步与生产力水平的不断提高，全球范围内的竞争越来越激烈，知识经济与科技创新成为全球经济发展的一大亮点，经济的竞争归根到底是人才与科技的竞争，哪个国家拥有可持续的创新能力和大批高素质的人才队伍，哪个国家就会在未来的竞争中占据有利地位。习近平总书记指出，人才是创新的根基，创新驱动实质上是人才驱动。可见，创新不仅是一个民族的灵魂，还是一个国家繁荣富强的强大驱动力。而人才的培养离不开高校这个"孵化箱"，因此，培养创新型人才从根本上要依靠国家教育的进步。在培养人才的教育中，特别是培养高级专门人才的高等教育中，为了提高人才培养质量，要适应时代的需求，必须对大学生进行全面培养，使所需人才数量足够、质量较高，为国家的现代化建设提供人才支持，为知识创新作出贡献。培养模式是指以一定的理念、方针、思想为指导，为实现预定的培养目的而构建的包括一系列培养理念、培养方式与途径、评价标准与保障措施等在内的模式。大学生的培养模式有其特殊性，它着重于对大学生的教育，关系着大学生的终身发展，更关系到教育立国、人才强国战略的实现，进而影响到未来我国竞争力的强弱，因此，大学生人才培养模式的构建具有至关重要的作用。从创新力开发角度看，科学的大学生培养模式构建意义重大，具体表现在以下几个方面。

一、提升大学生的创新能力与水平，为打造创新型国家奠定基础

我国经济发展方式正逐渐由粗放型向集约型转变，集约型经济增长主要依靠技术进步与劳动生产率的提高，因此未来我国的经济发展势必主要依靠自身的创新能力，走自主创新道路。我国政府提出坚持自主创新、走人才强国之路。构建创新型大学生培养模式能为培养创新型人才提供保障，为建设创新型国家奠定基础。

二、提升大学生的就业能力与竞争力，适应市场经济发展的需要

市场经济条件下实行的是双向选择的就业机制，大学生的工作岗位不再由国家统一分配，一方面企业与就业者有了充分的自主选择权，另一方面对即将进入社会的大学生的能力培养提出了新的要求。随着大学的全面扩招，大学生的就业压力逐渐凸显，大学生的求职竞争越发激烈，这就要求当代大学生树立正确的就业观念，注重自我能力培养，积累求职技巧，做到人无我有、人有我优，凸显自身价值。人才培养质量是教育培养模式的最终衡量标准，因此，要提升大学生竞争力，提高人才培养质量，必须对大学生培养模式进行根本性变革，适时调整课程设置，引入职业教育内容，积极引导大学生做好人生规划，实现自我价值。

三、促进大学生全面发展与个性发展相结合，为大学生的终身发展奠定基础

实现大学生终身的可持续发展，是当代教育确立的基本价值观。我们的大学教育绝非局限于传授书本上的既有知识，更重要的是对大学生人格的塑造，对大学生思维方式的改造，引导大学生树立正确的世界观、人生观和价值观，这将对大学生的终身发展产生深远影响，成为使大学生终身受益的精神财富。要实现这样的目标，我国的创新人才培养需要做到以下三点：一是注重大学生的全面发展，注重大学生各方面能力的培养，提高大学生的自主学习能力，引导大学生树立终身学习的观念；二是提高大学生的创新能力，培养大学生勇于探索、敢为人先的创新精神；三是提高大

学生的实践能力，培养大学生灵活运用知识解决实际问题的素养。我国高等教育应采取这种培养模式，因势利导，因材施教，尊重人才的个性发展，注重人的个性价值，充分挖掘大学生的潜力，发挥个人主观能动性。只有做到这些，大学生才能人人成才。

第二节　国外典型大学生培养模式梳理和启迪

每个国家都有自己的文化、历史背景等，所以各国高校的教育模式不完全一样，对人才的培养也各有特色。

一、国外几类典型大学生培养模式介绍

（一）美国大学生培养模式

美国一向重视高等教育的发展，早在 20 世纪 50 年代即开始重视创新人才的培养，其教育模式也随着社会的发展做出相应调整，这种与时代步伐相适应的持续教育改革使得美国的高等教育在全世界范围内都具有重要地位与影响。美国的大学生培养模式具有以下特点。

1. 坚持学校自治，学术自由，高校自主招生

美国高校招生完全自主，招生政策与录取标准都由各高校自主掌握，美国联邦政府和地方政府都不对招生一事进行干预，美国高校不是"一考定终身"，除看考试成绩外，还考察学生的社会实践，要求有推荐信，还要进行相关的面试，它注重对学生的综合素质进行全面考察，择优录取。这种招生方式给予学生与学校双方充分的自主选择权，关心学生的成长，尊重学生的个性发展。

2. 形成开放的综合的人才培养模式

美国高校普遍注重学生知识体系的综合性，要求学校授课内容综合化，注重学科与学科之间的衔接，合理弱化学科之间的界限，将最基本学科的基础知识传授和技能训练作为着眼点，注重开设跨学科课程，注重人文、科学的结合，要求重视发挥教师的主导作用。教师注重培养学生的创

新能力，授课中采用"个性教学法""问题教学法"来激发学生的求知欲、好奇心，通过发现问题来解决问题；同时强调师生的互动，培养学生的主动性，鼓励学生广泛参与科研活动。

3. 注重学生的个性化发展

学校开设丰富的课程，给予学生充分的选课权限。一些学校还实行弹性学制，给了学生自我设计的权利，对学生转专业的限制较少，学生甚至可以不必按学校固定的课程设置去学习，可以选择自己感兴趣的课程学习、在学业上享有充分的自主权。这样可以充分发挥学生的潜能，使学生的专长得到充分的发展；可以使不同的人才在不同的领域取得成就，做到人尽其才，使人才发展多元化，同时有利于塑造创新的社会，真正做到"不拘一格降人才"。

4. 注重理论与实践相结合

很多高校都会将课堂学习与课外实践紧密联系在一起，如让学生和教授一起参与课题研究，或者通过校企合作将学生外派到企业实习，或者让学生参与一些户外考察、社区活动，让学生有机会将所学的知识运用到实际当中，加深对知识的理解，以提高学生运用知识解决实际问题的能力。

（二）德国大学生培养模式

德国的高等教育历史悠久，海德堡大学早在1386年即已设立，在16世纪下半叶已成为欧洲科学文化中心。德国的高等教育为德国培养了众多杰出的人才，为德国的经济发展作出了巨大贡献，在世界范围内享有较高的声誉。其人才培养模式具有以下特点。

1. 制定宽进严出的教育制度

德国人严谨认真的态度闻名世界，德国高校对人才的培养也坚持科学严谨的态度。德国高校实行入学认证，没有统一的招生考试，避免一考定终身，这样就极大地保证了大部分学生有机会接受高等教育，同时也能为大学提供更多的可塑之才。学生专业选择非常自由，德国高校专业招生一般不设名额限制，学生可以依照自己的兴趣自由选择，充分尊重学生的自主权；另一方面，德国高校对人才的培养极为严格，有着极高的淘汰率，对学生的诚信要求极为严厉，学生考试作弊、学术造假都将受到较为严厉的处罚。这样尽管入学时学生人数多，层次差别大，但是严谨的教育过程确保了很高的教育培养质量，只有达到严格标准的学生才能最终获得学位。

2. 学术与职业教育并重

德国不仅注重培养学术人才，而且注重将学生的培养与社会需求相联系，注重学生的职业教育，持续不断地为企业培养所需要的应用型人才，形成高等教育中学术、职业双丰收的理想局面。

（三）英国大学生培养模式

英国的高等教育以拥有独特的校园文化与高质量的教育水平闻名于世，其自由的思想、独立的精神为世人称道。在长期的发展过程中，英国的高等教育管理者从实际出发，建立了一套系统的管理体系和人才培养模式。英国高校是由国家最高元首或英国议会授权成立的独立法人机构，既不是国家的财产也不是私人的财产，而是公共财产。因此，英国高校的管理与运行完全是由学校自主组织与实施的，（英国高校）完全可以视为一种自主运行的组织体系。例如，教学基金是根据学生的数量和专业决定的。正是基于这样的自主运行体系，英国的人才培养模式才具有自由与独立的本质特点。

自由与独立贯穿于教育全过程、全方位，学生可以自主选择专业和课程，也可以自由转换专业，学习自由，学生群体之间不单独设立班级。不同专业的学生在一起学习同一门课程，可以自由发表自己的观点。在课堂上，教师鼓励学生发表不同观点，学生不同于教师的观点也能得到包容，而不会认为是对教师的不敬。对一些问题的探讨并非要找出唯一的标准答案，而在于鼓励学生从多角度综合思考问题。学生的毕业论文根据自己选择的方向独立撰写。英国高校采用这种自由与独立的教育方式，全面充分地培养学生的自主学习能力。

（四）日本大学生培养模式

日本的高等教育为其经济发展作出了巨大贡献，其创新型人才的培养模式具有鲜明特色。首先，日本社会强化危机意识。日本是一个岛国，国土面积较小，且常年地震不断，使日本民众养成强烈的危机意识。这种不安于现状的危机意识使得日本高校十分重视大学生的培养，激励大学生发愤图强，努力学习，勇于创新。其次，日本面临老龄化严重的局面，为了应对 2020 年以后开始的无止境的就业人口的减少，日本积极地进行创新型人才培养。在此基础上，日本高校提倡启发式教育，采取探讨式学习，教师通常在课堂上让学生积极讨论问题，使学生在探讨式学习中得到启发。教师会布置一些综合性较高的课外作业，让学生加深对知识的理解与运用。考试测评通常采取开卷考试的形式或者以提交论文报告的形式进行，把学生从死记硬背中解放出来，注重考查学生对知识的理解与运用。

二、国外大学生培养模式对我国的启示

我国与欧美国家和日本在文化、历史、政治和传统习惯上都存在很大的差异，但是现在的高等教育日益走向国际化和全球化，我们也需要正视我国在大学生创新素质培养上的不足，及时跟上全球化的步伐。

通过对欧美国家和日本创新型人才培养模式的探讨可知，我国在培养创新型人才上与它们还有很大的差距，需要学习和借鉴它们的一些培养模式。例如，借鉴美国的课程设置，拓宽我国大学的基础学科教育领域，鼓励跨学科学习，提倡思维的多样化，避免形成思维定式，培养学生独立思考的能力；借鉴英国的自由与独立，在教学的过程中，给学生留下充分的自主学习和思考的时间，使他们在自我成长中发挥创造性；借鉴日本的启发式教育，激发学生的好奇心，在教学过程中营造问题情境，创造开放式的学习氛围。

第三节　我国大学生培养模式现状与变革

一、我国大学生培养模式的现状

我国继专业教育人才培养模式和专通相结合的人才培养模式之后，为了适应"创新型国家"的建设目标，转而将大学生培养模式转变为创新人才培养模式。随着高等教育的普及，接受高等教育的人数逐年上升，但是高等院校的扩招并没有成比例地为社会培养更多创新人才。我国高校人才培养模式在目标和定位等诸多方面都存在着很大的问题，尤其在当前市场

经济条件下，这些问题显得越发突出。2005 年钱学森提出"为什么我们学校总是培养不出杰出的人才"的问题。为了解决这一问题，我们必须正视我国高校大学生培养模式所存在的问题。

（一）高等教育在定位上存在着"好大喜功"的传统弊病

其具体表现在：办学规模上，通过合并、扩招等方式盲目扩大；办学类型上，一味看重普通高等教育而轻视高职教育；办学层次上，追求"大而全""大而高"，无视自身办学条件和能力而全力争取硕士、博士等更高层次的招生；学科建设上，求多求全，盲目向多学科、综合性发展。

（二）应试教育扼杀了学生的创新精神

在我国目前的教育模式中，大部分考核是以考试的形式进行的，在这种考核形式下，只要按照教师的要求完成作业加上死记硬背课本上的知识就能考高分。这样的教育环境很难培养学生的创新思维。

（三）办学特色不突出，创新动力不足

受教育行政主管部门统抓统管的体制局限，以及学校自身发展的"功利化"影响，高等教育"大一统"的现象非常严重，统一的培养目标，统一的教学计划、专业目录、学科设置，"千校一面""千篇一律"，造成同一类型和层次的人才过剩。此外，缺乏自身办学特色和市场导向，致使高校的专业、课程设置与现实脱轨，培养出的人才也很难得到社会的认可，难以满足经济和社会发展的需要。

（四）实践教学效果不佳，学生实操能力差

虽然现在很多高校都重视开展实践教学，也与部分企业合作进行联合培养，但实际效果欠佳。主要原因在于：主观上，在实际培养过程中仍然存在重理论轻实践的现象；客观上，学校规模的不断扩大使得校内实验室建设不能满足实践增长的需要，校外实习基地建设则受利益和体制因素的影响难以发挥应有的作用，从而制约了实践教学的实施与发展。

二、我国大学生培养模式的改革探索

尽管目前我国大学生培养模式存在诸多问题，但可喜的是，随着改革的推进，我国大学生培养模式有了新的变化，高等教育改革取得一定成绩。这主要表现在以下几个方面。

（一）学生的自主权限得到一定的提高，专业限制有所放松

一些高校在专业课程设置上给予学生一部分自主选择的权利。一些高校在学生专业转换上放松了限制，学生学习一定时间后如果对本专业不感兴趣可以提出申请，通过考试转入申请的专业。部分高校在大一时期在学院内部不分专业，学生到高年级对专业有所了解后，再自主选择专业方向，这有利于提高学生学习自主性，有利于大学生充分发挥自身潜能、各尽其才。

（二）高校实行多元化的录取制度

2003 年我国开始进行高校自主招生制度的探索，允许部分高校拿出一定比例的招生名额，以选拔有特殊才能的学生。例如，北京大学在自主招生过程中实行校长推荐制，经中学校长实名推荐的学生，在面向社会公示后，可成为自主招生直接候选人。这些都是对学校自主选择生源的有益探索。多元录取方式在一定程度上打破了长期以来把高考成绩作为唯一录取标准和依据的局面，在坚持公平原则的基础上，对学生学科兴趣、能力和素质进行综合评价，以保证有潜力的学生进入合适的学校继续发展。

（三）高校进行去行政化尝试

我国高等教育体系严重的行政化对高等教育的发展产生了一些不利影响，社会各界对教育去行政化的呼声越来越高。例如，一些大学引入新的教育理念，进行教育去行政化的尝试，采取教授治校、自主招生的办学理念治校，是我国大学生培养模式的新探索。

（四）高校联合办学，开设第二学位

部分高校通过整合各自学科优势，开展联合办学，开设第二学位。这有利于一定区域内高校资源共享、优势互补，提高了区域内学生的整体素质，同时学生辅修第二学位弥补了自主选择专业课程的不足，有利于学生发展多项特长，提升自身核心竞争力，为将来进入社会求职赢得一定优势。

（五）社会实践项目增多

随着大学生培养模式改革的推进，我国高校越来越重视课外实践活动的开展，设置了丰富的课外实践项目、大力开展校企合作，输送一些学生到企业实习，培养学生灵活运用所学知识解决实际问题的能力，大大提高了学生对社会的适应能力，同时也推动了教育与时代发展、社会需求相结合。学校逐步加强对学术创新活动的扶持与投入，鼓励学生参

与科研项目，举办学术竞赛活动、对学生科研活动给予经费、教师指导等各方面支持，利用寒暑假开展假期社会实践活动，以此提升学生学术研究能力，并取得了十分明显的效果。

第四节 "人力资源开发+生涯发展辅导" 叠加培养模式构建

基于理论支撑和科学培养模式实践探索，我们提出大学生创新力开发的模式——"人力资源开发+生涯发展辅导"叠加模式。这一模式中的人力资源开发与生涯发展辅导相辅相成，共同作用于大学生创新力开发。

一、以二元理论为基础的双模式激活创新能力

二元理论认为，实现创新的核心是学习，多种多样的学习行为可以有效促进知识获取、知识重组、知识构建这一循环过程。知识获取与知识重组可以实现利用式创新，而知识获取与知识构建可以实现探索式创新。大学生作为未来社会发展进步的主导性力量，需要具备较强的创新能力、要有创造性的思维方式、合理的知识结构、较强的实践能力、良好的心理素质。

对高校而言，培养具备创新素质的人才是高等教育体系中的重要内容，是高校适应市场经济发展及合理转变教育观念的体现。大学生是国家未来发展的希望，自身具备较强的学习能力，所以高校作为大学生的培养基地，可以通过"人力资源开发+生涯发展辅导"这一培养模式，实现大学生利用式创新和探索式创新两种不同创新能力的提升，帮助大学生提升运用灵活多样的方式和方法去创造新事物、解决新问题的更高级、更复杂的综合能力。

例如，首都经济贸易大学通过开设学期"成长课堂"讲座、开展思想政治教育工作的课题研究、对大学生进行思想道德考核、建立大学生动态评价体系、开办筑梦成长风采展等一系列的活动，增加大学生的知识获取

方式，提升大学生的知识重组和知识构建能力，由此形成一个循环模式，提升大学生的创新能力。这一培养模式的主要特点如下。

（一）以生涯发展辅导促进大学生创新能力提高

为实现大学生自身的可持续发展，高校在教育过程中要帮助大学生确立基本的、正确的价值观。大学教育绝不应局限于传授书本上的既有知识，更重要的是塑造大学生的人格，改造大学生的思维方式，引导大学生树立正确的世界观、人生观和价值观，这将对大学生的终身发展产生深远影响，成为使大学生终身受益的精神财富。

首都经济贸易大学举行的学期"成长课堂"系列讲座属于大学生生涯发展辅导范畴，主要包括形势与政策教育、心理素质教育、校情教育、礼仪教育、国学教育、生涯教育、艺术素养教育等主题，意在培养大学生多方面的素质与能力，让大学生了解当前的就业形势，加强大学生心理素质培养，帮助大学生做好职业生涯规划，其本质内涵是增强大学生的利用式创新能力的开发。

形势与政策教育帮助大学生了解现今社会倡导的发展方向——创新，潜移默化地影响大学生的创新意识；心理素质教育则关注大学生的内在，帮助大学生形成健康的心理，解决人际交往问题，为大学生今后的创新行为打下基础；校情教育的举措是邀请成功学子分享个人经验以及在某些领域的成就，意在丰富大学生各个领域的知识储备；国学教育旨在告诉在校大学生，在获得主流文化知识的同时，不要丢弃传统文化，传统文化中的知识与道理将使大学生受益终身；艺术素养教育如今也不再停留在课堂之上，学校鼓励大学生加入各种艺术社团，定期开展艺术活动，不断提高大学生的艺术素养。一个人取得的创新知识，不仅仅来源于书本，更多来自方方面面的实践，学校为此打下了坚实的基础。

（二）以人力资源开发促进大学生创新能力提高

动态能力被认为是在外部环境迅速变化的形势下，企业或个人获得竞争优势的源泉。不仅企业需要具备动态能力，个体，尤其是还未进入职场的大学生，迫切需要运用动态能力去应对未来在职业生涯中可能面临的竞争压力。大学生有获取、重组和构建知识的愿望，而动态能力的有无可能会影响个体愿望的实现。

首都经济贸易大学建立的大学生动态评价体系属于人力资源开发的范畴，主要对大学生的学习表现、宿舍表现、校园文体活动、社会实践公益行动、学术活动及科研成果、外语水平等进行追踪和评价，包含近100项指标，基本涵盖大学生在学校内的所有表现。通过建立动态评价体系可以发现大学生的优势与不足并加以提升和改善，可以科学、准确地衡量大学生的真实情况，真正实现人力资源开发，达到提升大学生探索式创新能力的目的。

学校建立的大学生动态评价体系使得大学生在校园成长过程中不仅要关注课堂知识的学习，同时要关注自身综合素质的培养。举办校园文体活动以及科研竞赛活动，可以充分发挥大学生的想象力和创造力，加强其竞争意识，促进其知识的重组与整合，培养其创新能力。

（三）人力资源开发和生涯发展辅导交互作用于大学生创新能力开发

首都经济贸易大学一直在进行思想政治教育工作的课题研究，以探索大学生创新能力开发的新途径，这部分属于高人力资源开发、低生涯发展辅导的范畴。其中，具有代表性的课题有"关于加强大学生团队意识建设途径的研究""大学生文化素质提高途径与大学精神的塑造——以首都经济贸易大学公共选修课调查与开展为例""大学生评价体系建立中如何把握正确的导向性和科学性"等。这些课题的研究已取得丰硕的研究成果，并已应用于实践中，以培养大学生的利用式创新和探索式创新能力使其能更好地就业和创业。此外，学校转变陈旧的教学理念，增设多种选修课，采取学科转换等灵活的学习制度，激发大学生的学习兴趣；教师采用参与互动、启发讨论式等教学手段和方法，充分发掘大学生的兴趣爱好并激发他们对兴趣爱好的持续热情，让大学生对学习充满兴趣，使他们在学习探索中充满创造性，不断创新。

除了思想政治教育，学校还开展了特色专题讲座、思想道德考核、首经贸筑梦成长风采展、北京市党建思想政治工作优秀成果展等活动，这部分属于人力资源开发和生涯发展辅导的交互范畴，目的是使大学生在参与活动的同时，促进自身提高知识获取、重组与构建的能力。学校开设的特色专题讲座有"人的形象与人的魅力""自我心理保健的常识和方法""大学生就业指导""如何准备你的创业生涯"等，帮助大学生获取创新创业的知识与经验，进而成功就业和创业。各个学院的特色品牌根据该学院的学科特点而设立，但它们都有一个共同点，就是专业与思想道德同时抓，使大学生先学会做人再学会做事，能够在自己的专业领域深扎根、强发展。

综上所述，学校作为人才培养的基地，在实现大学生创新能力开发方面发挥着重要作用。在二元创新理论的基础上，学校通过生涯发展辅导和人力资源开发两种途径，探索并践行大学生创新能力开发。处在新时代的大学生，拥有广泛的兴趣爱好、批判式思维，对一切事物充满好奇心，通过学校里的学习，大学生可以有效实现知识获取、重组与构建，提升自身创新能力。

二、叠加模式之人力资源开发

（一）创新力开发的内生动力：激励作用的发挥

大学生作为一种宝贵资源，具有潜在的创新能力，要想开发大学生资源，必须掌握他们创新的需要与愿望。耶鲁大学著名心理学教授斯坦伯格（Robert J. Sternberg）发现，兴趣和动机是人们从事创造性劳动的驱动力，而人的思想和行为依据激励手段发生改变，这一点也就构成完善创新环境的一个重要内容，心理学中将一切推动人们进行活动的内外部原因称为动机，动机是一切活动的原动力。而激励是人力资源的一项重要内容，是指激发人的行为的心理过程。大学生作为创新的主体，需要一个不断形成和激发创新需要与动机的过程，其创新行为受到动机的支配和调节，动机作用能使感知和认知系统指向一定的目标。从人力资源理论上讲，如何实现更有效的激励历来是人力资源开发的重要课题，激励理论对人力资源开发有着重大意义，激励也是人力资源开发最重要、最核心的途径。因此，基于人力资源开发的视角，大学生创新能力的培养需要适当的激励作用，激励可以使创新主体形成更强的创新动机，从而提高他们的创新能力。

1. 大学生创新素质培养的外部激励

基于人力资源开发的视角"以人为本"的"人本激励"是大学生创新素质培养所依据的外部激励的主导思想，即注重大学生在自身开发过程中发挥主动性、能动性和创造性。具体措施体现在以下几个方面。

（1）目标激励

目标激励的关键在于帮助大学生设定正确的目标，激励他们为达成目标而不断开拓创新。大学生正处在充满梦想的人生阶段，常常会因为目标不明确而感到迷茫，这时，他们的人生道路需要引导，要帮助他们确立短期的目标，甚至长期的目标。因此，高校教师应该对大学生进行人生观、价值观教育，使他们对自身有正确的认识，树立正确的目标和理想，为自身创新素质的培养打下基础；同时，指导他们进行个人的职业生涯规划等，引导他们确定自己的定位和期望值，并以此指导他们的行动方向，避免进行盲目的选择。这样不仅能引导大学生树立正确的人生观、价值观，还有助于使大学生的行为具有目标性、积极性与创造性。因此，目标激励过程中教师是关键因素。

（2）兴趣激励

兴趣是最好的老师，从心理学角度分析，学习兴趣是学习动机的一个重要组成部分，是激发大学生内在动机及影响大学生创新水平的关键因素。高校作为外部激励的主体，应以培养大学生学习、探索发现的兴趣为手段，提高大学生的创新素质。培养大学生的学习兴趣，必须坚持"以人为本"。每个人都是一个独立的个体，其个性、兴趣爱好以及人生观、价值观不会完全相同，因此，对每个大学生的培养应采取不同的方法、因材施教，兴趣激励不可能有一以贯之的既定模式。从高校角度而言，高等教育应转变陈旧的教学理念，增设多样的选修课，采取学科转换等灵活的学习制度，激发大学生的学习兴趣；从教师角度来讲，教师应该引进参与互动、启发式讨论等教学手段和方法，充分发掘大学生的兴趣爱好并激发他们对兴趣爱好的持续热情。只有让大学生对学习充满兴趣，才能使他们在学习探索中发挥创造性，不断创新。

（3）奖励激励

赫洛克效应由著名心理学家赫洛克（Hunlock）提出，旨在研究奖励与惩罚对学习结果的影响。结果表明，对工作的结果进行评价，能强化工作动机，对工作起促进作用，适当表扬的效果明显优于批评，而批评的效果比不予任何评价好。根据这一原理，适当采用奖励和惩罚手段，可以有效激励或约束大学生的行为，从而达到提高大学生创新素质的目的。

对于大学生的奖励，可以从物质上和精神上分别进行。物质上具有代表性的就是奖学金，在我国现阶段，奖学金对大学生的激励作用仍占据很重要的地位。这是因为奖学金在满足人的生存需要的同时，也满足了人的自我实现需要，它们分别处在马斯洛需要层次论中的最低层次和最高层次，所以尤其重要。同时，奖学金的激励一定要使创新素质最好的大学生成为最具满足感的人，这样才会使其他人明白获取奖学金的实际意义，从而提高他们的创新能力。大学生除了获取奖学金之外，还十分希望得到认同和肯定，这就是精神层面的奖励。赞美和表扬之所以对于人的行为能产生深刻的影响，是因为它满足了人渴望得到尊重的需要，这是一种较高层次的需要。因此，在高等教育中，奖励作为一种能够提高大学生创新素质的激励方法应得到充分重视。另外，奖励只是一种激励手段，不能转变为目标。如果奖励成为大学生创新发展的一种目的所在，那么奖励就失去了其基本意义，大学生的创新行为将明显受到利益动机的驱使，从而无法产生真正的创新。

（4）竞争激励

心理学研究表明，竞争可以提高一个人的创造力，竞争对动机有激发作用，能使动机处于活跃状态。只有在一个充满竞争的环境里，个人才有更高的目标和标准，才会要求自己达到新的高度。大学生普遍具有争强好胜的心理特征，因此，通过创造竞争环境可以很好地刺激他们的创造性，通过设立竞争机制能够激发大学生的求胜欲望，使他们产生强烈的创新动力。在竞争日趋激烈的现代社会，社会对大学生的综合素质尤其是创新素质有越来越高的要求，使得竞争成为他们不断提高自己的激励措施。

2. 大学生自身的定位与自我激励

要提高大学生的创新素质，仅仅进行外部激励显然不够，只有大学生自身形成创新意识，才能从根本上提高创新能力，因此，大学生自身创新意识的形成是关键、是核心。影响大学生创新意识形成的主观因素有思维定式障碍和人格障碍等方面。与西方国家相比，我国的大学生长期处在传统的应试教育环境下，个人思维受到局限，欠缺灵活性，经历及经验十分有限。所以，多数大学生习惯了被动接受知识。这种消极的学习方式严重影响了大学生创新能力的提高。同时，受应试教育影响，学生在跨入大学校门后即开始考虑考研、就业等现实问题，相对于创新创业，他们更倾向于获得保守、稳定的职业，这就使他们逃避探索未知领域，无法形成创新思维、产生创新行为。另外，随着竞争压力的增大，嫉妒、猜疑等不正常的心理现象在大学生中滋生、蔓延，对他们提升创新能力产生了不良影响。大学生性格和人格仍处在逐步成熟的阶段，有很多不健全的方面，需要从以下三个方面努力，促使自己具有积极自觉的创新意识，并且将这种意识转化为强大的动力，进一步提高自己的创新能力。

（1）增强思想政治觉悟和社会责任感

大学生还处于人生的迷茫期，其人生观、价值观等尚未成熟，因此，高校思想政治教育应该引导大学生认识到培养创新素质的使命感和紧迫性。只有思想认识水平提高了，具备了积极向上的精神面貌，才能在行动上更有创造力。思想认识水平的提高是形成创新能力的前提条件，强大的社会责任感是大学生创新的原动力。大学生要提高自身的社会责任感，应该从学习和生活中的点点滴滴开始积累。

（2）打破思维定式，培养大胆质疑的精神

只有打破传统，才能实现突破，才能进行创新。在现代社会的激烈竞争中，只有不断创新才能不断超越他人、突破自我。当代大学生并非没有能力，只是思想没有突破禁锢，没有突破自我。只要勇于打破思维禁锢，大胆想象，大胆质疑，踏实论证，就必然能够有所创新。要想打破思维定式，大学生在遇到问题时就应积极思考，大胆提问和质疑，主动探索。在应试教育的大环境下，高校教师在课堂上居主导地位，大学生在课堂上被动接受知识，长期的结果是形成了知识的单一传递，没有任何进步和创新。因此，教师应该鼓励大学生打破思维定式，在学习过程中积极思考，提出问题，甚至可以提出独到见解，再通过研究和实践形成更深刻的自我见解，这样才能推动大学生形成创新意识与能力。

（3）塑造健全的人格，促进创新意识的形成

一方面，大学生要有坚强的意志。创新活动是走前人没有走过的路，做前人没有做过的事，存在风险，甚至会遭遇失败。同时，大学生创新是艰苦的智力劳动，强大的意志力能够支撑大学生在创新的道路上坚持走下去，避免半途而废，良好的心理状态能更好地激发创新思想，产生更多的

创新成果。另一方面，大学生要破除创新畏惧感，相信自己。不是只有科学家才能创新，不是只有重大的科研成果才是创新，每个人身上都蕴藏着创新潜力，只是程度有所差异。大学生应该正确理解创新的内涵，正确认识个人能力、相信自己，这样才能破除畏惧感、增强自信，为提高创新能力打下坚实基础。

（二）创新力开发的外部土壤：创新环境的营造

高校是知识创新和人才培养的基地，努力推进自身的变革，为发展知识经济培养更多具有创新意识和创新素质的人才，是高校面临的重大任务。对大学生创新意识、创新素质培养起重要作用的不仅仅是书本和课堂，更重要的是学校的创新氛围。

1. 高校内部创新环境营造

大学生创新能力受到校内外诸多因素的影响，其中，高校内部环境对大学生创新能力的影响是较大的。目前，我国高校内部的创新环境得到明显改善，资源越发丰富，但仍有很多方面有待提高。其具体表现在三个方面：一是从大环境来看，我国高等教育资源仍然存在供给不足的问题，这和我国整体经济发展水平紧密相关。从根本上来看，我国高等教育改革没有跟上社会发展的脚步，一方面是受资源的限制，另一方面是因为师生固守传统的教育模式对创新思想的认识没有真正地植根于高校师生心中。综上所述，我国提高大学生创新素质还有很长一段路要走。二是教学内容一成不变，跟不上科学发展的步伐。受教育观念和教育体制的制约，高校教学在课程设置、评价体系、人才选拔等方面都没有形成以培养创新人才为中心的合理有效的机制。三是教育主体缺乏新颖的教育理念、创新意识和创新能力。从教育管理者到广大教师，都未从根本上摆脱陈旧的教育教学观念的束缚。教学管理决策者在课程设置方面考虑更多的是教育资源的配置和教育成本，在对学生知识结构的影响、创新能力的培养方面往往缺少科学的论证和深层次的思考。教师往往只考虑工作量的完成，以及如何把知识毫无保留地传授给学生，而很少想到有意识地开发和培养学生的创新思维和创新能力。这些陈旧的教育观念严重影响了高校创新型人才的培养。

由以上几方面可以看出，现有的教育环境对提升大学生的创新素质构成了诸多阻碍，因此，必须着力完善教育制度，加强高校内部创新环境建设。我们可以从三个方面改善我国高校的创新环境：一是摒弃传统教育理念，树立创新教育观念。二是加大教育投资，培养高素质的教师队伍。三是改革教学方法，构建大学生培养模式。高校在教学方法上应争取从"以教师讲授为中心"向"以指导学生自学为中心"转变，突出学生的主体作用，发挥教师的引导作用。在教学过程中，教师应启发学生多问"为什么"，重视学生创新思维的培养，激发他们的发散性思维，引导他们沿不同角度思考问题。此外，大学生培养模式应是多样化的人才培养模式，随着科学技术和市场经济的发展，社会对人才的需求也呈现了多样化特征。因此，高校的人才培养应采取灵活多样的模式，因材施教。构建大学生培养模式不应过分强调理论化，应重视实践操作性，即教师在与学生进行最直接的交流后，基于对学生的了解，根据学生的实际能力和潜力制订出最适合学生个体的培养方案，其关键是保持实施过程中的灵活性。

高校内部创新环境的营造需要高校从教育思想及方法的改变和硬件设施条件的改善等方面同时下功夫。这是一个长期过程，无法一蹴而就。高校应制定长期的创新发展战略，把创新体现在教育教学过程中的方方面面，逐步使高校内部形成一个良好的创新环境。

2. 社会创新环境营造

良好的社会创新环境可以激发创新主体的创新热情、发挥创新主体的创新潜能，是提升创新能力的非常关键的因素。创造良好的社会大环境对提高大学生创新素质具有重要作用，创业是大学生在社会中发挥自身能力的一种创新行为。在社会中形成良好的鼓励创业的政策、舆论以及物质环境，为大学生提供更多的机会以及更广阔的创新平台，这些都能促进大学生创新能力的提高。其具体体现在以下三个方面：一是社会实践环境的优化，为大学生的科技创新和理论创新提供了更好的平台。创新能力培养的途径是落实创新教育内容，通过实践将理论知识转化成实际的创新能力。目前，大学生参与专业实践的方式有限，通过假期社会实践了解社会，运用专业知识是很有效的一种方式。如果企业能够为大学生提供更多实践机会，改善大学生的实践环境，则将有助于即将踏入社会的大学生提升实践能力并不断提高创新素质。另外，如果社会对于大学生的科技创新实践给予更多的包容与配合，营造更加宽容的社会环境，那么将对大学生的创新实践起到非常积极的推动作用，必然有助于推动他们的创新行为。二是社会创新理念的转变改变了大学生的思维方式。"全民创业"等鼓励创新、创业的政策，激励了大学生的创新精神，激发了大学生的创业动机。在这样的社会创新理念下，实际上已经没有永恒的职业和岗位，不受时间和场所限制的弹性工作、第二职业已不再新鲜，重新发现自己的人生意义也是一种成功。因此，创业作为社会创新的一种实践，已经不再是简单、被动的选择，而是大学生人生发展的机遇。三是社会舆论环境的优化，培育了大学生创新发展的主体意识。只有在这样积极的创业观的引导下，大学生才能逐步形成创新的主体意识，以更积极的心态开发自己的创新潜力。

（三）创新力开发的实施手段：创新培养的路径精选

1. 路径一：信息辨别与筛选意识的培养

当今知识爆炸的时代，要求大学生具备信息识别与筛选的意识与能力，能够高效、准确地选择有价值的信息。这样的要求有助于为大学生创新素质的培养提供便利条件。因此，高校既要培养大学生的信息辨别意识，也要培养他们的信息筛选意识。

（1）信息辨别意识

在信息辨别方面，高校要培养大学生兼顾理论与实践的能力，既要培养大学生的信息意识，也要培养他们使用学习工具有效审核图书馆信息网络信息的动手能力。

①高校要加强大学生的信息素质教育。在信息时代，网络化、数字化不断普及，传统图书图片资料更新加快，大学生面对纷繁复杂的信息，很容易迷失自己，无法辨别真正有价值的信息。培养大学生的信息意识，需要进行信息意识教育、道德教育和能力教育。高校应将信息素质教育纳入日常的大学生素质教育中，明确信息素质教育的内容，积极构建信息素质教育模式。

②高校要加强图书馆建设。高校图书馆与其他地方图书馆及社会信息媒体等交流密切，具有文献信息资源丰富，类型多样，连续性、系统性、完整性强等优点，这是其他信息机构所无法比拟的。因此，高校图书馆应承担大学生信息意识培养的重任。高校图书馆应组建一支强有力的管理团

队，学校应赋予这支团队较大的权力，使其不受控于学校其他行政机构，专注管理图书馆各项事务。高校图书馆应加强对图书的审核，并加深与其他高校图书馆的联系，从而为大学生提供良好的信息空间。同时，高校图书馆还应适应信息时代的发展需要，加大投入，建设自动化、网络化的现代型图书馆。

③高校要提高大学生网络信息辨别能力。在信息时代，网络信息真假难辨，高校应加快文献检索课程的教学改革，同时，应充分发挥图书馆的教育职能，利用网上图书馆、电子文献的教育功能引导大学生"健康地"检索所需资料。

（2）信息筛选意识

大学生应具有信息筛选意识。高校要帮助大学生形成这样的意识，可以从以下两个方面着手进行。

①鼓励大学生积极参与课题调研活动。大学生应努力将自己所学的理论知识应用到实践中，通过参与课题研究，有意识地提高自身创造性思维，从不同角度捕捉有用的信息，提高自身的研究能力，加深对信息的体会、增强信息意识、提高信息驾驭能力，从而形成积极健康的信息价值观。

②注重大学生心理素质、媒介素质培养。当代大学生普遍有信息迷失症、信息强迫症、网络信息恐惧症等心理症状，因此，必须在学校统筹的教育指导下，注重加强心理素质、媒介素养培养，提高识别和抵制不良信息的能力。媒介素养是指人们对各种媒介信息的解读和批判能力以及使用媒介信息为个人生活和自身发展服务的能力。媒介素养教育就是使大学生掌握媒介的相关知识的教育，建立获得正确媒介信息和判断信息价值的知识结构，使大学生成为媒介的主动参与者，而不是局限于媒介信息的被动接受者。

2. 路径二：精英意识的培养

精英是知识群体中的出类拔萃者、佼佼者。目前社会的发展迫切需要各行各业的领军人才，按照完成创新教育高标准使命的要求，高校应当承担起精英教育的重任。所谓精英教育，主要体现为一种渗透性的教育思想，一种超越性的价值追求。可以认为，培养大学生的精英意识能够更好地激发大学生的创新意识，可以激励大学生源源不断地迸发创新能量，维持创新的持续性。精英意识的培养重在突出以下几个方面。

（1）增强自身心理素质，要有强大的内心世界

强大的心理素质可以使大学生敢于面对各种艰难险阻，并努力取得成功。大学生要增强心理素质，可以从五个方面努力。

①重视自我引导。人的心理会影响情绪和行为，对自己进行积极的认识和评价，必然会产生良好的情绪并获得可观的活动效果。大学生应充分认识到自己的优势，要相信自己能够做成许多事情，并要善于积极表现自己，采取主动，以积极的方式展示自己的综合能力。

②注重自我加强。自信心需要在不断的实践中得到积累。

③具备坚强的意志力。意志力是为实现一定目标而勇于克服各种困难的内在力量，是主观能动性的体现，是成才所必备的心理品质。

④有实干精神。任何发明创造和事业的成功，都不是凭空得来的，只有通过扎扎实实的努力才能实现。

⑤注重强化训练。大学生应通过各种渠道锻炼自己的综合能力，包括表达能力、人际沟通能力、团队协作能力、组织领导力等。

（2）高校之间应构建联合培养本科生机制

高校之间特色差异明显，尤其是理工类院校和人文类院校之间，如果能够打破学籍限制，取长补短，使大学生接受交叉性教育，那么将更有利于培养顶级人才。未来，我国的高校也可以进行区域间联合培养，如跨校选修课程、选送校际交换生等，以此来实现资源共享、优势互补，为培养精英创造良好的条件。

（3）大学要为精英教育进行合理定位和科学设计

当前，国内大学普遍以构建综合性、研究型大学为目标，精英意识正在被遗忘。然而，只有让大学生真切地感受到自己是这个社会的精英，肩负着为社会与国家做杰出贡献的重任，才能激发他们的深层次潜能。中国有着独特的国情，人口基数大，高等教育底子薄，并不能奢望所有的大学都办成这样的学校，但是我们必须确定学校的定位和办学特色。大学的价值追求就是要努力形成富有特色的大学理念、大学思想、大学文化以及人才培养定位与模式，使学校成为个性化的大学，成为异质性很高的大学。

3. 路径三：个性化培养

当今世界是一个注重个人魅力、需要创新的世界，所以极其需要个性鲜明、积极向上的个体。为了适应社会的需求，当前高校应重视大学生独特能力的培养，使其成为异质性人才。个性鲜明是创新的前提和基础，创新型人才培养呼唤个性化教育的提高。

（1）高校应该确立以个性化培养为核心的多元质量观

即在保证专业人才培养规格的前提下，用一种开放、灵活的教育体系保护和发展学生个性。高校应该对于学生的不同能力给予同样重视，在学生的个性化培养过程中要引入心理测试、智力测试等，自学生入学起即建立个性档案，通过观察、沟通、分析和研究，确定学生的不同能力，据此制定适合学生个性发展的目标和措施，随时跟踪反馈数据，因材施教，使每个学生都得到相应的发展。

（2）培养个性化人才要注重对教学方法的研究

个性化教育有两个前提：尊重学生的个性，创造有利于学生个性发展的条件和环境。因此，个性化教育的培养模式应多样化和弹性化，教学方法应该具有开放性和主动性。我国高等教育虽然十分重视教学方法的研究，但是"重教法、轻学法，重结果、轻过程，重理论、轻实践"的做法依然非常严重，与个性化教育和创新型人才培养相去甚远。因此，要转变和改善教学方法，首先应设计好启发与互动，包括如何以问题开头、讲授方式的设计等。总之要当个好"演员"，要引起"观众"的兴趣，就一定要设计好"剧本"其次，要提高教学艺术。教师的言行对于学生的学习兴趣有着直接影响，要注重自身魅力和教学艺术的提高。教师应该有得体的仪表、精彩的语言表述、挥洒自如的教态、简练的办事风格、敏捷的思维、娴熟的解题技巧，以此吸引学生专注于课堂教学，引发学生学习兴趣。只有教师获得学生认可与好评，教学内容才能真正激发学生的学习与研究兴趣。最后，要致力于开放式教学研究。不局限于传统的"一本书"，大力倡导课外阅读；打破"一言堂"，给学生适当的"自由"，允许发表个性化见解；切忌将知识点讲得"完美无缺"，适当给学生自学留有余地和空间；改变就题论题的千人一面，通过设置不同的课外习题刺激并开发学生的创新意识、充分发挥学生的个人智慧。

（3）个性化人才培养要注重实践，为学生搭建实践平台

我国的高等教育颇为重视实践环节，每个学期都会鼓励学生进行社会实践。然而，虽然高校对这些社会实践设定了相应的要求和奖励，但是却没有适时地引导学生更好地进行实践。同时，与发达国家相比较，我国学生在解决问题时缺乏个性和创新办法，故创新精神和能力有明显欠缺。这些现象的产生主要应归咎于"被动实践"的传统教育模式。

4. 路径四：专项性培养

在经济全球化浪潮的冲击下，世界各国普遍面临国际化、信息化的趋势。我国正处于这一趋势的关键发展阶段，迫切需要社会各行各业贡献精英人才。高等教育作为培养社会需要的优秀人才，输出人力资本的第一平台，负有不容推卸的责任。高等教育必须适应市场和社会的需要，站在民族复兴的战略高度，设置合理的教学体系，全方位提高大学生的素质，对大学生进行专项性培养，真正完成教育兴邦的使命。

（1）构建专项性教学体系的基本理念

把"素质教育"的指导思想作为确定课程内容的基本出发点，根据大学生的兴趣、教师优势、教学设备等具体情况确定课程内容。教学中注重鼓励大学生参与各种学习活动，使大学生逐步形成终身学习的意识，掌握独立自主学习的知识方法，通过教学活动提高大学生的学习能力、思考能力、团队合作能力等多种能力；采用多元化的评价手段，关注大学生多维度的发展和进步，关注大学生的个体差异，把大学生进步幅度纳入评价内容；努力提高教师的教学素养，不断完善教师的知识结构、能力结构，以适应现代教育需要。

（2）大学生专项性培养的具体措施

①创新教学思想。培养专项性人才的教育观念要求高等教育把培养大学生的创新能力和实践能力，以及提高大学生的人文素养和科学素养放在首位。总的来说，高校要从之前的片面强调培养人才为社会服务向强调促进社会与人的发展相统一转变，由应试教育向创新型教育转变，由强调传授知识向强调学习能力、创新能力的培养转变。

②更新教学内容，建立多层次教学体系。面对知识经济社会带来的挑战，仅依靠单一的专业知识的获取是很难实现创新能力培养的。随着科学

技术综合趋势的日益增强，学科与学科之间的交叉，特别是自然科学与社会科学之间的交叉日益明显，我国高校更加倾向于培养全方位发展的大学生。为了适应教学目标的改变，高校应选择以素质教育、能力培养为核心的教材，更新教学内容，使教学内容更具有科学性、全面性、实效性；打破院（系）限制，鼓励大学生根据自己的兴趣自由选择选修课，增加选修课门类，真正做到面向全部大学生，因人而异，因材施教，形成多层次教学体系。

③创新教学模式和方法。教师在进行教学活动时如何平衡好知识的传授与创新实践能力培养的关系，是当前发展创新教育需要解决的问题。创新精神与实践能力的培养是高等教育的重要任务，教师在进行课堂教学中既要关注教学内容，又要注重对学生创新能力的培养。高校应鼓励教师学习国外的先进教育思想，将其运用于教学实践，积极采取启发式教学法、问题发现法等新颖的教学方法。教学要以大学生为中心，教学活动要围绕大学生进行，引导大学生主动学习。采取相对评价指标和弹性评价指标相结合的方法，把学生的个体差异纳入考评体系，科学、合理地评定大学生的学习效果。

④根据课程需要开展多种课外实践活动。高等院校要在做好日常教学的同时，充分利用各种条件和资源，根据大学生的实际需要，规范有序地开展各种实验、实践活动。人文类院校和理工类院校在教学内容和大学生知识架构上存在差异，因此，在开展课外实践活动时要区别对待，合理配置资源。

对于人文类院校，创新训练活动的形式主要包括：邀请校外知名专家、校内知名学者举办学术报告会议，举办大学生学术节，组织学术交流活动，为大学生创新研究提供交流经验、展示成果、共享资源的机会，以培养他们的创新思维能力。另外，应充分利用学校的多媒体和网络教学资源，把最新的国家政策、最受关注的热点、最前沿的理论和研究成果渗透到本学科教学之中，引导大学生发现新问题、探求新思路。尤其是财经类专业的大学生，要时刻关注瞬息万变的财经热点问题，不断尝试运用经济理论解释热点、难点问题，要有主动学习和进行研究性学习的意识。

理工类院校更加强调实践和实验，其创新训练活动的形式主要有以下几种：一是建设大学生创新实践示范基地，使具有实践能力和创新能力的大学生脱颖而出，既包含建设校级示范基地，从而在基本硬件设施方面满足大学生实验要求，也包括依托院（系）实验室建设创新实践分基地，在不同专业大学生中扩展创新教育成果，这些分基地有固定的活动场所和设备，依托所在学院和实验室的优势开展具有不同学科特色的创新教育实践活动。同时，依托院（系）建立研究小组，大力推广科学研究。学校应该充分调动教师积极性，依托师资优势成立各类研究小组，让更多大学生有机会参与教师的科研活动。二是积极构建创新教育模式。学校应该逐步探索与创新教育硬件平台建设相配套的"产学研结合、课内外结合、校内外结合"的创新教育模式，积极促进学校和企业的合作。这种模式的形成，有助于搭建具有本校特色的创新教育软件平台，为各类创新人才成长提供不可或缺的软环境。三是设立大学生科技创新基金以及科技竞赛专项经费。为了鼓励更多的教师参与创新教育实践，吸引更多的大学生参加科研活动，学校应该定期举办各类竞赛活动，如电子设计竞赛、数学建模竞赛、机械设计竞赛等活动，积极组织推荐大学生参加国际、国内等各类大学生科技竞赛。

三、叠加模式之生涯发展辅导

（一）生涯发展辅导的相关概念及其属性概述

与职业生涯比较，生涯具有更广的内涵和范围，也更具有人性的意义。生涯的定义有狭义和广义之分。狭义的生涯是指与个人所从事的工作或职业有关的过程，与一般所谓的"事业"意义相同；广义的生涯是指个人整体生活形态的发展与过程。随着社会的发展和文明的进步，现代学术界开始更多地关注广义的生涯。对于生涯与生涯发展，由于专家、学者所处的年代不同、研究的角度不同、看法不同，因此所下的定义也不相同。下面列举一些学者对生涯与生涯发展的定义。

沙特尔（Shartle，1952）认为，生涯是指一个人在工作生活中所经历的职业或职位的总称。麦克弗兰德（McFarland，1969）认为，生涯是指一个人依据心中的长期目标所形成的一系列工作选择以及相关的教育或训练活动，是有计划的职业发展历程。霍德和班那兹（Hood & Banathy，1972）认为，生涯包括个人对工作或职业的选择与发展，对非职业性或休闲活动的选择与追求，以及在社交活动中参与的满足感。霍尔（Hall，1976）认为，生涯是指人终其一生，伴随工作或职业的有关经验与活动。舒伯（Super，1976）认为，生涯是生活中各种事件的演进方向和历程，它统合了人一生中的各种职业和生活角色，由此表现出个人独特的自身发展形态；它也是人自青春期至退休后，一连串有酬或无酬职位的综合，除了职位之外，还包括与工作有关的各种角色，如学生、退休者，甚至包含副业、家庭和公民的角色。麦克丹尼尔斯（MeDaniels，1978）认为，生涯是指一个人终其一生所从事工作与休闲活动的整体生活形态。金兹伯格（Gysbers，1981）认为，生涯是指整个人一生中所有角色、环境与事件对自我发展的影响。韦伯斯特（Webster，1986）认为，生涯是指个人一生职业、社会与人际关系的总称，即个人终身发展的历程。李大伟（1986）认为，生涯包含个人由年轻到年老的种种作为、活动及经验，不仅包含工作或就业，也包括整个生活。因此，生涯是指个人的一生不断成长、发展的过程。金树人（1988）认为，人一生中因所扮演的一系列不同的角色和职位，及其所影响的工作及休闲生活，而形成个人独特的生活方式，就称为生涯。

生涯发展是一个终身的历程，是指个体在终身发展的历程中，通过心智成熟变化、社会角色义务的转换及其与环境之间的交互作用，在不同的发展阶段衍生出不同的生涯抉择，进而形成自己独特的包含各种生活角色、工作职务与休闲活动的综合性生活方式。

生涯发展辅导（Career Guidance）的前身为职业指导与职业咨询，产生于 20 世纪 60 年代的西方，20 世纪 70 年代在美国兴起，之后波及世界各地，产生了广泛的影响。起初，职业指导是由被誉为"职业辅导之父"的美国学者帕森斯（Parsors）于 1908 年在波士顿为就业困难的社会青年提供的帮助。当时所指的职业指导，是指导者根据心理学中人与事匹配的理论，对职业选择或决定有困难者进行的帮助活动。持这种观点的早期代表人物是帕森斯和威廉姆斯（Wiliamson），近现代代表人物主要有霍兰德（Holland）。他们都强调个别差异，注重人格特质与职业选择的匹配关系。帕森斯在其 1909 年出版的《职业选择》一书中提出，明智的职业选择要考虑三个因素：一是自我认知，即清楚地了解自己，了解自己的态度、能力、兴趣、志向、限制及其原因；二是认知职业世界，即了解各种职业所需要的知识以及各种职业中成功必备的条件；三是对以上两种认知进行明智思考，实现人职匹配。

1978 年，麦克丹尼尔斯将生涯发展辅导明确定义为：依据一套系统的辅导计划，通过辅导人员的协助，引导个人探究、评判并整合运用有关的知识、经验而开展的活动。这些知识、经验包括：对自我的了解；对职业世界及其他相关影响因素的了解；对休闲活动给个人生活的影响与重要性的了解；对生涯规划和生涯决定中必须考虑的各种因素的了解；对在工作与休闲中达到成功或自我实现所必须具备的各种条件的了解。我国学者樊富在充分考虑我国国情的情况下提出，生涯发展辅导的内容应包括：对自我状况的了解及个人价值观的澄清；对生涯规划及生涯决策能力的培养；发现并发掘个人的潜能；给予个人充分的机会；以独特的方式去发展及表现个人的才能。

经过几十年的发展，生涯发展辅导理论已经从传统教导式的职业指导转变为更加人性化的、强调发挥被指导者作用的职业辅导，其研究重心已经转移到员工职业生涯规划与组织职业生涯规划二者的平衡上。尤其是在以罗杰斯为代表的人本主义心理学思潮和职业指导心理学发展学派的推动下，逐步形成了"躯体、心智、情感、心力融为一体"的"全人教育"理论体系。生涯发展辅导也就从单纯的职业指导开始转向生涯教育，形成以"自我概念"发展潜能培养为核心内容的"全人"辅导模式，目标指向人的发展的终极关怀。

（二）生涯发展辅导理论用于大学素质教育的理论与实践

20 世纪七八十年代，职业生涯规划理论更倾向于从组织视角考察个体职业发展。米尔克维奇（Milkovich）、布鲁克（Burack）和伊凡瑟维奇（Ivancevich）都从组织角度研究个体职业发展，提出了共荣共生理论和职业生涯发展的战略观，认为组织与员工共同成为职业生涯规划主体，实现了职业生涯规划研究的转向。这个阶段也是生涯规划教育在美国广泛推广和全面实施的主要时期，至此，生涯规划成为现代学校教育与心理辅导的重要组成部分。在职业生涯规划的众多理论当中，生涯认知理论被公认为职业生涯主流的理论体系，职业选择与职业发展只是生涯中的一个系统。此外，心理层面的问题仅是一部分，不能忽视社会、经济等方面的影响。

职业的选择应当是一个相对开放的系统，随着时代的变化，职业选择也将发生相应的变化。

20 世纪末期，西方的职业生涯规划理论强调实现个人与组织的双赢，美国加利福尼亚州大学教授亚瑟·谢尔曼（Arthur Sherman）等人对不同时代职业生涯规划研究进行的重点考察表明，90 年代的研究重心已经转移到员工职业生涯规划与组织职业生涯规划二者的平衡上。

20 世纪 70 年代，在人本主义心理学思潮和职业指导心理学发展学派的推动下，美国学校从单纯的职业指导开始转向生涯教育，并逐渐形成以"全人"辅导为主要模式的生涯教育体系，生涯教育特别重视人格的培养，目标指向人的发展的终极关怀。

霍兰德（1974）列举出生涯教育系统之六大功能：一是建立概念架构，主要指确立理论基础，界定基本概念和方案的基本假定；二是处理相关资讯，即搜集、评估和储存可取得的相关资源和其他信息；三是评估需求，也就是评估学生、教师、父母、受雇者、雇主等方案之不同服务对象的需求，以安排方案的优先顺序；四是形成管理计划，主要是界定学生或受雇者之行为目标或方案目标，掌握执行计划时的资源和限制；五是执行方案，也就是将方案付诸行动，为员工提供在职进修机会，取得所需的资源和材料，提供和方案目标有关的经验；六是评鉴方案系统，即评鉴方案执行过程及参与者在知识、技巧、态度上的改变，确定方案的目标是否达成。研究与实施职业生涯规划在我国尚处于起步阶段，许多高校对大学生职业生涯规划指导的重要性认识不足，职业生涯规划的方法、途径比较单一。

20 世纪初，由教育家黄炎培倡导，联合吴廷芳、梁启超等人，创立了以沟通教育与职业教育为主的"中华职业教育社"，针对当时国内学校教育和生活脱节、职业结构改变、人力供需失衡以及国民职业教育观念缺失的事实，大力推动生涯教育，提出了以"无业者有业，有业者乐业"为终极目标的职业教育思想体系。这是中国教育者第一次将国外的职业指导模式应用于国内的实践中。其后，邹韬奋发表了《中国职业指导现况》等文章，并出版了《职业心理学》等著作，进一步推动职业生涯规划教育在当时中国的发展。

中华人民共和国成立后，长期实施计划经济体制，高校毕业生就业全部采用分配制度，使职业生涯规划失去了意义，我国职业生涯规划的研究和实践几乎陷入停滞的状态。

20 世纪 90 年代后期，随着现代劳动力市场的建立与规范以及政府指导与市场竞争的发展思路的确立，具有中国特色的职业生涯教育理论和实践模式的基本框架初步形成，职业指导迅速开展，职业生涯规划理论再次引起国内学者的重视。中南财经政法大学的赵曼和陈全明，人事部人事科学研究所副研究员罗双平，时任上海市教育科学研究院普通教育研究所教育心理研究室主任的沈之菲，上海交通大学心理教育研究所常务副所长职业指导师雷五明教授等，对职业生涯规划的概念、内涵、历史沿革以及相关理论进行了比较系统、翔实的阐述，开始将国外优秀的职业生涯规划理论引入我国大学生职业生涯规划研究中并加以发展，形成了我国大学生职业生涯指导的理论雏形。

樊富（1991）在充分考虑国情的情况下提出，生涯发展辅导的内容应包括对自我状况的了解及个人价值观的澄清，生涯规划及生涯决策能力的培养，发现并发掘个人的潜能，给予个人充分的机会，以独特的方式去发展及表现个人的才能。大学生生涯发展辅导存在的特点有发展性、针对性、社会性、辅助性、长期性。高桂娟（2007）针对我国大学生职业生涯规划发展的情况，提出其在我国发展中存在的误区，并且指出我国大学生职业生涯规划要从就业指导向职业生涯教育进行转变。杨动（2012）从社会需求、学生层次、育人环境三个方面来分析大学生职业生涯规划，同时利用层次理论来分析大学生的上学动机，试图进一步推动大学生职业生涯规划与求学目的相结合。张海娟等（2017）主要研究了当前我国大学生职业生涯规划教育中存在的问题以及大学生职业生涯规划存在问题的内外因素，在此基础上提出当前我国大学生职业生涯教育要以大学生发展为主，提高针对性和有效性，打造全方位的育人格局，建立联动育人长效机制。张雯（2020）指出高校要重视大学生生涯辅导的优化设计和模式构建，立足提升四个维度的适应力来开展组织活动，提升生涯辅导的精准化水平，引导学生树立科学的职业价值观。在生涯辅导工作中应结合学科特点，增加生涯发展心理辅导课程和咨询，切实发挥生涯规划课程的作用，提高职业辅导的专业化水平。魏鹏、黄淑婧（2023）发文指出加强职业生涯规划教育对于帮助应用型本科学生实现高质量就业大有帮助。当前，我国应用型本科职业生涯规划教育，还存在构建理念较为落后、缺乏整体协调联动和教学内容方式不能满足学生需要等问题。为此，应用型本科高校可以从分段分类对学生进行职业生涯规划教育、进行职业生涯规划教育内容方式改革创新和完善职业生涯规划教育保障体系三方面入手，以此提高应用型本科职业生涯规划教育的实效性，从而帮助学生实现高质量就业。贾娅楠（2023）认为以心理资本理论为导向开展大学生职业生涯规划教育，能够充分了解现阶段该教育过程中存在的问题。高校应通过转变教育观念、改进教育过程、完善教育内容，最大化发挥心理资本理论在职业生涯规划教育中的特殊优势，从而提高入学生择业与就业竞争优势。郑丽莉、邢朝云（2023）通过构建和实践"三阶三融三课堂"职业生涯规划教育模式，搭建了贯通高中低年级三阶段、融合职业生涯规划教育与专业教育和思政教育、整合理论与实践课堂、线上与线下课堂、第一与第二三课堂的全程一体化教育体系，形成了职业生涯规划信息化服务平台，为学生就业和职业发展提供连续性、系统化、规范化指导。通过该教育模式的实施，学生的职业认知、职业规划、职业发展和就业能力显著提升。

总结归纳上述理论与应用可知，大学生生涯发展是大学生在大学阶段所面临的生涯发展过程，是小学、初中、高中的延续，也是步入工作岗位的前奏。"成家"和"立业"是青年面临的两大任务，但如前所述，从内涵上讲，工作、家庭、休闲等多个层面的生涯是以职业生涯为主轴的，而在大学生的生涯发展中职业角色发展统摄着其他层面。在这一过程中，他们需要进行专业选择，了解自我，了解社会，提高职业生涯规划与抉择的技巧和能力，以有准备的方式进入社会并承担社会、家庭责任。在此理论方面，许多学者进行了具体的解读。郑日昌（1999）将大学生择业动机的影响因素归为十类：职业的社会意义、职业的社会地位（声望）、职业的经济报酬、职业的个人条件适应性、职业对发挥个人才能的适宜性、职业的技术构成、职业的劳动强度、职业对组织家庭的作用、职业岗位的人际关系和职业岗位的地理因素。沈之菲（2000）指出，大学生生涯发展指导的具体内容包括：协助学生选系与转系，协助学生自我了解并了解工作世界，协助学生提高生涯决策的能力，协助学生步入工作世界。

随着理论的日臻成熟和实践应用的不断深入，在高等教育实践领域，大学生生涯发展辅导逐渐突破原来主要集中在职业选择方面的局限，进入全面实施素质教育的新阶段。大学生生涯发展辅导重新定义了内容：以大学生心理发展规律为依据，以生涯发展为着眼点，根据系统的辅导计划帮助大学生了解自我，明确生涯发展方向，正确理解、整合和运用各种知识与经验去解决生涯发展中遇到的各种问题，促进自身生涯发展的一种活动。

大学生生涯发展辅导的作用变得更加全面，成为帮助大学生依据个人的生理、心理特点认识自己，选择适宜性职业的一项专业性工作，其内涵丰富，强调以大学生为主、以人为本的思想，作为一项教育实践活动贯穿于整个大学教育过程。大学生生涯辅导的实质和核心是引导大学生通过自我认识，促进自我成长，最终达到自我实现的目标。真正实现了舒伯（Donald E. Super，1981）的生涯辅导三种时间因素贯穿：一是对过去痕迹的"省视"；二是对目前发展状况的"审视"；三是对未来发展的"展望"。过去是现在的成因，现在又是未来的基础。生涯辅导应该以被辅导者的实际情况为基础，在辅导的过程中充分调动被辅导者的积极性，使其主动参与到辅导的过程中，以增强辅导的效果。大学生生涯辅导实施领域也拓展为校内辅导和校外辅导，辅导主体呈现多元化。狭义上，校内辅导主体有学校专职教师、学生辅导员、行政人员、专业的生涯辅导人员、学生团体负责人等，而家长、经济学家、文化名人、教育专家和生涯辅导专家成为校外辅导的主体。校内和校外多方配合，共同为大学生的生涯辅导服务。广义上，大学生生涯辅导的主体是整个社会，大学生生涯辅导的客体是所有在校学生，而不仅仅是毕业班的学生，大学生本人则是辅导主体和客体的统一者。

（三）大学生生涯发展辅导、顶层设计和技术实施

从目前我国高等教育实践看，将生涯发展辅导理论很好地应用于素质教育，还需要在下述几个方面加强顶层设计和技术实施。

1. 更加重视增强大学生有效的自我评估与定位能力

大学生在进行职业决策时，要根据自己的个性特征来选择相应的职业种类，即做到人职匹配。如果匹配得好，则自己的个性特征与职业环境相一致，工作效率会提高，职业成功的可能性会大大增加；反之，则工作效率会降低，职业成功的可能性会大大减少。大学生的自我评估与定位可以采用橱窗分析法、SWOT 分析法、自我测试法和计算机测试法等，大学生可以通过这些方法全面了解自己、认识自己，并以此为基础规划和设计自己的职业生涯，根据自身的兴趣、能力、价值观、行为风格、个性特点等有关职业发展的要素进行分析、判断与评价。

2. 建设专业化的职业生涯规划教育教师队伍

为了改变我国高校普遍缺乏专业专职的职业生涯指导教师，相关指导老师对职业指导的理论和实践缺乏系统的了解，职业生涯规划教学形式单一，难以真正系统、专业地对大学生的职业生涯进行指导的现状，必须加强专职教师队建设。其主要手段有：建立多层次化的教师队伍；建立由专职人员、兼职人员、外聘专家等构成的师资队伍；定期对现有教师队伍进行专业化、专家化、职业化的培训。可以根据不同大学生及其发展的不同阶段，有针对性地安排相应层次的教师和专业人士对大学生进行个性化的职业生涯规划指导。

3. 建构起大学四阶段生涯发展全程教育体系

学校应针对学生大学期间四个发展阶段的特点，采取丰富的形式，探索建构全程生涯教育体系，帮助学生从入学开始就树立就业意识。全程教育体系的主题应围绕以下四个阶段：一是入学适应阶段：增强规划意识，促进学业人际管理；二是能力提升阶段：增强责任意识，促进综合能力提升；三是发展定向阶段：增强探索意识，促进职场探索行动；四是求职攻坚阶段：提升求职信心，促进求职能力提升。其中，针对全体学生应实施全员覆盖式教育，在生涯发展关键期进行重点指导，针对确实存在困难的学生实施深入帮扶，保证资源合理配置，使得体系能够以学生为中心，更加关注学生的自主性激发、深层领悟与行为转变，让每个学生均能找到适合自己的受教育方式。

4. 开发系统的职业生涯规划课程

高校应根据大学生不同阶段的需求，从课程计划、课程设置、课程内容、课程资源等方面进行规划。职业生涯规划课程是大学生职业生涯规划教育的基础，建设高品质的职业生涯规划教育课程，是有效开展大学生职业生涯规划教育的必由之路。职业生涯规划教育课程应该既涉及知识的传授、技能的培养，也涉及受教育者态度、理念的转变，是理论、实践、经验相融合的一门综合课程。要把大学生职业生涯规划教育列入正规高校各专业的教学计划之中，使其成为必修课。在课堂教学以外，还应增加辅助性的专家讲座与专题会议，快速提升大学生的就业能力和就业技巧。

5. 与用人单位建立稳定、长期的合作关系

与用人单位建立长期合作关系，向用人单位多方位推荐本校毕业生。各高校都有一些关系较稳定、长期合作的用人单位，在此基础上，学校应主动扩大与社会各部门的联系，通过多种渠道、多种形式向用人单位宣传学校，推荐毕业生，为企业提供招聘咨询，向企业传递人才信息，宣传学校，让企业了解学校和学生，使供需双方的信息对称，使用人单位重视本校所培养的人才，为毕业生创造更多的就业机会。让学生到一些重点单位实践、实习，增强学生和用人单位之间的相互了解，激发学生的学习动力，为将来的求职积累有价值的经验。通过职业指导，促进人力资源的合理流动与优化配置，形成一个能够有效开发大学生人力资源、提高人力资源利用效率的市场运行和企业运营机制，形成有利于大学生创新意识、创造能力发挥的利益机制。

四、叠加培养模式的理论小结

大学生人力资源开发理论以及基于对大学生实施全面素质教育的生涯发展辅导理论，分别被实践证明是对大学生实施全面素质教育的成熟理论，但是，大学生生涯发展辅导与人力资源管理在大学微观情境下有效衔接的理论与实践在现实高等教育中并不多见，甚至是空白。事实上，这两种理论相互叠加、有效衔接，共同作用于大学生创新力的开发是有清晰和成熟的逻辑脉络的：选取大学生人力资源学习力属性作为大学生人力资源

与生涯发展辅导的有效结合点,是高等教育中人才的重要素质之一。创新素质作为大学生人力资源学习力属性而进行有效开发,从而将依托发展辅导实现的大学生人力资源开发回归为大学生学习能力的开发,即提升大学生在权变情境下动态地实现知识重新架构的能力,为高等教育受教育者向综合素质优秀且兼具高胜任力的人力资源转化的机制研究提供扩展的理论基础。从这一点来看,这种叠加式培养模式理论创新应属于理论边际创新。"人力资源开发+生涯发展辅导"这种叠加模式培养方式就是基于人力资源开发视角,结合目前的教育现实,意在加强大学生职业生涯规划教育和促进大学生自我认知的一种新模式。

高等教育作为一种特殊的人力资源开发过程,具有一定的特殊性,其原因主要在于:一是大学生是一种特殊的、间接的、尚待开发的、处于潜在形态的人力资源,其能力更多地体现为学习和思考的能力以及工作潜力,并不具有很强的直接创造物质财富和文化财富的能力。二是高校与企业的人力资源部门的功能并不完全相同,高校对大学生专业素养和职业能力的开发往往要由数年后的外部市场来检测,而企业人力资源开发的结果可以迅速进行检测评估。

在人力资源开发视野下,大学生就业工作的定位就是以市场为导向,使大学生个体价值、学校培养价值和市场价值三者接轨。高校、大学生都要把发展目标和市场需求相结合。人力资源开发的关键就是要面向市场需求办学,以满足市场经济发展的需要作为基本方向。市场经济的发展要求高校走产、学、研相结合的道路,培养出受市场青睐的人才,因此要改革传统的教学体制,改变旧有的教育模式,确立新的适应就业市场的教学内容,建设有利于人力资源开发的课程体系和教学方法等。另外,要不断加强高校的外部开发力度,从人力资源管理的视角规划大学生的职业生涯不仅要按照市场需要整合高校内部资源以提升竞争力,还要通过创设或控制一定的就业指导因素,积极引进市场中的先进科技及先进思维,对毕业生进行实际有效的就业指导及职业培训。可见,科学地将人力资源开发理论与生涯发展辅导理论有效结合,不仅有利于大学生的职业生涯规划,而且对高校其他教育工作也大有裨益。

第十章　认识新兴创新方向

第一节　认识创客与创客文化

创客这个概念最近这几年比较火，为媒体中刷屏最多的关键词之一。张瑞敏在《致创客的一封信》中写道："时代列车转入一个新的轨道，'零距离''去中心化''分步式'的互联网思维把我们带进一个充满生机与挑战的人人时代，一个人人创客的时代。"

一个被时代催生起来的特殊群体——创客，已悄然崛起。

一、何谓创客

创客并不是今天才有的。"创客"一词来源于科利·多克托罗（Cory Doctorow）的一部科幻小说的名字。他在书中写道："通用电气、通用磨坊以及通用汽车等大公司的时代已经终结。桌面上的钱就像小小的磷虾，无数的创业机会等待着有创意的聪明人去发现、去探索。"

科利·多克托罗的描述，给了美国《连线》杂志前主编克里斯·安德森（Chris Anderson）以灵感，让他写出了名为《创客：新工业革命》的畅销书。他在书中这样描述创客：他们使用数字工具，在屏幕上设计，越来越多地用桌面制造机器、制作产品。他们是互联网一代，所以本能地通过网络分享成果，通过将互联网文化与合作引入制造过程，他们联手创造着

DIY（自己动手制作）的未来，其规模之大前所未见。

什么是创客？如同创客群体的松散随性，创客的定义也不严格。仅从字面上翻译，创客就是 maker，意即做东西的人，泛指出于兴趣与爱好，努力把各种创意转变为现实的人。

创客以用户创新为核心理念，是创新 2.0 模式在设计制造领域的典型表现。创客们作为热衷于创意、设计、制造的个人设计制造群体，最有意愿、活力、热情和能力在创新 2.0 时代为自己，同时也为全体人类去创建一种更美好的生活。

创客运动最重要的标志是掌握了自己的生产工具，他们是一群新人类。坚守创新，持续实践，乐于分享并且追求美好生活的人。简单地说，创客就是玩创新的一群人。

在中文里，"创"的含义是开始做、创造、首创、开创、创立。它体现了一种积极向上的生活态度，同时有一种通过行动和实践去发现问题和需求，并努力找到解决方案的含义在里面；"客"则有客观、客人、做客的意思。客观，体现的是一种理性思维。客人、做客则体现了人与人之间的一种良性互动关系，有一种开放与包容的精神，而开放与包容体现在行动上就是乐于分享。

如何让自己成为"创客"？"思而悟，悟而行，行必高远。"创新不仅仅是一种实践，同时在实践中也要不断地进行思悟：作为一个用户，会需要什么样的产品？需要什么样的感受和体验？要解决日常生活中的哪些痛点？如何做才能超越用户的心理预期，让用户尖叫？把手头上的每一件工作都切换到用户，从用户的角度思考如何工作，这就是创客思维。也只有成为这样的创客，才能实现最终超越于别人期望的工作结果，从而赢得先机，赢得未来。

把个体化的创新能量引入企业，是一种不可阻挡的趋势。对企业而言，营造让人人成为创客的氛围，搭建让人人成为创客的平台，是必须思考并且要有所作为的；对自己而言，努力让自己成为一个创客，而不是传统意义上的工作人，也是必须思考并且要有所作为的。

创客多则企业强。因此，《长尾理论》的作者、创客概念提出者克里斯·安德森预测：未来十年，"创客运动"将扮演助推器的角色，让个体和数字世界真正颠覆现实世界，掀起新一轮工业革命。而创客，正是新一轮工业革命的先声。

二、创客空间

创客之间需要有固定的场所经常互动交流，这些地方就被称为"创客空间"。创客空间是一个人们能分享兴趣——多数是电脑、技术、科学、数字或者电子艺术（也包括其他更多方面）——合作、动手、创造的地方。创客空间可以被看作开源社区创客能聚集在一起分享知识，创造新事物的实验室、厂房、工作坊、工作室等。很多创客空间参与自由软件、开源硬件、新媒体的活动。他们经常在大学、社区活动室、成人教育中心，但是有些需要更多空间的可以直接在厂房里。

不同创客空间的活动差别很大。创客空间是人们以工作坊、演讲、讲座等形式分享知识的地方。空间常常举办聚会等社会活动，他们为成员提供地点及设备供成员们进行个人项目，或者集体项目的创作。创客空间也可以运作物理或虚拟设备租借。创客空间的房间很重要，它提供创客们完成他们任务的基础设施。作为空间的补充，大多数创客空间提供电脑，设备好一些的创客空间提供机械工具、音箱设备、投影仪、游戏中心、电子设备（例如示波器和信号发生器）、电路元件和其他电子制造所需要的设备。一些创客空间提供食物储备，并举办厨艺讲座。

创客空间的组织形式由其成员决定，很多创客空间的组织者是有声望的人。被选中的工作人员需要帮助计划、决定，比如，采购新设备、招募新人、制订计划和负责其他事务。会员费经常是创客空间最主要的收入来源，但是创客空间也接受外部捐助，在大学中的创客空间通常不直接收费，但是成员仅限学生，有些通过志愿服务换取会员资格。这里有一个不成文的传统，这些创客空间组织都非常开放、好客，他们非常欢迎来自其他类似组织的成员一起交换想法、技术或者知识。

2010 年 10 月，国内第一个创客空间在位于上海徐汇区长乐路的"新车间"诞生。目前，国内较为正式的、形成一定规模的创客空间有几十家，其中较为出名的是重庆电子人众创工厂、新车间、北京创客空间、柴火创客空间等，这几家创客空间也凭借其优势形成了自己的特色。

新车间是以社区方式运行的非营利创客空间，2010 年成立于上海。新车间的使命是支持、创建并推广物理计算、开源硬件和物联网。为了达成这个目标，新车间积极举办讲座、研讨、项目、初创推广、工坊、竞赛，同时新车间也会参与国际竞赛。新车间的长期目标是在中国各地传播创客空间的理念以及推广创客的文化。

作为新一代的大学生，如何给自身的才智找到一个发展的平台，实现自身的价值，相信创客空间是一个很好的地方。因为在这里，你可以跟志同道合的人一起努力，将脑洞大开的创意变成现实。

三、创客文化

（一）黑客伦理

首先谈黑客伦理，黑客伦理是伴随"黑客"（Hacker）一词诞生来的。最早的 Hacker 一词表示 50 多年前，在麻省理工（MIT）的一些学生，业余喜欢鼓捣一些计算机编程，且技术很强的人，也就是现在说的"老鸟"或者"大牛"。可以简单概括为一句话——要想称得起"hacker"，他必须有创新、有风格、有技术含量。后来成立了一个著名的"铁路模型技术俱乐部"（Tech Model Railroad Club，缩写为 TMRC），世界上最早的"黑客"群体就此诞生，从这里走出了世界上最著名的计算机科学家和程序员，包括有"人工智能之父"之称的约翰·麦卡锡（John McCarthy）和"自由软件之父"之称的理查德·斯托曼（Richard Stallman）。

40 年前，互联网的原型 ARPAnet 也诞生在这里。随着 ARPAnet 连接了主要的高校，这样的文化氛围也逐渐被大家接受，并最终形成了"黑客伦理"。黑客伦理和黑客文化紧密关联，其核心精神是"开放、共享、分权和对技术的崇拜"。而正是由于有这样的精神内涵存在，黑客文化开始广泛传播，并最终渗透到了全球互联网的每个角落。

而自由软件也正是这种精神的延续和"实例化"。当 1984 年理查德·斯托曼深刻地感受到自由开放正在远离这个世界，黑客伦理正在被商业化的拜金主义取代的时候，深感自己身上的担子很重，并最终发起了 GNU 计划和自由软件运动。可以说，自由软件运动是现在一切开放、开源以及 CC（Creative Commons，创作共用）的理论基础，随着自由软件的传播发展，

263

促生了带有商业化倾向的开放源代码软件，开源软件的诞生进一步拓展了自由软件的发展道路，迎来了开源大发展的 21 世纪。既然软件已经开源了，那么硬件呢？由此，开源硬件也就呼之欲出了！开源硬件特别是以 Arduino 为首的硬件产品催生了一个新的群体——创客。

（二）创客文化的本源

克里斯·安德森的《创客：新工业革命》一书中非常推崇互联网引发的社会变革。可是互联网最早是 ARPAnet，而 ARPAnet 则诞生在 MIT 的 TMRC——正是黑客的发源地！因此，互联网从一开始就充满了黑客文化，或者说现在的互联网文化，其本质不正是黑客文化的现代体现嘛！

互联网的开放共享为黑客精神的发展注入了新的活力，并产生了一种新的开发模式，一种不同于传统"大教堂"式集中开发的分散互联开发模式——市集模式。这种开发模式直接导致了 Linux 的大跨步发展和广泛应用。而开源硬件和创客群体也借助互联网和"市集模式"，仅用五年时间就快步发展成熟。

由上面的分析可以看出，创客群体的产生得益于开源硬件，而开源硬件继承自开源软件，开源软件脱胎于自由软件，而自由软件则凝聚了黑客文化。简单地说，创客文化的本源与实质就是黑客文化。黑客文化的核心价值也依然适用于创客文化，"开放，共享，分权和对技术的崇拜"，也应该顺理成章地引入创客群体中来，如果按照这个思路去发展，将 Hacker 一词翻译成"创客"实在是一种讨巧又明智的举动。

（三）开放是灵魂

开放是黑客精神的灵魂，没有开放就没有共享，没有开放也就没有分权，没有开放就更别提对技术的崇拜！因此，无论是自由软件、开源软件、开源硬件还是 CC 都把"开放"当作协议的第一条，并且很多都强制要求开放。

因为有开放，开源软件才能发展到现在的程度，正是有了开放，开源硬件才能催生出创客群体，而得益于创客群体的开放共享，才让这种创客文化如此快地进入流行文化领域。

（四）国内的创客文化

由于历史原因，中国没有产生黑客文化的土壤，也没有接受这种意识形态的思想基础，但是人们却发现创客是可以带来经济收益的一种"金饭碗"，于是，国内就掀起了轰轰烈烈的"拿来主义"。很快，创客空间在全国主要的一二线城市遍地开花，创客群体、创客文化很快就占领了流行文化领域。

创客运动有几个文化基因，包括强调共享和攻克技术难题的黑客文化、让创意变成现实的 DIY 文化，以及强调批判性的设计和创造性的跨界合作。这些文化要素与科学文化之间存在共性，包括都追求一种理想的、兴趣驱动的生活方式，都通过创造发现新的可能性，都非常重视通过知识、创意的共享汇聚集体的智慧，都强调激发来自草根阶层的创造活力。

从动机的角度讲，创客和科学家实际上都有相当一部分人在追求一种理想的生活。科学实际上有理想主义的价值观和现实主义的价值观。理想主义的价值观，强调为科学而科学，强调兴趣的驱动，在创客运动中，实际上也有这部分理念。创客希望能够制造、创造，完整地表达自己，这个过程中并不是特别地追求经济或使用等功利的东西。

科学家和创客，其实都在不断地为创新者提供知识、技术以及新的制造品。有些创客可能就变成了创新者，但也有很多创客实际上没有变成创新者，他依然去追求那种感兴趣的生活，依然致力于发现新技术，致力于创造新物品。

反思中国创客运动的发展，更多地受 DIY 文化，也就是个人制造的影响和来自硅谷的这种创业文化的影响，但是较少受到黑客文化，以及开源共同体思想的影响。

这样的后果是中国创客运动迅速转向了创业和创新，这将给我们带来新一轮草根创新的热潮，但同时也可能会对社会持续创新能力的维系和发展带来挑战。

第二节　认识"互联网+"与创新

自动驾驶汽车、可穿戴计算设备、3D 打印、全息影像、替代支付系统，这就是瞬息万变的"互联网+"时代发生在我们周围的新事物。那么

"互联网+"到底是什么呢？

"互联网+"的理念，是易观第五届移动互联网博览会上，由易观国际董事长于扬先生在国内首次提出的。之后这个概念得到腾讯总裁马化腾先生的认可，并向全国人大提交议案，建议将"互联网+"上升为国家战略。2015年政府工作报告中首次提出"互联网+"行动计划。2015年7月，国务院印发《关于积极推进"互联网+"行动的指导意见》。2015年10月29日，党的十八届中央委员会明确指出，实施网络强国战略，实施"互联网+"行动计划，发展分享经济，实施国家大数据战略。

一、"互联网+"的特点

"互联网+"是以互联网为主的一整套信息技术（包括移动互联网、云计算、大数据技术等），在经济、社会生活各部门的扩散、应用过程。它利用互联网的平台，利用信息通信技术，把互联网和包括传统行业在内的各行各业结合起来，在新的领域创造一种新的生态。

"+"不是搬家，不是把原来的业务搬到互联网，"互联网+"真正的价值还是在于我们怎么去延展我们的市场空间，延展我们经济的容量。所以，我们需要的是用一种延展式的思维，而不是一种替代式的思维，不是搬家式的思维，而是创造式的思维，这样才有可能真正把这个"互联网+"落实下来。"互联网+"有以下特点。

（一）跨界融合

"+"就是跨界，就是变革，就是开放，就是重塑融合。敢于跨界了，创新的基础就更坚实；融合协同了，群体智能才会实现，从研发到产业化的路径才会更垂直。融合本身也指身份的融合、客户消费转化为投资、伙伴参与创新等，不一而足。

（二）创新驱动

粗放的资源驱动型增长方式早就难以为继，必须转变到创新驱动发展这条正确的道路上来。这正是互联网的特质，用所谓的互联网思维来求变、自我革命，也更能发挥创新的力量。

（三）重塑结构

信息革命、全球化、互联网业已打破原有的社会结构、经济结构、地缘结构、文化结构。权力、议事规则、话语权在不断发生变化。"互联网+"社会治理、虚拟社会治理会是很大的不同。

（四）开放生态

关于"互联网+"，生态是非常重要的特征，而生态的本身就是开放的。我们推进"互联网+"，其中一个重要的方向就是要把过去制约创新的环节化解掉，把孤岛式创新连接起来，让研发由人性决定的市场驱动，让创业并努力者有机会实现价值。

（五）连接一切

连接是有层次的，可连接性是有差异的，连接的价值是相差很大的，但是连接一切是"互联网+"的目标。

二、"互联网+"的实际应用

（一）工业

"互联网+工业"即传统制造业企业采用移动互联网、云计算、大数据、物联网等信息通信技术，改造原有产品及研发生产方式。借助移动互联网技术，传统制造厂商可以在汽车、家电、配饰等工业产品上增加网络软硬件模块，实现用户远程操控、数据自动采集分析等功能，极大地改善了工业产品的使用体验。

基于云计算技术，一些互联网企业打造了统一的智能产品软件服务平台，为不同厂商生产的智能硬件设备提供统一的软件服务和技术支持，优化用户的使用体验，并实现各产品的互联互通，产生协同价值。

运用物联网技术，工业企业可以将机器等生产设施接入互联网，构建网络化物理设备系统，进而使各生产设备能够自动交换信息、触发动作和实施控制。物联网技术有助于加快生产制造实时数据信息的感知、传送和分析，加快生产资源的优化配置。

（二）金融

"互联网+金融"从组织形式上看，这种结合至少有三种方式：第一种是互联网公司做金融。如果这种现象大范围发生，并且取代原有的金融企业，那就是互联网金融颠覆论。第二种是金融机构的互联网化。第三种是互联网公司和金融机构合作。

（三）商贸

在零售、电子商务等领域，过去几年都可以看到其和互联网的结合。实体零售渠道通过"零售业+互联网"变革来生存和提高。阿里巴巴、京东、淘宝等 B2B、B2C 电商业务已经培育了企业个人的在线交易和支付习惯。同时，一大批跨境电子商务平台走向成熟，跨境电子商务进出口额迅速提高。

（四）通信

在通信领域，"互联网+通信"有了即时通信，几乎人人都在用即时通信 App 进行语音、文字甚至视频交流。然而，传统运营商在面对微信这类即时通信 App 诞生时简直如临大敌，因为语音和短信收入大幅下滑，但随着互联网的发展，来自数据流量业务的收入已经大大弥补了语音收入的下滑，可以看出，互联网的出现并没有彻底颠覆通信行业，反而促进了运营商进行相关业务的变革升级。

（五）交通

"互联网+交通"，如打车软件、网上购买火车和飞机票、出行导航系统等。从国外的 Uber 到国内的滴滴打车，移动互联网催生了一批打车、拼车、专车软件，虽然它们在全世界不同的地方仍存在不同的争议，但它们通过把移动互联网和传统的交通出行相结合，改善了人们出行的方式，增加了车辆的使用率，推动了互联网共享经济的发展，提高了效率、减少了排放，对环境保护作出了贡献。

（六）医疗

现实中存在看病难、看病贵等难题。业内人士认为"移动互联网+医疗"有望从根本上改善这一医疗生态。具体来讲，互联网将优化传统的诊疗模式，为患者提供一条龙健康管理服务。在传统医患模式中，患者普遍存在事前缺乏预防、事中体验差、事后无服务的现象。而通过互联网医疗，患者有望从移动医疗数据端监测自身的健康数据，做好事前防范。在诊疗服务中，依靠移动医疗实现网上挂号、询诊、购买、支付，节约时间和经济成本，提升事中体验，并依靠互联网在事后与医生沟通。

（七）教育

一所学校、一位老师、一间教室，这是传统教育。一个教育专用网、一部移动终端，几百万学生，学校任你挑、老师由你选，这就是"互联网+教育"。在教育领域，面向中小学、大学、职业教育、IT 培训等多层次人群提供学籍注册入学开放课程，但是网络学习一样可以参加我们国家组织的统一考试，可以足不出户在家上课学习并取得相应的文凭和技能证书。"互联网+教育"的结果，将会使未来的一切教与学活动都围绕互联网进行，老师在互联网上教，学生在互联网上学，信息在互联网上流动，知识在互联网上成型，线下的活动成为线上活动的补充与拓展。

"互联网+"的本质是"互联网+创新"的经济创新模式。加速国内相对落后的制造业的效率、品质、创新、合作与营销能力的升级，以信息流带动物质流，也与"一带一路"整体战略相结合，扩展整体产业的国际影响力。互联网成为最重要的基础设施被广泛地应用。借助互联网创造出无穷无尽的创新，是未来中国经济发展的最重要引擎。

第三节　认识《中国制造 2025》与创新

一、《中国制造 2025》的主要内容

《中国制造 2025》是我国政府实施制造强国战略第一个十年的行动纲领。

《中国制造 2025》提出，坚持"创新驱动、质量为先、绿色发展、结构优化、人才为本"的基本方针，坚持"市场主导、政府引导，立足当前、着眼长远，整体推进、重点突破，自主发展、开放合作"的基本原则，通过"三步走"实现制造强国的战略目标。

第一步：2015—2025 年，中国力争用 10 年时间迈入制造强国行列。其中，到 2020 年，中国基本实现工业化，制造业大国地位进一步巩固，制造业信息化水平大幅提升。到 2025 年，制造业整体素质大幅提升，创新能力显著增强，工业化和信息化融合迈上新台阶。形成一批具有较强国际竞争力的跨国公司和产业集群，在全球产业分工和价值链中的地位明显提升。

第二步：到 2035 年，我国制造业整体达到世界制造业强国阵营中等水平。创新能力大幅提升，重点领域发展取得重大突破，整体竞争力明显增强，优势行业形成全球创新引领能力，全面实现工业化。

第三步：到新中国成立 100 年时，中国制造业大国地位将更加巩固，综合实力进入世界制造强国前列。制造业主要领域具有创新引领能力和明显竞争优势，建成全球领先的技术体系和产业体系。

二、《中国制造 2025》提出的背景

制造业是国民经济的主体，是立国之本、兴国之器、强国之基。18 世纪中叶开启工业文明以来，世界强国的兴衰史和中华民族的奋斗史一再证明，没有强大的制造业，就没有国家和民族的强盛。打造具有国际竞争力的制造业，是我国提升综合国力、保障国家安全、建设世界强国的必由之路。

中华人民共和国成立尤其是改革开放以来，我国制造业持续快速发展，建成了门类齐全、独立完整的产业体系，有力推动工业化和现代化进程，显著增强综合国力，支撑世界大国地位。然而，与世界先进水平相比，中国制造业仍然大而不强，在自主创新能力、资源利用效率、产业结构水平、信息化程度、质量效益等方面差距明显，转型升级和跨越发展的任务紧迫而艰巨。

当前，新一轮科技革命和产业变革，与我国加快转变经济发展方式形成历史性交汇，国际产业分工格局正在重塑，必须紧紧抓住这一重大历史机遇，按照"四个全面"战略布局要求，实施制造强国战略，加强统筹规划和前瞻部署，力争通过 3 个十年的努力，到新中国成立 100 年时，把我国建设成为引领世界制造业发展的制造强国，为实现中华民族伟大复兴的中国梦打下坚实基础。

（一）"中国制造"两头受压

整体上看，我国仍处于全球价值链的中低端。尽管我国有一些行业和领域是世界上先进的，像航天、高铁、核电等，但同时在某些领域还十分落后，比如，还有完全依赖人工作业的小矿山、小作坊等。

低端制造业，我们存在产能过剩问题，现在竞争不过东南亚等国家；

而高端制造业，尽管发展很快，但和欧美等发达国家相比仍有很大差距。现在中国的工业处于中间地带，受到两头挤压。中国经济和产业结构处于空前的转型和调整压力之下，中国作为"世界工厂"的发展受到约束。

（二）德国的"工业4.0"战略

德国制造业是世界上最具竞争力的制造业之一，在全球制造装备领域拥有领头羊的地位。"工业4.0"是由德国政府《德国2020高技术战略》中所提出的十大未来项目之一，旨在提升制造业的智能化水平，建立具有适应性、资源效率及基因工程学的智慧工厂，在商业流程及价值流程中整合客户及商业伙伴。

20世纪后期，信息时代的到来，劳动力成本高等因素，促成了全球经济的再分工。"去工业化"中的美国，金融业突飞猛进和制造业蜂拥外迁，成了这一时期的两大突出现象。也恰恰由于金融衍生品的泛滥和第二产业的空洞化，导致美国陷入了自大萧条后的最大经济危机，导致失业率飙升到10%上下、房地产大面积崩溃等，即使是上百年来让美国人骄傲的汽车制造业，也面临着破产的现实威胁。奥巴马政府竭力寻找引领美国经济走出困境的突破口，最终把目光聚焦到"再工业化"。从远期看，美国真正的目标是要在世界经济领域掀起一场"战略大反攻"，以此作为抢占世界高端制造业的战略跳板。德国"工业4.0"战略和美国"再工业化"战略，激发了中国强化工业能力的决心。

（三）制造业科技创新

全球制造业与信息产业深度融合的发展趋势，以及各国制造业科技创新的影响。当前，人工智能、移动互联、3D打印等新技术持续演进，推动产品、装备、工业、服务的智能化。随着互联网在制造业各领域深入渗透，以互联网为基础的新业态新模式密集涌现，"互联网+"成为推动建设制造强国的重要引擎。

在这样的背景下，中国需要找到一条新的发展之路。形成经济的增长新动力，塑造国际竞争新优势，重点在制造业，难点在制造业，出路也在制造业。因此，强化制造业成为中国未来宏观政策和产业政策的重点。

三、《中国制造 2025》的核心

《中国制造 2025》主要聚焦在这样一条主线上。

（一）"互联网+"

借助互联网的思维和技术，与传统产业相互结合，从而催生出一些新的业态和新的商业模式。比如，线上电子零售业态和 B2B 的业务，社会化媒体和数字化营销，还有 O2O 生活服务圈。

（二）信息化与工业化深度融合

这个深度融合不仅是对中国制造装备、制造工艺、核心技术攻关能力的全面提升，同时还要借助新兴电子与信息技术以及先进的管理方式，对中国制造企业自主创新能力、市场营销能力、品牌建设能力进行全面提升。

（三）智能制造

其与"工业 4.0"所强调的内容有一些吻合，主要是指现代物联网和人工智能技术深度应用到生产制造各个环节当中，以取代或者延伸部分手工和脑力等劳动，从而能够全面提升生产效率，降低成本，使整个生产过程达到最优的状态。

四、《中国制造 2025》与创新

《中国制造 2025》提出，要完善以企业为主体、市场为导向、产学研用相结合的制造业创新体系，围绕产业链部署创新链，围绕创新链配置资源链，加强关键核心技术攻关，加速科技成果转化，提高关键环节和重点领域的自主创新能力。具体要做好以下几个方面的工作。

（一）加强关键核心技术研发

当前，核心技术对外依存度较高，拥有自主知识产权的技术与产品少，已成为我国制造业创新发展的"瓶颈"。可以看到，我国部分产业的核心技术严重依赖国外，高端芯片和通用芯片对外依存度超过 95%，95% 的高档数控系统，几乎全部高档液压件、密封件和发动机要依靠进口。加强支撑产业技术发展和集成能力提升的关键核心技术及关键共性技术的研发，是提高我国制造业创新能力的当务之急。

《中国制造2025》提出了要加强关键核心技术研发的任务，主要包括：推进国家技术创新示范企业和企业技术中心建设，充分吸纳企业参与国家科技计划的决策和实施；瞄准国家重大战略需求和未来产业发展制高点，定期研究、制定和发布制造业重点领域技术创新路线图；继续抓紧实施国家科技重大专项，通过国家科技计划（专项、基金等）支持关键核心技术研发；发挥行业骨干企业的主导作用和高等院校、科研院所的基础作用，建立一批产业创新联盟，开展产学研用协同创新，攻克一批对产业竞争力整体提升具有全局性影响、带动性强的关键共性技术，加快成果转化。同时，《中国制造2025》提出了到2020年掌握一批重点领域的关键核心技术的战略目标。

（二）提高创新设计能力

企业之间、产业之间的竞争已不再停留在资金实力、产业规模、制造能力上，而演变成创新设计、新技术、新商业模式之间的竞争。设计是技术创新的第一步，是制造的第一道工序，也是制造业产业链的龙头，产品设计决定了产品成本的70%，我国与发达国家相比，设计理论与方法落后，设计工具软件大部分依赖国外，制约了制造业的创新发展，必须高度重视。

《中国制造2025》中提出，提高创新设计能力要大力推广应用先进设计技术；在传统制造业、战略性新兴产业、现在服务业的重点领域开展创新设计示范，全面推广应用以绿色、智能、协同为特征的先进设计技术；攻克信息化设计、过程集成设计、复杂过程和系统设计等共性技术，开发适合我国制造业应用的设计工具软件；鼓励企业通过增加研发投入，向产业链的上游——研发设计拓展，实现由代加工向代设计和出口自创品牌产品转变。

（三）推进科技成果产业化

目前，我国产学研用结合不够紧密，科技成果向经济成果转化的比例较低，企业的原创性科技成果较少，创新体系整体效能亟待提升。比如，科技投入迅速增长的同时，突破性原创性成果却不多；应用型科技成果产出不少，但整体转化率很低。据统计，目前我国科技成果转化率不到10%，部分重点大学、科研院所科技成果产业化率不到5%，而发达国家则普遍高达40%~50%。科技成果产业化率低对制造业发展的支撑作用受到较大制约，只有尽快实现产业化，才能真正转化为强大的生产力，推动制造业的健康可持续发展。

《中国制造2025》提出了推进科技成果产业化，要完善运行机制，健全以技术交易市场为核心的技术转移和产业化服务体系，多方式促进科技成果资本化、产业化；完善科技成果转化激励机制，健全科技成果科学化评估和市场化定价机制；完善科技成果转化协同推进机制，引导产学研用按照市场规律和创新规律加强合作；加快国防科技成果转化和产业化进程，推进军民技术双向转移转化。

（四）加快国家制造业创新体系建设

制造业创新体系是指推动制造业技术创新的组织系统、关系网络以及保证系统有效运行的制度和机制。当前，世界主要国家都在积极推动国家制造业创新体系由过去相对独立、离散的系统结构向由创新中心、服务平台和基础支撑组成的网络化协同创新体系过渡和转化，旨在进一步整合创新要素和资源，抢占未来经济和科技竞争的先机。如美国于2013年提出了要建立由制造业创新中心和协调性网络组成的"国家制造业创新网络"计划。

针对我国产业创新资源分散、体系不完善的问题，《中国制造2025》提出了加快国家制造业创新体系建设的重点任务，包括要加快建立以创新中心为核心载体、以公共服务平台和工程数据中心为重要支撑的制造业创新网络。实施制造业创新中心建设工程，推动国家制造业创新网络建设。围绕重点行业转型升级和新一代信息技术、智能制造、新材料、生物医药等领域创新发展的重大共性需求，形成一批制造业创新中心，重点开展行业基础和共性关键技术研发、成果产业化、人才培训等工作。按照《中国制造2025》的要求，到2020年，重点形成15家左右制造业创新中心，力争到2025年，形成40家左右制造业创新中心。

（五）加强标准体系建设

技术标准作为我国工业发展的重要技术基础，已经成为我国走新型工业化道路、推进信息化和工业化融合、提升产业核心竞争力和综合国力的关键支撑。由于多方面原因，目前，制造业行业存在标准体系不完善、标准水平不高、自主创新技术标准匮乏、标准更新不及时等方面问题。加快建立满足产业发展需要的标准体系，提高标准水平，强化标准实施，建立规范、透明、高效的管理体制和运行机制，已经成为一项十分紧迫的任务。

《中国制造2025》提出了不断完善标准体系建设的重点任务。主要包括：组织实施制造业标准化提升计划，在智能制造等重点领域开展综合标准化工作，完善标准体系；发挥企业在标准制定中的重要作用，协同推进产品研发与标准制定；推动我国标准的国际化进程；推动国防装备采用先进民用标准，推动军用技术标准向民用领域的应用。

（六）强化知识产权运用

当前，知识产权日益成为全球科技和产业竞争中抢占战略高地的重要武器。发达国家和新兴经济体日益重视知识产权的战略资产价值，不断加强专利布局，提高知识产权保护水平和战略运用能力。而目前我国知识产权，特别是工业领域知识产权数量虽多但质量不高，大量知识产权处于"休眠"状态，对于提升企业市场竞争力尚未发挥应有作用。因此，在制造业领域深入落实国家知识产权战略，增强企业的知识产权运用能力，对于增强制造业企业的自主创新和风险应对能力、建设制造强国具有重要意义。

《中国制造2025》对强化知识产权运用提出了明确任务要求：加强制造业重点领域关键核心技术知识产权战略储备，构建产业化导向的专利组合和战略布局；培育一批具备知识产权综合实力的优势企业，支持组建知识产权联盟，推动市场主体开展知识产权协同运用；建立健全知识产权评议机制，开展专利评估、收购、运营和风险预警与应对；建设知识产权综合运用公共服务平台，鼓励开展跨国知识产权许可等。

（七）五大创新

《中国制造2025》跟"工业4.0"相比，它涵盖的面更广，主要是集中在制造业产品研发与设计、市场营销、内部管理、服务管理等各个方面，体现为以下五个方面的创新。

1. 产品模式创新

众包设计模式，以及产品数字化的特征。例如，小米的粉丝参与产

275

设计、海尔商城所提供的个性化定制等。

2. 制造模式创新

讲到制造模式的创新，除了我们所熟知的机械手、机器人、机械化的生产线，目前，3D 打印的模式可能是现在新型工业模式的一个典型。因为它改变了传统加工思维。我们都知道，传统加工思维的一个典型特征主要是切除、消除，在加工过程中是对原材料不断地削减，是在做减法。3D 打印的特点是通过材料一层一层叠加，打印多的时候，材料多，打印少的时候，材料少，通过材料叠加形成产品，它的加工过程思维是做加法，对材料的使用率可达到最高。

3. 供应链模式创新

这主要集中在两方面：一是对供应链上下游之间的协同；二是大力发展智能物流，动态监控物流实施的信息，并且辅助于大数据分析的技术。比如，京东商城就是依靠对供应链数据的实时分析，准确预测要货信息，做到提前备货。

4. 营销模式创新

主要是结合移动互联网、社交网络、云计算等模式，大力推进社会化媒体和数字化营销。它的两个主要特征，一是传播速度非常快，典型是金字塔式和病毒式快速传播复制。二是传播对象聚焦性非常高，主要是通过点对点的传播、口碑营销、粉丝营销、朋友圈营销等。

5. 服务模式创新

制造业服务化是未来中国制造业发展的大趋势。这是必须建立在产品数字化基础之上的。厂家可以对自己销售出去的产品实时获取使用信息，实时监控使用情况，并且能够提前诊断出该设备故障情况，远程发送指令，进行远程维修和维护，从而提供产品安全生命周期的服务。今天的制造业是在卖产品，明天的制造业就是在卖服务。通过服务提升产品的附加值。

《中国制造 2025》表明，"中国制造"将日益成为"中国创造"。中国制造商常常被视为低成本的产业供货商，缺乏创新和研发能力，但随着时间的推移，这种看法越来越过时了。事实上，在竞争力和创新两个方面，中国将缩小与制造强国的差距，继续领先于所有新兴市场。

第四节　认识影响未来的创新应用

科技的发展总是会对社会带来深刻影响，其影响的深度和广度也恰恰是人类文明发展程度的重要依据。而且科技的发展也的的确确需要通过社会——包括每个人的生活和行为方式去承载。移动互联网，就是目前影响最深刻、最直接也是最广泛的创新之一。我们现在每天都能感受到移动互联网给我们带来的各种惊喜。

除了移动互联网，还有很多创新的技术，将在未来的一段时间持续影响我们的生活。我们必须充分认识并深刻理解这些技术，这样我们才能全身心地拥抱这些技术，在我们的创新实践中运用这些技术。

一、人工智能

2016 年 3 月，谷歌 AlphaGo 大战李世石展开对决，一场世界上最会下围棋的人与人工智能的超级对弈，将"人工智能"（Artificial Intelligence，AI）这个概念带进了公众视野。

在赛前，围棋界和科学界的很多人都对这场比赛作了预测。谷歌对自己开发的机器人信心很足，声称根据电脑计算的结果，李世石打败"阿尔法狗"的概率几乎为零。而围棋界则多数站在李世石这一边，中国棋圣聂卫平认为李世石败北是不可能的事情，然而，最终阿尔法狗以总比分 4：1 战胜李世石。

人类对人工智能的担忧由来已久。从 1997 年 IBM 超级电脑深蓝击败人类国际象棋冠军卡斯帕罗夫时起，围棋就被看作人类智力的最后壁垒。棋圣聂卫平说，围棋需要强大的判断力，而电脑无法具有判断力，但结果人工智能还是赢了。

人类刚在围棋这里遭遇重挫，在《最强大脑》节目中，百度 AI 小度，又在人脸识别领域向人类的"最强大脑"发起挑战，并最终胜出。而由卡耐基梅隆大学开发的"Libratus"人工智能，又在一对一、无限制投注的

"无限注德州扑克"比赛中，挑战人类顶级职业玩家并胜出。

人工智能是计算机学科的一个分支，被称为世界三大尖端技术之一（空间技术、能源技术、人工智能），也被认为是21世纪三大尖端技术之一（基因工程、纳米科学、人工智能）。它是研究、开发用于模拟、延伸和扩展人的智能的理论、方法、技术及应用系统的一门新的技术科学。它企图了解智能的实质，并生产出一种新的能以人类智能相似的方式作出反应的智能机器，该领域的研究包括机器人、语言识别、图像识别、自然语言处理和专家系统等。

著名的美国斯坦福大学人工智能研究中心尼尔逊（Nils John Nilsson）教授，对人工智能下了这样一个定义："人工智能是关于知识的学科——怎样表示知识以及怎样获得知识并使用知识的科学。"美国麻省理工学院的温斯顿教授认为："人工智能就是研究如何使计算机去做过去只有人才能做的智能工作。"这些说法反映了人工智能学科的基本思想和基本内容，即人工智能是研究人类智能活动的规律，构造具有一定智能的人工系统，研究如何让计算机去完成以往需要人的智力才能胜任的工作，也就是研究如何应用计算机的软硬件，来模拟人类某些智能行为的基本理论、方法和技术。

计算机科学的创始人图灵被认为是"人工智能之父"，他着重研究了一台计算机应满足怎样的条件才能称为"有智能的"。1950年，他提出了著名的"图灵实验"：让一个人和一台计算机分别处于两个房间里，与外界的联系仅仅通过键盘和打印机。由人类裁判员向房间里的人和计算机提问（比如，"你是机器还是人""你是男人还是女人"），并通过人和计算机的回答来判断哪个房间里是人，哪个房间里是计算机。

图灵认为，如果"中等程度"的裁判员不能正确地区分，则这样的计算机可以称为是有智能的。"图灵实验"是关于智能标准的一个明确定义。有趣的是，尽管后来有些计算机已经通过了图灵实验，但人们并不承认这些计算机是有智能的。这反映出人们对智能标准的认识更深入、对人工智能的要求更高了。

人工智能的早期研究包括自然语言理解、计算机视觉和机器人等。20世纪80年代以来，随着计算机网络的普及，特别是Internet的出现，各种计算机技术包括人工智能技术的广泛应用，推动着人机关系的重大变化。据日美等国未来学家的预测，人机关系正在迅速地从"以人为纽带"的传统模式，向"以机为纽带"的新模式转变，人机关系的这一转变将引起社会生产方式和生活方式的巨大变化，同时也向人工智能乃至整个信息技术提出了新的课题，这促使人工智能进入新的发展时期。

目前，人工智能的研究涉及符号计算、模式识别、机器翻译、机器学习、问题求解、逻辑推理与定理证明、自然语言处理、分布式人工智能、计算机视觉、智能信息检索技术以及专家系统等。它在管理、工程和技术研究等领域均有非常广泛的应用。

技术的发展总是超乎人们的想象，要准确地预测人工智能的未来，目前来看是不大可能的。但是，从目前的一些前瞻性研究可以看出，人工智能作为一个整体的研究才刚刚开始，离我们的目标还很遥远，但人工智能在某些方面将会有重大的突破。

互联网进入下半场，其红利期正在逐渐衰退。有人认为，人工智能将会是下一个"风口"。

二、物联网

物联网（Internet of Things，IOT）一直被认为是"下一个工业革命"，因为它即将改变人们的生活、工作、娱乐和旅行方式，甚至改变全球政府及企业之间的交互。而事实上，物联网革命已经悄然开始。

物联网在国际上又称为传感网，这是继计算机、互联网与移动通信网之后的又一次信息产业浪潮。世界上的万事万物，小到手表、钥匙，大到汽车、楼房，只要嵌入一个微型感应芯片，把它变得智能化，这个物体就可以"自动开口说话"。再借助无线网络技术，人们就可以和物体"对话"，物体和物体之间也能"交流"，这就是物联网。

物联网最早由麻省理工学院 Auto-ID 中心创始人 Kevin Ashton 于 1999 年提出，指的是一系列实物产品通过电子设备、软件、传感器和互联网组成的一个网络。物联网通过这些产品和生产商、运营商、终端用户或其他相互连接的设备之间的数据交换，将会给整个价值链创造出更大的价值和含金量更高的服务产品。物联网上的每一个实物产品都可以通过其内置的计算设备被独一无二地确认，而且可以在物联网内和其他实物产品交互操作。

智能手机的普及，通信技术的发展，使手机变相成为人体的一个附属器官，使人始终能联上网。而今后很多物体，都能始终在线，如你家里的冰箱、你的智能手表，甚至你的自行车等，所有物品通过信息传感设备与互联网连接起来，进行信息交换，就是所谓的"万物互联"。这样，你能和身边的物体产生交互，物体和物体之间也能产生交互，以实现智能化识别和管理。所以，物联网技术的核心和基础仍然是互联网技术，是在互联网技术基础上的延伸和扩展的一种网络技术。其用户端延伸和扩展到了任何物品和物品之间，进行信息交换和通信。

物联网系统有三个层次：一是感知层，即利用 RFID（无线射频识别）、传感器、二维码等随时随地获取物体的信息；二是网络层，即通过各种电信网络与互联网的融合，将物体的信息实时准确地传递出去；三是应用层，即把感知层得到的信息进行处理，实现智能化识别、定位、跟踪、监控和管理等实际应用。

全球范围内物联网的产业实践主要集中在三大方向：第一个实践方向被称作"智慧尘埃"，主张实现各类传感器设备的互联互通，形成智能化功能的网络。第二个实践方向是广为人知的基于 RFID 技术的物流网，该方向主张通过物品物件的标识，强化物流及物流信息的管理，同时通过信息整合，形成智能信息挖掘。第三个实践方向被称作数据"泛在聚合"意义上的物联网，认为互联网造就了庞大的数据海洋，应通过对其中每个数据进行属性的精确标识，全面实现数据的资源化，这既是互联网深入发展的必然要求，也是物联网的使命所在。

比较而言，"智慧尘埃"意义上的物联网属于工业总线的泛化。这样的产业实践自从机电一体化和工业信息化以来，实际上在工业生产中从未停止过，只是那时不叫物联网而是叫工业总线。这种意义上的物联网将因传感技术、各类局域网通信技术的发展，依据内在的科学技术规律，坚实而稳步地向前行进，而不是因为人为的一场运动而加快发展速度。

RFID 意义上的物联网，所依据的 EPCglobal 标准在推出时，即被定义为未来物联网的核心标准，但是该标准及其唯一的方法手段 RFID 电子标签所固有的局限性，使它难以真正指向物联网所提倡的智慧星球。原因在于，物和物之间的联系所能告知人们的信息是非常有限的，而物的状态与状态之间的联系，才能使人们真正挖掘事物之间普遍存在的各种联系，从而获取新的认知和智慧。

"泛在聚合"即要实现互联网所造就的无所不在的浩瀚数据海洋，实现彼此相识意义上的聚合。这些数据既代表物，也代表物的状态，甚至代表人工定义的各类概念。数据的"泛在聚合"，将能使人们极为方便地任意检索所需的各类数据，在各种数学分析模型的帮助下，不断挖掘这些数据所代表的事物之间普遍存在的复杂联系，从而实现人类对周边世界认知能力的革命性飞跃。

随着信息技术的发展，物联网行业应用版图不断扩大。例如，智能交通、环境保护、政府工作、公共安全、平安家居、智能消防、工业监测、老人护理、个人健康、花卉栽培、水系监测、食品溯源等。

全球都将物联网视为信息技术的第三次浪潮，确立未来信息社会竞争优势的关键。据美国独立市场研究机构 Forrester 预测，物联网所带来的产业价值要比互联网高 30 倍，物联网将形成下一个上万亿元规模的高科技市场。

三、虚拟现实

早在 20 世纪 80 年代，一系列科幻题材小说、电影就给我们这一代人勾画了虚拟现实（Virtual Reality，简称 VR）技术的雏形。而随着电影版的《黑客帝国》三部曲上映，虚拟现实技术的概念也进一步普及。近年来，随着 Oculus Rift 等产品的出现，虚拟现实设备也逐渐走入人们的生活中。究竟这所谓的虚拟现实技术是什么呢？

虚拟现实是利用电脑模拟产生一个三维空间的虚拟世界，提供使用者关于视觉、听觉、触觉等感官的模拟，让使用者如同身临其境一般，可以及时、没有限制地观察三度空间内的事物。在 20 世纪八九十年代，发达国家就已开始研究该项技术，它是多种技术的综合体，包括实时三维计算机图形技术，广角（宽视野）立体显示技术，对观察者头、眼和手的跟踪技术，以及触觉、力觉反馈、立体声、网络传输、语音输入输出技术等。

虚拟现实是仿真技术，它的一个重要方向是仿真技术与计算机图形学人机接口技术、多媒体技术、传感技术、网络技术等多种技术的集合，是一门富有挑战性的交叉技术前沿学科和研究领域。

虚拟现实技术主要包括模拟环境、感知、自然技能和传感设备等方面。模拟环境是由计算机生成的、实时动态的三维立体逼真图像。感知是指理想的 VR 应该具有一切人所具有的感知。除计算机图形技术所生成的视觉感知外，还有听觉、触觉、力觉、运动等感知，甚至还包括嗅觉和味觉等，也称为多感知。自然技能是指人的头部转动，眼睛、手势或其他人体行为动作，由计算机来处理与参与者的动作相适应的数据，并对用户的输入作出实时响应，并分别反馈到用户的五官。传感设备是指三维交互设备。

简单来说，虚拟现实技术就是一种可以创建和体验虚拟世界的计算机仿真系统。它利用计算机生成一种模拟环境，是一种多源信息融合的、交互式的三维动态视景，和实体行为的系统仿真，使用户沉浸到该环境中，并使用户产生身临其境的感觉。

1935 年，小说家斯坦利·温鲍姆（Stanley Weinbaum）在小说中描述了一款 VR 眼镜，以眼镜为基础，包括视觉、嗅觉、触觉等全方位沉浸式体验的虚拟现实概念，该小说被认为是世界上率先提出虚拟现实概念的作品。

1962 年，名为 Sensorama 的虚拟现实原形机被研发出来，后来被用以虚拟现实的方式进行模拟飞行训练。该阶段的 VR 技术仅限于研究阶段，并没有生产出能交付使用者手上的产品。

1994 年开始，日本游戏公司 Sega 和任天堂，分别针对游戏产业陆续推出 SegaVR-1 和 Virtual Boy 等产品，在当时的确在业内引起了不小的轰动。但因为设备成本高，内容应用水平一般，最终普及率并不高。

随着 Oculus、HTC、索尼等一线大厂多年的付出与努力，VR 产品在 2016 年迎来了一次大爆发。这一阶段的产品拥有更亲民的设备定价，更强大的内容体验与交互手段，辅以强大的资本支持与市场推广，整个 VR 行业正式进入爆发成长期。

目前，VR 行业仍处于起步阶段，供应链及配套还不成熟，但是发展前景引人想象，预计未来市场潜力巨大。艾媒咨询数据显示，2016 年中国虚拟现实行业市场规模为 56.6 亿元，2020 年国内市场规模超过 550 亿元。未来 10 年，VR 将进入快速发展阶段；未来 15 年，VR 将成为主流。

四、无人驾驶

10 年间，一项技术从教科书走进现实，这便是无人驾驶。当谷歌发布其无人驾驶汽车计划时，人们还认为这是一项遥不可及的科幻技术，但如今，很多汽车已经配备了自动驾驶技术，更多具有先进自主驾驶功能的汽车会出现在市场中，进一步向无人驾驶靠拢。

其实，按照目前的技术来看，无人驾驶除了谷歌的无人驾驶车之外，其他的更适合叫作"汽车自动驾驶"系统，或者是"辅助驾驶"。这里还可以进行初、中和高三个阶段的细分。

（1）自动驾驶（初段）——汽车以单一自动化系统（如 ACC 自适应巡航）控制实现跟车行驶或可辅助驾驶员进行停车。

（2）自动驾驶（中段）——至少有两个自动化系统，来自动控制汽车的安全行驶（如 ACC 自适应巡航+车道保持系统）。

（3）自动驾驶（高段）——整合多种自动化系统，在特定道路（高速公路）和模式（主动停车）的条件下，让驾驶员完全放开控制后，能自动完成全程的行车控制功能，同时在必要时又能给予充足的时间让驾驶员来介入控制（如现款的特斯拉 Model S）。

（4）无人驾驶——汽车能自动完成整个行程中的所有行车控制功能，包括空车驾驶和停车，驾驶员完全不用介入或完全不在车内（如现阶段的谷歌无人车）。

为什么谷歌的无人驾驶技术才是所谓的正版呢？那是因为谷歌无人车使用的是昂贵的雷达传感器、激光测距仪、红外摄像头、立体视觉、GPS惯性导航系统和车轮角度编码器等复杂的技术，能将我们从驾驶过程完全解放出来。而其他品牌车型只是在现有汽车配置和技术的基础上，通过不断整合而成的一种智能化应用和体现罢了，这两者之间在技术上的原理和应用都有很大的不同。换一句话说，谷歌的自动驾驶技术更为前沿，而大多数车企的自动驾驶技术只是逐步实现汽车智能化而已。

而谷歌先进的无人驾驶技术目前也还只是处于技术验证的阶段，同时还需要地图、市政和法律等多方面来支持，距离真正走进我们的生活还需要一些时日。这也是特斯拉没有选择直接从这方面介入无人驾驶系统的原因，毕竟传感器套件的价格非常高，同时现阶段的我们也还没有做好接受真正无人驾驶的准备。因此，像高级阶段的自动驾驶系统则更符合现在的时期，并在不影响整车外观的情况下，成为暂时的"代驾"。

就目前的技术来说，实现上述高级阶段的自动驾驶，需要带自动变道辅助功能的自适应巡航控制系统、车道保持辅助、自动刹车系统、停车辅助系统和驾驶员检测等。其实这些辅助驾驶系统综合在一起就是最基础的 ADAS 系统（高级驾驶辅助系统），反过来看，也可以把 ADAS 理解成自动驾驶的基础，随后再通过识别行人、其他车辆、信号灯和导航地图等技术的引入，能够更全面地介入车辆控制之中之后，最终就可进化到真正无人驾驶的形态了。

同时，我们也可以把无人驾驶称为 ADAS 系统的最终形态，而这个真正的无人驾驶则需要在上述基础上增加 GPS 定位系统、雷达传感器、激光科技、车轮角度编码器、红外摄像头、立体视觉和速度极高的处理系统等车载设备来实现，未来可能还会推出像磁场道路之类的全新科技等，甚至还有些更高级的科技来辅助无人驾驶技术，只是有些目前还处于保密中。

如今火爆的 ADAS 系统到无人驾驶正在快速演变，这也同样带来传感器和系统构架等方面的变化。这一演变过程可分为四个阶段：一是多个传感器的使用，覆盖车辆四周 360 度；二是多个传感器之间相互融合，增加系统可靠性；三是除了对障碍物的检测，更重要的是对环境的感知；四是多层控制的使用，使系统构架从 ADAS 的分布式构架向集中控制式构架转变。与此同时，高度自动驾驶不是由一辆车可以实现的，需要智能和自动驾驶的生态系统，目前中国在相关基础设施和法律法规等方面还需要不断地完善。

五、大数据与云计算

（一）大数据

"数据"（Data）这个词在拉丁文里是"已知"的意思，也可以理解为

"事实"。2009 年，"大数据"概念才逐渐开始在社会上传播。而"大数据"概念真正变得火爆，是因为美国政府在 2012 年宣布其"大数据研究和开发计划"。这标志着大数据时代真正开始进入社会经济生活中来了。

大数据（Big Data）或称巨量资料，是指所涉及的数据量规模大到无法利用现行主流软件工具，在一定的时间内实现收集、分析、处理或转化成为帮助决策者决策的可用信息。

互联网数据中心（IDC）认为，大数据是为了更经济、更有效地从高频率、大容量、不同结构和类型的数据中获取价值而设计的新一代架构和技术，用它来描述和定义信息爆炸时代产生的海量数据，并命名与之相关的技术发展与创新。

大数据具有四个特点：一是数据体量巨大（Volume），从 TB 级别跃升到 PB 级别；二是处理速度快（Velocity），这与传统的数据挖掘技术有着本质的不同；三是数据种类多（Variety），有图片、地理位置信息、视频、网络日志等多种形式；四是价值密度低、商业价值高（Value）。存在单一数据的价值并不大，但将相关数据聚集在一起，就会有很高的商业价值。

大数据时代，不仅改变了传统的数据采集、处理和应用技术与方法，还促使人们思维方式的改变。大数据的精髓在于促使人们在采集、处理和使用数据时思维的转变，这些转变将改变人们理解和研究社会经济现象的技术和方法。

1. 在大数据时代，不依赖抽样分析，就可以采集和处理事物整体的全部数据

19 世纪以来，当面临大的样本量时，人们都主要依靠抽样来分析总体。但是，抽样技术是在数据缺乏和取得数据受限制的条件下，不得不采用的一种方法，这其实是一种人为的限制。过去，因为记录、储存和分析数据的工具不够科学，只能收集少量数据进行分析。如今，科学技术条件已经有了很大的提高，虽然人类可以处理的数据依然是有限的，但是可以处理的数据量已经大量增加，而且未来会越来越多。随着大数据分析取代抽样分析，社会科学不再单纯依赖于抽样调查和分析实证数据，现在可以收集过去无法收集到的数据，更重要的是，现在可以不再依赖抽样分析。

2. 在大数据时代，不再热衷于追求数据的精确度，而是追求利用数据的效率

当测量事物的能力受限制时，关注的是获取最精确的结果。但是，在大数据时代，追求精确度已经既无必要又不可行，甚至变得不受欢迎。大数据纷繁多样，优劣掺杂，精准度已不再是分析事物总体的主要手段。拥有了大数据，不再需要对一个事物的现象深究，只要掌握事物的大致发展趋势即可，更重要的是追求数据的及时性和使用效率。与依赖小数据和精确性的时代相比较，大数据更注重数据的完整性和混杂性，帮助人们进一步认识事物的全貌和真相。

3. 在大数据时代，人们难以寻求事物直接的因果关系，而是深入认识和利用事物的相关关系

长期以来，寻找因果关系是人类发展过程中形成的传统习惯。寻求因果关系即使很困难且用途不大，但人们无法摆脱传统的认识思维。在大数据时代，人们不必将主要精力放在事物之间因果关系的分析上，而是将主要精力放在寻找事物之间的相关关系上。事物之间的相关关系可能不会准确地告知事物发生的内在原因，但是它会提醒人们事情之间的相互联系。人们可以通过找到一个事物的良好相关关系，帮助其捕捉到事物的现在和预测未来。

（二）云计算

"云计算"概念产生于谷歌和 IBM 等大型互联网公司处理海量数据的实践。2006 年 8 月 9 日，Google 首席执行官埃里克·施密特（Erie Schnidt）在搜索引擎大会首次提出"云计算"的概念。

目前，全世界关于"云计算"的定义有很多。云计算是基于互联网的相关服务的增加、使用和交付模式，是通过互联网来提供动态易扩展且经常是虚拟化的资源。美国国家标准技术研究院（NIST）2009 年关于云计算的定义是："云计算是一种按使用量付费的模式，这种模式提供可用的、便捷的、按需的网络访问，进入可配置的计算资源共享池（资源包括网络、服务器、存储、应用软件、服务等），这些资源能够被快速提供，只需投入很少的管理工作，或与服务供应商进行很少的交互。"

根据这一定义，云计算的特征主要表现为：第一，云计算是一种计算模式，具有时间和网络存储的功能。第二，云计算是一条接入路径，通过广泛接入网络以获取计算能力，通过标准机制进行访问。第三，云计算是一个资源池，云计算服务提供商的计算资源，通过多租户模式为不同用户提供服务，并根据用户的需求动态提供不同的物理的或虚拟的资源。第四，云计算是一系列伸缩技术，在信息化和互联网环境下的计算规模可以快速扩大或缩小，计算能力可以快速、弹性获得。第五，云计算是一项可计量的服务，云计算资源的使用情况可以通过云计算系统检测、控制、计量，以自动控制和优化资源使用。

(三) 大数据与云计算关系

1. 从整体上看，大数据与云计算是相辅相成的

大数据主要专注实际业务，着眼于"数据"，提供数据采集、挖掘、分析的技术和方法，强调的是数据存储能力。云计算主要关注"计算"，关注 IT 架构，提供 IT 解决方案，强调的是计算能力，即数据处理能力。如果没有大数据的数据存储，那么云计算的计算能力再强大，也难以找到用武之地；如果没有云计算的数据处理能力，则大数据的数据存储再丰富，也难以用到实践中去。

2. 从技术看，大数据依赖云计算

海量数据存储技术、海量数据管理技术都是云计算的关键技术，也都是大数据的技术基础。而数据之所以会变"大"，最重要的便是云计算提供的技术平台。数据被放到"云"上之后，打破了过去那种各自分割的数据存储模式，使得数据更容易被收集和获得，大数据才能呈现在人们眼前。而巨量的数据也只能依靠云计算强大的数据处理能力，才能够"淘尽黄沙始得金"。

3. 从侧重点看，大数据与云计算的侧重点不同

大数据的侧重点是各种数据，广泛、深入挖掘巨量数据，发现数据中的价值，迫使企业从"业务驱动"转变为"数据驱动"。而云计算主要通过互联网广泛获取、扩展和管理计算及存储资源和能力，其侧重点是 IT 资源、处理能力和各种应用，以帮助企业节省 IT 部署成本。云计算使企业的 IT 部门受益，而大数据使企业的业务管理部门受益。

4. 从结果看，大数据与云计算带来不同的变化

大数据给社会经济带来的变化是巨大的，涉及各个领域。大数据已经与资本、人力一起作为生产的主要因素影响着社会经济的发展。数据创造价值，而挖掘数据价值、利用数据的"推动力"就是云计算。云计算将信息存储、分享和挖掘能力极大提高，更经济、高效地将巨量、高速、多变的终端数据存储下来，并随时进行计算与分析。通过云计算对大数据进行分析、总结与预测，会使得决策更可靠，释放出更多大数据的内在价值。

六、5G 移动通信

第 5 代移动通信系统（5G）是面向 2020 年之后的新一代移动通信系统。根据移动通信的发展规律，5G 具有超高的频谱利用率和能效，在传输速率和资源利用率等方面较 4G 移动通信提高一个量级或更高，其无线覆盖性能、传输时延、系统安全和用户体验也将得到显著的改善。5G 移动通信将与其他无线移动通信技术密切结合，构成新一代无所不在的移动信息网络，满足未来 10 年移动互联网流量增加 1000 倍的发展需求。5G 移动通信系统的应用领域也将进一步扩展，对海量传感设备及机器与机器（M2M）通信的支撑能力将成为系统设计的重要指标之一。

根据全国多个研发实力机构的描述，5G 技术主要具备几大特征：无与伦比的快、人多也不怕、什么都能通信、最佳体验如影随形等。其中，"无与伦比的快"是 5G 技术最凸显的性征。据了解，目前 4G 网络的最快下载速度约是每秒 150 Mb，而 5G 最快则达到每秒 10Gb。换句话说，利用 5G 网络，人们仅需 4 秒即可下载完一部电影，而 4G 网络状态下载则需 6 分钟。

5G 将满足人们在居住、工作、休闲和交通等各种区域的多样化业务需求，即便在密集住宅区、办公室、地铁等具有超高流量密度、超高连接数密度的场景，也可以为用户提供超高清视频、虚拟现实、在线游戏等极致业务体验。5G 将渗透到物联网及各种行业领域，与工业设施、医疗仪器、交通工具等深度融合，有效满足工业、医疗、交通等垂直行业的多样化业务需求，实现真正的"万物互联"。与此同时，5G 还将渗透到未来社会的各个领域，构建以用户为中心的全方位信息生态系统，为用户带来身临其

境的信息盛宴，便捷地实现人与万物的智能互联，最终实现"信息随心至，万物触手及"的愿景。

未来 5G 系统还须具备充分的灵活性，具有网络自感知、自调整等智能化能力，以应对未来移动信息社会难以预计的快速变化。5G 已经成为国内外移动通信领域的研究热点。

移动互联网的蓬勃发展是 5G 移动通信的主要驱动力。移动互联网将是未来各种新兴业务的基础性业务平台，现有固定互联网的各种业务，将越来越多地通过无线方式提供给用户，云计算及后台服务的广泛应用，将对 5G 移动通信系统提出更高的传输质量与系统容量要求。5G 移动通信系统的主要发展目标，将是与其他无线移动通信技术密切衔接，为移动互联网的快速发展提供无所不在的基础性业务能力。

在过去的 15 年中，我国相继启动了 3G 和 4G 移动通信 863 重大研究计划，并推动实施了国家中长期发展规划"新一代宽带无线移动通信网"重大专项，极大地促进了我国移动通信技术水平的提高，实现了我国移动通信技术研发与产业化的跨越式发展。在分布式无线组网基础理论等方面，取得了一系列有重要国际影响的研究成果。我国所倡导的 TD 技术入选国际标准，华为、中兴等一批企业的全球移动通信市场份额已位居世界最前列，移动通信产业已经成为国内具有国际竞争力的规模性高技术产业之一，在未来 5G 技术与商业竞争中的获得领先优势。

七、区块链

对人类未来十年影响最大的黑科技是什么？数字经济之父唐·塔斯考特（Don Tapscott）认为，不是机器人，不是大数据，甚至不是人工智能，而是区块链（Blockchain）。它可能引发第四次工业革命，也可能重新定义互联网甚至人类社会。

你或许听说过比特币，一种争议不断的数字货币，比特币的最大特点是去中心化。使用比特币，人们无须借助银行就能完成支付，金融巨头关注比特币背后的技术，并且把这种技术用在了非货币领域，比如股票交易、选举投票等。这种技术就称为区块链，一种实时记录全部交易的去中心化公开数据库。在区块链上进行支付时，全网计算机共同查询区块链数据，共同验证这笔支付交易是否有效，确认支付后将写入区块链并产生一条不可篡改记录。传统的支付方式必须借助银行等金融中介，也就随之产生了高昂的费用。而区块链由全网参与者共同管理维护，成本极低。区块链完整保存所有交易记录的特点让任何人都无法从中作假。因此，还可以用在支付以外的更广阔领域。比如，购买苹果公司的股票，一般需要一段时间来完成托管清算交收等步骤，而区块链所有步骤都可以在几秒内完成。使用区块链交易更安全、更经济，每年能节省数十亿美元。纳斯达克巴克莱银行等金融机构都在积极研发区块链技术，用于支付交易、清算投票等领域。尽管区块链技术还处于早期，但可以肯定区块链技术的出现，将给现代金融格局带来深刻的变革。

发展到今天，区块链已经融汇吸收了分布式架构、块链式数据验证与存储、点对点网络协议、加密算法、共识算法、身份认证、智能合约、云计算等多类技术，并在某些领域与大数据、物联网、人工智能等形成交集与合力，成为一种整体技术解决方案的总称。

简单来说，区块链就是一台创造信任的机器、一个安全可信的保险箱，可以让互不信任的人，在没有权威中间机构的统筹下，还能愉快地进行信息互换与价值互换。那么，区块链到底可以做什么？

（一）达成共识、不可篡改且永久追溯

区块链技术可以让主要参与方都变成区块链网络中的一个节点，这样整个业务过程的每个环节都可以形成一个数据记录，由于该记录不可篡改且完整可追溯，便于监管与审计资金流、信息流等，参与业务的各方就不必担心某一方篡改合约、数据库或者其他的信息不对称问题导致的利益损失。

（二）成本节约与效率提升

区块链技术可在不损害数据的保密性情况下，通过程序化记录、储存、传递、核实、分析信息数据，从而形成信用。应用在金融业务上不仅带来非常可观的成本节约，更能够将交易流程大大简化并自动化执行合约，从而提升了交易效率，减少资金闲置成本，降低交易与结算风险，优化客户体验。

（三）分布式架构更灵活更安全

交易记账由分布在不同地方的多个节点共同完成，而且每一个节点都记录的是完整的账目，因此它们都可以参与监督交易合法性，同时也可以共同为其做证。

不同于传统的单中心或单节点记账方案，没有任何一个节点可以单独记录账目，从而避免了单一记账人被控制或者被贿赂而记假账的可能性。

另外，由于记账节点足够多，理论上讲除非所有的节点被破坏，否则账目就不会丢失，从而保证了账目数据的安全性。

（四）自动执行的智能合约

智能合约是基于这些可信的不可篡改的数据，可以自动化地执行一些预先定义好的规则和条款。

根据以上特性，区块链可以应用的领域有智能合约、证券交易、电子商务、物联网、社交通信、文件储存、存在性证明、身份验证以及股权众筹等。

第十一章　创新驱动下大学生职业生涯规划的制定与实施

第一节　大学生职业生涯规划的主要原则

处于不同职业生涯发展阶段的人，所面对的环境要求不同，自身素质积累而不同。因此，个人的职业生涯规划，应根据其规划时所处的阶段、职业发展现状而开展。大学生正处于职业的学习、准备和起步阶段，与已工作过一段时间的职业者的职业生涯规划相比较，大学生的职业生涯规划有其自身的特点，也有其不一样的职业生涯规划原则。

一、目标导向原则

目标是指在一定的时间内达到具有一定规模的期望值。目标导向行为是一个选择、寻找和实现目标的过程。一般而言，它能提高人的动机水平。实用成功学创始人邹金宏认为："心有目标，眼里有今后，行动有持续的战斗力，为人有德而不拘泥，这样的人就容易成功，反之失败者，往往都是以上做得不到位。"

美国哈佛大学 30 年前曾对当时在校的学生做过一项调查，发现没有目标的人占 27%，目标模糊的人占 60%，短期目标清晰者占 10%，长期目标清晰者只占 3%。30 年的追踪结果表明：第一类人几乎生活在社会的最底层，长期在失败的阴影里挣扎；第二类人基本上都生活在社会的中下层，他们没有多大的理想和抱负，整日为生存而疲于奔命；第三类人大多进入了白领阶层，他们生活在社会的中上层；只有第四类人为实现既定目标，几十年如一日，努力拼搏，积极进取，百折不挠，最终成为百万富翁、行业领袖或精英人物。从哈佛大学的调查中我们得出的结论是：目标引领未来，目标促进行动，目标对人生具有巨大的导向性作用。

二、可行性原则

大学生要使自己的职业生涯具有可实现性就必须做到以下几点：一是根据自己的价值追求、性格、兴趣和特长等实际情况来规划；二是必须和社会的职业需求、行业需求相吻合。把握社会对人才需求的动力，以社会需求作为出发点和归宿，这样的职业生涯规划才有现实性和可行性，而无视社会需求则将会使自己的职业生涯规划变成空洞的自我表现设计；三是职业生涯规划还必须与所学专业相结合。大学生在进行职业生涯规划时，应以所学专业为依据，如果所选非专业，即如在参加工作后得重新补课，这将在无形中增加自己的负担。不根据自身特点制定的职业生涯规划，永远只是纸上谈兵，发挥不出自己的特长和潜能。

三、时间要求原则

由于职业生涯发展具有阶段性特点，职业生涯规划的目标和行动就必须划分到不同的时间段去完成。每个规划目标都要有两个时间坐标，一个时间坐标是开始的时间，另一个坐标是预期实现的时间。如果没有明确的时间限定，就很容易使职业生涯规划陷入无限期的空谈之中。

大学生活是一个完整且固定的阶段，其时间维度上有一个标准的划分方法，即大学的学制为大学生活的起止时间。大学生职业生涯规划中最现实、最典型的是中期规划，其规划年限一般是与学生的毕业年限相同的。如果一个新生从入学之初开始进行职业生涯规划，则其规划的起止年限为四年；如果是从二年级下学期开始进行职业生涯规划，则其规划的起止年限为一年半。大学生处于职业的准备阶段，其职业生涯规划的实施策略主要是了解和探索职业，完成与未来可能从事职业相关的学习、培训任务，提高职业生活的基本能力和素质，行动计划必须与大学生本身的学习任务和校园活动密切联系。

大学生的职业生涯规划，其最根本也最现实的目标是初次就业成功，能拥有一个与自己的兴趣、爱好、能力等相匹配的职业岗位。比如，规划自己毕业后进入某大公司的人力资源部门。大学生职业生涯规划的阶段目标可以十分明朗。比如，一年级应该达到什么要求，二年级应该完成什么计划，毕业年要实现什么目标，等等。

四、与社会需求相结合的原则

大学生职业生涯规划还应遵循职业生涯规划与社会需求相结合的原则。把握社会对人才需求的动力，以社会需求作为出发点和归宿，这样的职业生涯规划才有现实性和可行性。

此外，职业生涯规划尽量与所学专业相结合。知识经济时代要求大学生要有广博的视野和不断创新的能力，才能跟上时代的脚步，应付各种挑战；职业生涯规划还必须与增强身心健康相结合。没有健康，智慧就难以实现。在人生选择与实践中，应培养和锻炼自己对挫折的承受能力和情绪调控能力，以正确的人生态度对待困难和挫折。

第二节　个人生涯愿景与大学生职业规划的步骤

一份有效的职业生涯规划应该包含七个部分的内容，分别是：清晰的个人生涯愿景，自我评估，职业生涯机会评估，确定职业发展目标，设定职业生涯发展路线，制订弥补差距的行动方案，实施、评估与修订。

一、个人生涯愿景

（一）愿景的内涵

愿景，即所向往的前景。对于个人来说，愿景是人们选择和发展自己的职业时所围绕的中心，是人们永远为之奋斗、希望达到的图景，它是一种意愿的表达，愿景概括了未来的目标、使命及核心价值，是最终希望实现的图景，是激励人们奋斗进取的动力，是人生力量的源泉。

生涯愿景是个人在实践过程中经过探索，与外界互动逐渐沉淀下来的理想职业目标，是目标职业的期望情景的总和。生涯愿景包含很多内容，如目标职位、领导风格、价值观念、性向特征、行业领域、企业规模、职位胜任素质、控制幅度等，其中价值观、个人性向、知识技能等最为重要，是构成个人职业生涯愿景的核心部分。

在人类历史上，古今中外大凡事业成功的人士，都从小立志，确立理想，最终为社会作出贡献，从而实现了自己的人生目标。不同的人生志向将决定不同的人生。一般来讲，志向的层次越高，它所提供的动力就越大。

（二）职业生涯发展——从选定方向开始

比塞尔是西撒哈拉沙漠中的一个小村庄。这儿从来没有一个人走出过沙漠，据说不是他们不愿离开这块贫瘠的地方，而是尝试过很多次都没有走出去。英国皇家学院的院士莱文对这种现象感到很奇怪。他来到这个村子向这儿的每一个人问其原因，每个人的回答都一样：从这儿无论向哪个方向走，最后结果总是转回出发的地方。

为了证实这种说法，莱文尝试着从比塞尔村向北走，结果三天半就走了出来。莱文非常纳闷，比塞尔人为什么走不出来呢？为了进一步找到原因，莱文雇了一个比塞尔人，让他带路，而莱文自己收起指南针等现代设备，只拄一木棍跟在后面。十天过去了，他们走了大约 800 英里的路程，第十一天的早晨，他们果然又回到了比塞尔。这一次莱文终于明白了，比塞乐人之所以走不出沙漠，是因为他们根本就不认识北斗星。在一望无际的沙漠里，一个人如果跟着感觉往前走，他会走出许许多多、大小不一的圆圈，最后的足迹十有八九是一把卷尺的形状。比塞尔村处在浩瀚的沙漠中间，方圆上千公里没有一点参照物，若不认识北斗星又没有指南针，想走出沙漠，确实是不可能的。这个与莱文一起配合的青年就是阿古特尔。阿古特尔因此成为比塞尔的开拓者，他的铜像竖在小城的中央，铜像的底座上刻着一行字："新生活是从选定方向开始的。"

职场何尝不是每一个人职业生涯的撒哈拉沙漠，每个人的职业生涯就像要走出这撒哈拉沙漠一样，在亲身经历之前一切都是未知的，成功注定是在沙漠的另一边。因此，职业生涯的发展，首先从选定方向开始，愿景就是生涯发展的方向。

二、大学生职业生涯规划的步骤

（一）自我评估

自我评估是为了更好地认识自我、了解自我。只有通过科学认知的方法和手段，如借助于职业兴趣测验和性格测验以及周围人对你的评价等，对自己的职业兴趣、气质、性格、价值观、能力等进行全面认识，才能准确地判断自己的优势与特长、劣势与不足。

要特别指出的是，从最早的弗兰克·帕森斯开始，职业发展专家就专门把兴趣当作职业选择的一个重要组成部分，当前常用的职业兴趣量表有斯特朗兴趣量表、库德职业兴趣量表等，这些兴趣量表的本质是测量某人对关于个人喜欢什么及不喜欢什么的题目的反应，然后将个人的兴趣剖面图与某个职业领域中其他人的兴趣剖面图进行比较，看两者之间是否符合。因此，自我评估时要客观、冷静，不能以偏概全，既要看到自己的优点，又要面对自己的缺点。只有这样，才能避免设计中的盲目性，达到设计的高度适宜。

（二）职业生涯机会评估

职业生涯机会评估主要是指分析内外环境因素对自己职业生涯发展的影响。人是社会的人，任何一个人都不可能离群索居，都必须生活在一定的环境之中。特别是要生活在一个特定的组织环境之中。环境为每个大学生提供了活动的空间、发展的条件、成功的机遇。特别是近年来，社会的快速变迁，科技的高速发展，市场的竞争加剧，对大学生的发展产生了很大的影响。大学生如果能很好地利用外部环境，就有助于事业的成功。因此，在进行职业生涯规划时，要分析环境的特点、环境对大学生提出的要求以及环境对自己有利与不利的因素等。环境因素评估主要包括组织环境、政治环境、社会环境、经济环境。

（三）确定职业发展目标

职业目标就是在职业上的追求和期望，如人力资源总监就是一个职业目标，而人力资源方面的工作就不是职业目标，而只是一个职业发展方向。确立目标可以成为追求成功的驱动力。因此，在制定职业生涯规划时，关键是要确立目标。

确立职业发展目标，首先，要知道一直想做的事，这样才能找到兴趣所在，明确在最困难的时候也不放弃的那份追求；其次，要知道现在所具备的知识、经验、技能、思维方式（或者是大学毕业后应该具备的能力）等，找到职业发展目标的切入点；最后，要知道职业的期望是什么。将这三者结合起来，就可以找到适宜的职业目标。通过这样的方法和途径建立的职业目标是符合个人兴趣的，是具有合适的切入点的，是符合个人对未来的期望的。

职业目标是人们对未来职业生活的构想和规划，任何人的职业目标必然要受到社会环境和社会现实的制约，我们认为，凡是符合社会发展需求和人民利益需要的职业都是正确的。因此，大学生制定职业目标时应把个人志向与国家利益和社会需要有机地结合起来，这才有现实的可行性。职业目标又分短期目标和长期目标。长期目标一般是以后职业规划的顶点，短期目标则一般是近期素质能力的提高等。

（四）设定职业生涯发展路线

职业生涯路线是指当大学生确定职业生涯目标后，向哪一条路线发展。是向行政管理路线发展，还是向专业技术路线发展，或是先走技术路线，再转向行政管理路线。由于发展路线不同，对职业发展的要求也不相同。所以，在职业生涯规划中必须做出选择，以便使自己的学习、工作沿着预定的方向前进。通常职业生涯路线的选择须考虑以下三个问题：一是我想往哪一条路线发展。这是通过对自己的职业价值、职业理想、职业动机等要求的分析，确定自己的职业目标取向。二是我能往哪一条路线发展。这是通过对自己的性格、特长、经历、学历的分析，确定自己的职业能力取向。三是我可以往哪一条路线发展。这是通过对自己身处的社会环境、经济环境、政治环境、组织环境的分析，确定自己的机会取向。对于以上三个问题，进行综合分析，就能确定自己的最佳职业生涯路线。

（五）制订弥补差距的行动方案

职业生涯每次质的飞跃，都是以学习新知识、获取新技能为前提的。为了顺利达成目标，个人首先需要对达成目标所要求的条件进行分析，然后对照自己找出差距，并找到弥补差距的具体办法。比如，为了弥补在组织管理能力上的差距，是通过参加教育培训班还是当学生干部自我锻炼？差距找出了，弥补差距的具体办法也找到了，接下来就要用表格的形式制作一个弥补差距的具体方案，以便将内容明确下来。

（六）实施、评估与反馈

俗话说"计划没有变化快"，尤其在经济全球化和高科技信息时代背景下，变化更是永恒的主题。大学生必须意识到改善与职业生涯决策有关的自我认识是一个终身的过程，永远不会结束。每个新的事件和经历都会增加或者改变大学生的价值观、兴趣和技能的信息存储，而且不管他们的经历是成功还是失败都能够对职业生涯的选择起到重新认知的作用，从而进一步明确和澄清个人的职业旅程。由于影响职业生涯规划的因素很多，有些变化着的因素是难以预测的，因此，要使职业生涯规划行之有效，大学生就必须时刻关注职业环境的变化，从而不断对职业生涯规划进行评估与修订。对大学生而言，其职业生涯规划修订的主要内容包括：生涯路线的修订，职业行动目标的修正，实施措施与计划的调整、变更，等等。

第三节　大学生职业生涯规划的实施

对于大学生来说，要实施个人职业生涯规划，最主要的是做好并实施好大学阶段的生涯规划。由于大学的学习经历处于职业探索和职业准备的阶段，这个时期大学生的可塑性很强，可以不断培养多方面的兴趣，在学习和交往过程中逐渐完善性格，在社会实践过程中提高自己的操作能力，并在此过程中使潜力得到挖掘。

一、大学生职业生涯目标的确定

职业生涯发展的过程，主要可以分为职业准备期、职业选择期，职业适应期、职业稳定期和职业结束期。大学生的职业生涯规划侧重点在职业准备、职业选择、职业适应三个阶段。

（一）大学生职业生涯目标应该立足于长期规划

大学一年级，主要的任务是增强学习专业知识的主动性，掌握扎实的基础知识和精深的专业知识，在此基础上拓宽专业知识面，掌握或了解与本专业相关、相近的专业知识技术，加深对本专业学习目标和就业方向的认识，初步了解要从事的职业，为将来制定职业目标打下基础。

大学二年级，主要了解大学生应该具备的基本素质，积极参加各种社会实践活动，最好能在课余时间从事一份与自己的未来职业或本专业相关的兼职工作，提高自己的责任感、主动性和受挫能力。同时，增强自己的英语读写能力和计算机应用能力，并根据自己的个人兴趣修订个人的职业生涯规划。

大学三年级，这一阶段主要是培养自己的独立创业能力。参加大学生素质拓展训练，锻炼自己独立解决问题的能力和创造性，加强与已毕业大学生的联系，交流求职心得体会，学习写简历、求职信，拓展了解收集工作信息的渠道。

大学四年级，这一阶段属于分化阶段。大部分学生对自己的出路应该都有了规划，因此，在这一阶段要检验已确立的目标是否正确，对前三年的准备做一个总结，并通过接受求职技巧培训，参加模拟面试，看自己的准备是否充分。这个阶段要初步完成从学生到职业者角色的转变。

（二）大学生职业生涯常见的目标

最近几年，大学毕业生职业选择呈现多样化。表现为以下特点：考研持续升温；企事业单位仍是就业的主渠道；投身军营是大学生毕业后的又一选择；参加各级党政部门的干部选调，成为毕业生的另一个去向（选调生）；公务员成为热门；到基层、艰苦的地方工作和参加大学生志愿服务西部计划；出国留学——想说爱你不容易；自主创业——可以尝试一下；待就业——就业困难或不就业继续考研。但是，目前大学生毕业后常见的去向主要为就业、考研、自主创业三个方面，下面针对这三个方面分别进行分析和解读。

1. 就业

当前大学毕业生的择业标准呈现多样化的趋势。要避免和纠正大学生在择业中的短期行为，正确处理社会需要与个人成才、事业与生活、个人与集体等各种关系。当前大学生求职择业应当面对现实，根据市场实际状况更新观念，转换思路，到最适合自己的岗位上工作，而不应过分关注工资水平及地理位置等，只有这样才能充分发挥自己的聪明才智，最终实现人生价值。大学生可利用人才交流会、网络资源等途径，寻找合适的就业岗位，主动大胆地把自己推销出去，抓住和珍惜来之不易的就业机会。面对严峻的就业形势，大学生应转变就业观——先就业后择业，求职择业不可再像过去那样追求一步到位，如果斤斤计较眼前的职业岗位是否理想，就会失去许多起步的机会，可以先就业积累工作经验，提升自我价值，为以后找到理想的工作奠定基础。

2. 考研

如今大学生考研的原因有提高学术水平和自身素质、躲避就业、改变专业等几个方面。选择报考学校和专业时主要考虑的因素包括学校实力、专业、学校名气、学校所处地理位置等。在准备考研的过程中，应该把握以下三大定律。

（1）身体是革命的本钱

考研期间生活规律，注意饮食，合理搭配；要保持良好的身体状态，注意劳逸结合。

（2）心理素质决定成败

考研是持久战，考知识、考毅力、考耐心；戒急戒躁、稳定心态；积极、乐观，与其他考研同学交流；过程强目的性和结果弱目的性相结合。

（3）一分耕耘一分收获

考研需要时间的积累，根据实际，列出自己的学习时间表，保证一定的学习时间量；掌握科学的学习方法，采取各种方式，切实按安排时间表实施学习计划；创造宽松的学习环境保证学习的效果。

3. 自主创业

大学生自主创业，在解决自身就业问题的同时也为社会创造了新的就业机会，有利于缓解社会的就业压力。与此同时，大学生在创业的过程中还可以增强自己的动手操作能力、创新能力、组织协调能力、心理承受能力、团队合作精神和社会适应能力。对大学生来说，自主创业既是挑战，也是机遇，它不仅将成为我国现代经济发展重要的动力之一，也是我们进行改革创新、制度创新、理论创新的主要实践手段。因此，大学生创业具有重要意义。但是，由于大学生缺乏相应的社会经验，在创业的过程中也遇到了许多新的问题，需要全社会的关注和帮助。

（1）资金不足是大学生创业的主要瓶颈

调查显示，有73.47%的大学生所能承受的自主创业资金不足10万元；61.63%的大学生认为"缺乏启动资金"是创业的最大障碍。专家认为，资金瓶颈的成因主要有三点：一是各级政府投入难以在短时间内满足大学生创业需要；二是受经济发展水平限制，以及缺少相应捐赠法规，社会捐赠有限；三是银行缺少风险评估机制，创业青年缺乏财产抵押担保，融资困难。许多大学生坦言，在目前的融资条件下，要创业最好是家庭条件宽裕，才能经得起折腾。不然还是先找个工作解决生计问题比较现实。

（2）创业知识和创业经验缺乏等是阻碍大学生创业的难题

据重庆大学生创业基地负责人分析，大学生普遍缺少社会阅历和经验，往往找不准项目，对公司不具备完整的管理体系，同时对市场的分析、判断、处理等方面的能力还很欠缺，不少人连开办公司的基本流程都不知道。

（3）更深层次地分析，大学生创业还面临三类问题

一是现行创业政策不够完善。大学生创业必须面对政策门槛。在发达国家和地区，与创业相关的法律法规比较健全，青年创业获取相关政策的支持比较容易。近年来，我国各级政府虽也陆续推出了一些诸如减免税收、小额信贷等促进创业方面的政策，但整体上还不够完善。这在一定层面上使想创业的青年常常找不到相关政策，或者对已有政策的操作流程不太了解。二是创业技能培训有待加强。创业前，绝大多数大学生没有经过很好的创业相关技能训练，创业经验缺乏，创业能力较弱。三是创业服务不够健全。与发达国家相对完备的青年创业教育、创业服务机制相比，我们在提供创业信息和创业指导、营造创业的舆论环境和文化氛围、整合社会资源为大学生创业服务等方面还不够规范，相应的服务机构也不健全，这在一定程度上影响了服务大学生创业的效率和质量。

（三）做出选择，牢记心中目标

大学生在权衡之后，应尽快确立自己的职业生涯目标，以便集中精力

顺利实现自己的目标。目标是人生发展的动力，人若没有生活的目标，就好比航行在大江大海中没有舵手的船。生活没有目标，人生就会失去本来的意义，丧失生活的动力，虚度人生。不幸的是，在我们追逐人生目标的过程中，我们又不时会被一些细枝末节和毫无意义的琐事分散精力，扰乱视线，以致中途停了下来，或是走上岔道而放弃自己的既定目标。有时候，可能并不是出于我们的本意，只是一种惯性思维。究其原因，还是我们没有牢记心中的目标。因此，在人生发展过程中，一定要不时提醒自己"我心中的目标哪去了"。

二、制订与实施行动计划

在确定了职业生涯目标后，就要制订相应的行动计划来实现它们，把目标转化成具体的方案和措施，并监控方案的实施过程。实施措施制定的过程，就是自我约束和自觉实施职业生涯规划的过程。大学生可以根据自己的总体目标、发展规划，采取链条分解法逐层分解，将总体目标分解成一个个具体目标，以使每一学年、每一学期，甚至每一月都有小目标，这些目标可以是学习能力上的提高或者科研能力的培养，甚至是社会人际交往能力的增强。然后根据具体的小目标，采取相应的具体措施步步落实，逐一实现，最终完成总体目标。

计划制订好了，最重要的是要去实施。在实施的过程中，一个人的执行力如何就显得非常重要了。执行力相当于心理学中所说的毅力。有些同学经过精心策划，给自己制订计划，可是一旦遇到困难或挫折就放弃了。没有执行的计划相当于什么也没有发生。"性格决定命运，细节决定成败"，这话讲得非常有道理。经常听一些大学生说："我要考研。"可是没过多久，他就改变主意了。还有的大学生说："从下周开始，我要好好学英语。"大家可能会问：为什么非要从下周开始，而不是从今天开始呢？

良好的实施计划一般要求做好自我时间管理。时间本身是不可以管理的，而是指对自我的管理，以使个人利用好有限的时间，从而高效地达成个人的目标。有效使用时间的习惯一旦形成，它就会永远帮助你。成功人士拥有的时间与一般人是一样的，他们之所以能够在有限的时间内发挥出更多的能量，良好的时间管理技巧是非常重要的因素。一是要制订计划。

把今年所要做的每一件事情都列出来，并进行目标切割：年度目标切割成季度目标，列出清单，每一季度要做哪一些事情；季度目标切割成月目标，并在每月初重新再列一遍，碰到有突发事件而更改目标的情形便及时调整过来；每个周末把下周要完成的每件事情列出来；每天晚上把第二天要做的事情列出来。二是要区分轻重缓急。事情按照重要性和急迫性两个不同的程度进行划分，可以分为既紧急又重要（如学习任务、四六级考试等）、重要但不紧急（如建立人际关系、新的机会等）、紧急但不重要（如电话铃声、不速之客进入等）、既不紧急也不重要（如客套的闲谈、无聊的信件、个人的爱好等）。最重要的时间管理理念是把主要精力放在处理那些重要但不紧急的事情上，这样做既可以把握事情的主要方面，又可以避免将来成为救火员。三是注重细节积累。生活中有许多零碎的时间很不为人注意，其实这些时间虽短，但却可以充分利用起来做一些事情。比如等车时可以用来思考下一步的工作，翻翻报纸乃至记几个单词，运动时可回想遇到困难的事和亟须解决的事等。在疲劳之前休息片刻，既避免了因过度疲劳导致的超时休息，又可使自己始终保持较好的"竞技状态"，从而大大提高工作效率。四是学会说"不"。计划赶不上变化是经常遇到的情况，但是临时出现的情况，我们可以说"不"。例如，朋友约你打牌或喝酒等。不要被无聊的人和无关紧要的事情缠住，也不要在不必要的地方逗留太久，不要将整块的时间拆散。一个人只有学会说"不"，才会得到真正的自由。但是，说"不"要讲究技巧，不要直截了当、语气生硬，而是要委婉，要用他人觉得确实是合理的理由来拒绝。

第十二章　创新驱动下大学生就业能力
　与求职技巧

第一节　转变就业观念

大学生就业问题是当前突出的社会问题之一，引发了广泛关注。经专家调查发现，大学生的就业理念受到各种价值取向的影响，存在着多个误区。因此，我们要引导大学生认清就业形势，转变就业观念，提高就业能力。

一、认清就业形势

在校大学生应如何看待高校毕业生就业的形势呢？总的来看，世界经济形势的不确定性、经济增速放缓、行业结构调整和产能过剩、全国高校毕业生数量创新高等不利因素决定了高校毕业生就业形势不容乐观，必将面临巨大的竞争压力。

随着当今社会经济的高速发展，人才供求的多元化，使得各级高校都进入了扩招期，从而圆了"90后"浩浩荡荡的学子梦。由于社会经济的高速发展和变化导致高校所开设专业与社会的供求不完全匹配以及教育质量的下滑，进而引发了当今大学生的就业压力。有关部门统计获悉，高校2019—2022年毕业生人数年年攀升，形势严峻。从学历上看，研究生初次就业率最高，本科初次就业率略低，高职高专初次就业率最低。从专业看，工科毕业生就业率较高，理科和文史哲类毕业生就业率较低。从毕业院校看，重点大学就业率较高，普通本科和独立学院就业率较低。

值得关注的是，已就业者中，部分毕业生流动性较高。认清国内就业形势，找准自身定位，才能在找工作的路上更加顺利。

二、树立正确的就业观

正确的就业观念是适应社会主义市场经济发展的形势，适应当前高校毕业生就业的宏观环境及新的就业方向。正确的就业观念包括六个方面的内容。

（一）克服"等、靠、要"的陈旧观念，确立就业市场化观念

随着社会主义市场经济的逐步建立，人才市场、劳动力市场也将得到建立和完善。各类人才市场覆盖了全国所有市、县，基本形成了省、市、县二级人才市场网络体系。随着人才市场的不断完善，人事计划、调配体制、人才部门所有制的网络结构开始松动，使一些中小型企业能够通过人才市场引进紧缺人才。各地人事部门通过发函、网上发布信息、供需见面会、新闻发布会等形式，帮助毕业生落实工作单位，各类毕业生都将逐步进入人才劳务市场，实行双向选择，平等竞争就业，这是社会发展的必然。因此，毕业生应彻底抛弃"等、靠、要"的陈旧观念，积极通过各种途径了解市场对人才的需求情况，从多种渠道及时收集人才需求信息，主动进入市场。

（二）不要盲目夸大难度，自觉调整就业期望

有关专家指出，大学生就业压力加大，是我国高等教育从精英教育转向大众教育形势下必然产生的现象。解决这个难题，需要学生认识到整体趋势，自觉调整就业期望，实事求是地评价自己。在求学期间有意识地培养自己的各方面能力。同时，也不要认为到基层、到企业就没有出路，成功的企业家，都是从基层做起的。

（三）练好内功，树立竞争开拓观念

有市场，必然有竞争。有无竞争观念，竞争观念的强弱，从某种意义上决定着毕业生能否选择到合适或理想的职业。强化竞争观念是毕业生求

职前的最基本的心理准备。树立竞争观念，就要敢于面对竞争，主动应对竞争，在社会的各个领域和社会生活的竞争中，都要具备不等不靠、练好内功、有所作为、有所创新的精神。若要提高竞争能力，就必须具备较高的学识和本领，必须投身于竞争实践。竞争是实力的较量，优胜劣汰、适者生存是竞争的法则。要增强对竞争结果的承受力，克服在竞争过程中遇到的困难与阻力。如果把竞争看成是一种高层次的满足，并且奋斗不止，就一定能在竞争中克服困难和阻力，立于不败之地。

有了一个较强烈的竞争观念，相应地就会有较积极的开拓精神，不过多关注"冷门""热门"，不过分强调专业对口，敢于进入想进入的相关岗位，敢于进入一个崭新的领域去开拓新事业。同时还应该认识到，冷热总是相互转化的，今天的热门，可能是昨天的冷门升温的；今天的冷门，可能是昨天的热门降温的。

(四) 处理好待遇和事业的关系，确立经济效益观念

当前，国有企业在转换机制、调整结构的过程中，对毕业生的需求不会太大；而我国的乡镇企业发展迅速，对毕业生有较旺盛的需求；私营企业需要一批技术和管理人员及其他从业人员，这也是毕业生就业新途径；合资合作和外商独资企业也纷纷争抢高层次的研发人才和高素质的劳动力。毕业生不能只看所有制性质，关键要看以下几点：单位是否需要、重视人才，具体分配办法和收入怎样，福利与保险怎样，产品结构、质量、管理、效益、发展趋势如何。

大学毕业生应当注意处理好眼前利益和长远利益的关系、待遇和事业的关系，不应图一时的"实惠"而荒废学业。

(五) 发挥所长，树立甘愿到一线的观念

一些高校的毕业生就业指导负责人指出，从目前我国很多地方的实际需求看，大学毕业生根本不存在过剩的问题。目前企业普遍急需生产第一线的操作人员、技术人员。这也是职业院校的培养目标。立足第一线，从埋头苦干开始，树立起吃苦耐劳的新形象，在实践中不断提高和发展自己。农村天地广阔，在那里是可以大有作为的。农村科技事业的发展，急需大批科技人员。据统计，我国目前平均每百名农业劳动者中只有 0.023 名科技人员，每百亩耕地平均拥有科技人员 0.0491 名，而发达国家每亩耕

地平均拥有一名科技人员。

（六）先就业、后择业、再创业的观念

随着社会就业竞争的加剧，特别是人才竞争的进一步加剧，"先就业、后择业、再创业"正成为当代大学生选择的一种就业新理念。与此同时，一些大学生喊出这样的口号："既然就业难，就自己去创业。"

我们注意到，越来越多的毕业生对"市场就业"有了新的认识，他们开始以平常心态面对市场。"想要一步到位就找到自己的合适位置已越来越不容易，先找个工作再说，不行再跳"几乎已成为众多毕业生的一种共识。而且现在只有文凭而缺乏实际工作能力的人已越来越受冷遇，面对人才供求关系的变化，调整心态，先就业、后择业、再创业成了应届毕业生选择的一个新动向。

毕业生需要破除"一选定终身"的传统就业观念，在落实和选择工作单位和岗位时，不求一步到位。因此，广大毕业生要对自己和社会有一个正确的认识和分析，对就业单位、岗位的挑选要有度，适当调整就业期望值，迟就业不如早就业。在工作若干年以后，由于知识的更新、能力的提高，还可以根据自己的实际情况和发展方向，重新选择就业单位和岗位。

"先就业、后择业"，并不是指先随随便便找个工作，然后"逮"着个机会就跳槽。如果你具有相当的实力，当然可以去争取心目中的好单位和好岗位；相反，则应该把心放平、把眼界放低，从基层做起。在这个过程中，也应该有所选择，选择适合自己发展的、能在职业发展道路上为自己奠定基础的工作。要找到理想的工作单位，必须有深厚的知识、技术和经验基础。大学生在调节心理"价位"时，调低的只是对薪酬的期盼和对名气大的大公司的热望，而不是放弃对自己职业生涯的规划。这样做相对"一步到位"的高期望来说更切合实际。

当前的就业形势下，在求职过程中应保持客观现实的心态，不妨采取"骑驴找马"的对策，放弃"一步到位"的就业追求。刚毕业缺乏经验者，可以尝试先在行业留下来，锻炼经验，并且可以参加一些专业的技能培训，进而考取一个职业资格认证，拿到进门的"敲门砖"；对薪金待遇、职位、企业等不太满意的，也宜在岗位上抓紧时间充电，参加相应的高端培训，以便在就业形势好转时寻求更理想的职位；而感觉"学历不够"

者，可以参加继续教育学习。

与"一步到位"相比，"骑驴找马"可为自己"拼后劲"积累一定的经济基础和社会经验。经过基层的磨炼和积累的工作经历，往往更能胜任日后的高职位。

三、择业的基本原则

"自主择业"并不意味着随心所欲，社会因素和大学生毕业自身素质条件的限制，使得大学生择业必须遵守以下五个原则。

（一）明确职业定位，发挥自身优势的原则

发挥优势的原则就是说在择业时，一定要综合自己的实际情况，侧重能够发挥自己的优势。不同的职业对从业者的生理、心理、专业素质及思想品德的要求不同，在择业时要分析不同的职业特点和职业要求，搞清楚自己能否满足该职业的要求。如果一个职业能使求职者发挥自己的优势，将会使其保持良好的心理状态，增强自信心，很快进入工作状态，有利于个人发展。坚持发挥优势的原则是取得成功的第一步。

（二）了解职场需求，符合社会需要的原则

服从社会需要是毕业生择业的前提，自主择业并不等于自由就业，社会提供了什么职业、社会需要从事什么职业的人是毕业生选择职业的前提条件。因此，毕业生在考虑自身优势的同时，选择职业不能完全凭自己的兴趣爱好，更不能无视社会的实际需要凭空规划自己的职业，而要根据国家的经济状况和实际需求确定自己的职业目标。一个毕业生的职业选择符合了社会需要，可能就会充分地实现自我价值。反之，如果不符合社会需求，实现自身价值的可能性就会很小，同时也会影响到个人的发展。

（三）把握就业政策，遵守政策约束的原则

政策约束的原则是毕业生在择业时，应把有关政策作为择业时必须遵守的规范。毕业生在择业前必须全面了解就业政策，包括国家总的就业方针政策、地区的就业政策和规定、学校的具体规定、用人单位吸引人才的规定和人事制度，在就业政策的允许范围内选择就业目标，避免走入择业误区。

（四）定择业目标，争取及时就业的原则

争取及时就业的原则是指毕业生择业时，应该在个人能够就业的若干

个职业中，选择一个相对较好的及时就业。在就业竞争日趋激烈的情况下，应该坚持先生存后发展、先就业后择业的原则。把及时就业放在首位，确保就业成功，之后再谋求发展。

（五）分析职场反馈，适时调整目标的原则

适时调整的原则是指在求职时及时调整就业目标。在就业过程中这是必不可少的。职业选择必须从实际出发，就业情况并不是一成不变的，有时会发生很大的变化。同时，可能求职初期考虑得不全面，在实施中遇到了行不通的情况，这就是需要依据新的情况，适时调整自己的择业目标，慎重地进行新的选择。在得到新的反馈信息和进行择业目标调整时一定要注意及时性，以免错失良机。

第二节 调适就业心理

就业是大学生跨出校门融入社会的标志，是其人生中极为关键的一步。这个过程是对每个大学生身心素质的全面检验。当今社会就业竞争日趋激烈，大学生必须具备良好的身心素质、健全的自我意识、适度的情绪控制以及人际交往能力和对挫折的承受能力。

在人的一生中，职业选择期是非常关键的时期。因此，在职业选择期，良好健康的心理关系着一个人今后人生历程的发展，它决定着一个人在职业生活中能否发挥自己的个性，施展自己的才华，取得事业成功与自我价值的实现。为了避免大学生择业中的心理障碍与心理压力，应该采取积极的措施来调适大学生在择业中存在的不良心理。

一、关于调适的基本观点

调适又称心理调适，是指改变或扩大原有认知结构，以适应新情境的历程。大学生在择业过程中，不可避免地会遇到困难、挫折和冲突，引发各种心理问题，这既不利于个人身心健康也不利于求职就业。心理调适的作用就在于帮助大学生在遇到挫折和冲突时，能够客观地分析自我与现

实，有效地排除心理困扰，控制和调节自己的情绪，从而保持一种稳定而积极的心态，维护自己的身心健康，人尽其才，各得其所。

自我心理调适就是根据自身发展及环境的需要对自己的心理进行控制调节，从而最大限度地发挥个人的潜力，维护心理平衡，消除心理困扰。大学生学会自我心理调适，能够帮助自己在择业遇到困难、挫折和心理冲突时，进行自我调节与控制，化解困境，排除困扰，改善心境，寻找最佳途径实现自己择业的理想和目标，不至于因受挫而使情绪一落千丈或丧失信心。因此，大学生要充分认识心理调适的积极作用，提高自我调适的自觉性，增强承受挫折、化解冲突和矛盾的能力，及时调整自己的心理状态，促使心理健康，顺利择业。

大学生进行自我心理调适一般有以下四个途径。

（一）充满自信

知人为聪，知己为明；知人不易，知己更难。大学生应该对自己有充分的认识，把主观愿望和客观条件结合起来，强化自信心理。一些大学生在求职过程中，怯于出头，羞于表现，常常给人唯唯诺诺、缺乏能力的感觉，不能给自己提供施展才华的机会。在面对日益激烈的人才竞争时，大学生要抛弃自卑心理，树立自信意识。充满自信，在平时就应注意培养自己良好的人格品质，改变那些不适应发展的不良的个性品质，培养自信乐观、自强不息、宽容豁达、开拓创新等品质，树立自信心。在求职遇到挫折困境时，要相信自己的能力，不被暂时困难所吓倒，正视现实，放眼未来，要相信未来是美好的、前途是光明的，对自己抱有合理而坚定的信心，定能到达理想的彼岸，找到自己满意的工作，同时要适时调整自己的不良心理。对求职的期望适度，保持实事求是、知足常乐的心理。

（二）正视社会现实

人是社会之人，是现实之人。正视社会现实是大学生择业必备的健康心态之一。积极的心态是正视社会，适应社会；消极的心态是脱离社会，逃避社会。随着知识经济时代的到来，社会越来越尊重知识，尊重人才，而随着大学生就业制度改革深化，以及国家劳动认识制度的改革配套，社会将尽可能为大学生求职择业提供较好的环境，职业选择的机会将大大增加，这必定为大学生施展自己的才能提供广阔的天地，也有利于大学生自身的发展与成才。但同时也必须看到，我国目前的生产力还比较落后，供需形势不平衡，教育结构不合理，社会为大学生提供的工作岗位不可能使人人满意。另外，我国的大学生就业市场还需要进一步完善，用人单位自主权扩大以后，对大学生要求更加严格。因此，大学生要从实际出发，更新择业观念，面对人才市场，必须勇于竞争，以便被社会承认和接受。正视社会现实，还需要大学生认清社会需求，根据社会需要选择适合自己的工作，而不应好高骛远、脱离实际。

（三）培养独立意识

社会并不把大学生当作学生或未成熟的青年看待，社会要求大学生对自己行为负完全的责任。因此，大学生在校期间有意识地培养自己的独立意识是十分重要的。首先，要培养自己独立生活的能力。从纷繁琐碎的日常小事开始，训练独立处理问题，发展各种基本生活技能的能力，摆脱家庭的关怀呵护，学会自立。其次，要注重培养独立处理学习、生活、应付工作的能力。最大限度地发挥自己的创造性，而不是在等待老师安排和指导下去做，要学会顺应环境，改变环境。最后，要在思想上和心理上走向独立。思想上意识到大学生要走自己的路，要有自己独立的见解，寻求自己的奋斗目标，独立处理面对的各种问题，不断完善自己的思想体系；而心理上的独立，很重要的一方面是要有自信心，无论成功与否，身在顺境还是逆境都能坦诚地对待自己，都相信自己的能力，做到自尊、自爱、自信、自强，保持乐观进取、积极健康的心态。

（四）正确对待挫折

挫折是试金石，心理健康的人，勇于向挫折挑战，百折不挠；心理不健康的人知难而退，甚至精神崩溃、行为失常。大学生在求职过程中应保持健康稳定的心理，积极进取的态度，遇到挫折，不要消极退缩，要认真分析失败的原因，是主观努力不够，还是客观要求太高；是主观条件不具备，还是客观条件太苛刻，经过认真分析，才能心中有数，调节好心态。有的学生一次落聘就灰心丧气、一蹶不振，落聘虽失去一次选择职业的机会，但并不等于择业无望，事业无成。因此，遇到挫折，要敢于向挫折挑战，知难而进，百折不挠。对待挫折不是被动适应和一时忍耐，而是要放弃等待机遇、怨天尤人、牢骚满腹的挫折心理，藐视困难、增强信心、修订目标、客观分析、积极进取、创造新生活。

二、心理调适的具体方法

大学生要控制自己的心境、自觉地调整内在的不平衡心理、增强心理素质、保持乐观向上的情绪，就需要不断地对自己进行心理调适。下面介绍几种常用的心理调适方法，供大学生在择业过程中，根据自己的实际情况有选择地加以使用。

(一) 自我激励法

自我激励法主要指用生活中的哲理、榜样的事迹或明智的思想观念来激励自己，同各种不良情绪进行斗争，坚信未来是美好的，因为失败、挫折已经成为过去，要勇敢地面对下一次，尽可能地把不可预料的事当成预料之中的，即便遇到意外事件出现或择业受挫，也要鼓励自己不要惊慌失措、冲动、急躁，而是开动脑筋、冷静思考、寻找对策。大学生在择业过程中，要相信自己的实力，通过自我激励，增强自信心，消除自卑感，保持良好的情绪和心态。

(二) 注意转移法

注意转移法即把注意力从消极情绪转移到积极情绪上。当不良情绪出现时，可以采取转移注意力的方法寻找一个新颖的刺激点，激活新的兴奋中心以抵消或冲淡原来的兴奋中心，使不良情绪逐渐消失。例如，听听音乐、参加体育运动、进行自我娱乐、接受大自然的熏陶、参加有兴趣的活动等，使自己没有时间沉浸在因各种原因引起的不良情绪反应中，以求得心理平稳。

(三) 适度宣泄法

当遇到各种矛盾冲突，引起不良情绪时，应尽早进行调整或适度宣泄，使压抑的心境得到缓解和改善。宣泄的较好方法是向自己的挚友、师长倾诉忧愁、苦闷，使不良情绪得到疏导。在倾诉烦恼的过程中，可以获得更多的情感支持和理解，获得认识和解决问题的新思路，增强克服困难的信心。另外，可通过打球、爬山等运动量较大的活动，消除压抑心理，恢复心理平衡，但应注意场合、身份、气氛，注意适度，宣泄应是无破坏性的。

（四）自我安慰法

自我安慰法又称自我慰藉法，关键是自我忍耐。在择业中大学生常常会遇到挫折，当经过主观努力仍无法改变时，可适当地进行自我安慰，以缓解动机的矛盾冲突，解除焦虑、抑郁、烦恼和失望情绪，这样有助于保持心理稳定。在因受挫折而情绪困扰时，可用"亡羊补牢，犹未为晚"，"塞翁失马，焉知非福"等话语来做自我安慰，解脱烦恼。

（五）合理情绪疗法

合理情绪疗法认为，人们的情绪困扰是由于不正确的认知即非理性信念所造成的，因此，通过认知纠正，以合理的思维方式代替不合理的思维方式，就可以最大限度地减少不合理的信念给人们的情绪带来的不良影响。例如，有的大学生择业不顺利就怨天尤人，认为"人才市场提供的岗位太少""用人单位要求太高"，其原因就在于他只从客观上找原因，认为"大学生择业应当是顺利的""社会应该为大学生提供充足的岗位"等。正是由于这些不正确的认知信念，造成了不良情绪，而这种不良情绪恰恰来自自身。所以，如果能改变这些不合理的观念，调整认知结构，不良情绪就能得到克服。大学生运用合理情绪疗法时要把握三点：一是要认识到不良情绪不是源于外界，而是由于自己的非理性信念所造成的；二是情绪困扰得不到缓解是因为自己仍保持过去的非理性信念；三是只有改变自己的非理性信念，才能消除情绪困扰。

自我调适的方法还有很多，如环境调节法、自我静思法、广交朋友法、松弛练习法、幽默疗法等。这些都是应变的一些方法，但最主要的是大学生要树立正确的择业观，对择业要充满信心，要注意磨炼自己的意志，培养乐观豁达的态度，不要惧怕困难、挫折，要始终保持积极向上的精神状态和健康的心理。

总之，在择业求职过程中，大学生应提高自我调适的自觉性，立足于自身的努力使自己保持一种良好的心态。同时，社会、学校和家庭各方面也应提供热诚的关注和积极的引导，帮助学生面对现实，排除心理困扰，缓解不必要的心理压力，促使他们尽快实现角色转换，顺利走向工作岗位。

第三节　强化就业能力

就业能力是指从事某种职业所需要的能力。一个人想要顺利地找到工作，在工作中做出成绩，就必须具备一定的就业能力。

一、就业能力的内涵

就业能力包括一般就业能力和特殊就业能力。

一般就业能力包括以下三个方面：一是一个人的态度、世界观、价值观、习惯；二是与工作有关的一些能力，主要是指处理与周围的人和工作环境的关系的能力，如怎样进行工作，如何与人相处等；三是自我管理能力，如决策能力、对现实的理解能力、对现实资源的利用能力，以及有关自我方面的一些知识、对学校所学课程与工作中具体运用之间的关系的理解能力。

特殊就业能力是指某个职业所需的特殊技能和环境所需的某种特殊技能。例如，一个会计必须具备较好的数学功底，护士需要某种特殊的护理技能，美术工作者必须具备色调感、浓度感、线条感和形象感。

一般就业能力和特殊就业能力在职业活动中都很重要。要成功地从事某种职业，常常需要一般就业能力和特殊就业能力的有机结合。如果只有一般就业能力而无特殊就业能力是很难胜任某种职业的。同样，只有特殊就业能力而无一般就业能力的人也是很难在事业上取得成功的。

在现实生活中，一般就业能力更为重要。这是因为：一是社会在发展，科学技术的更新在加快，一般就业能力强的人能更好地适应社会，在掌握新知识、更新技术方面更具主动性与积极性。二是从事某种职业必须具备这种职业所需要的特殊就业能力，因此容易引起个人、学校或单位的足够重视，而一般就业能力由于与工作的关系不是十分明显，因而很少被注意到，而事实上，用人单位越来越看重一般就业能力，许多求职者就是因为一般就业能力不强而未被录用。三是一般就业能力与失业关系密切。

许多研究表明，人们失去工作不是因为缺乏特殊就业技能，而是缺乏一般的就业能力。美国一份有关失业的报告说，失业中的90%的人不是因为不具备工作所需要的技能，而是因为不能与同事、上司友好相处，或者经常迟到。实际上，这些人失业是因为他们缺乏一般就业能力而不是特殊就业能力。平时我们常说的就业能力通常是指一般就业能力。

二、提高就业能力的主要途径

(一) 培养竞争意识和创新观念

具有竞争意识和创新观念是适应现代社会不可缺少的。一个人光有文化知识和职业技术是不够的，还必须具有创新观念与创业精神，才能更好地实现就业和创业。因为，市场的激烈竞争，信息技术的发展，企业的变革，个人工作的不断变换，迫切要求人们具有创新观念，具备创业能力。事实上，具有一定文化知识甚至接受过职业技术教育的青年，仍然有一部分人待业或失业。这种现象的主观原因就在于缺乏创新观念与创业能力。

(二) 培养良好的职业品格

好品格是指使人在任何场合都按最高的行为规范做正确事情的内在动机。企业和个人双赢发展的4个职业品格是忠诚、合作、敬业与勤奋。忠诚品质的修养关键在于忠于岗位职责、忠于服务对象以及忠于上下级。团队合作品质的修养则在于团队的合作无条件、合作态度与职业生涯发展，要把上级当家人，把下级当手足。敬业品质的修养要像敬重神灵那样敬重工作，以宁静的心灵去进入工作的状态以及变成工作的专家。

良好的职业品质同时也是处理好各种人际关系所不可缺少的。例如，一个热情友好、乐于助人的人能得到同事的好感；一个有强烈事业心和责任感的人能得到领导的赏识；一个谦虚好学、踏实肯干的人能得到同事的赞扬。很难想象一个不讲奉献、自私自利、贪图安逸的人，能得到领导、同事的赏识。

(三) 培养适应变化的能力

大学生适应能力的发展，往往离不开实践的锻炼。书本知识是过去经验的总结，它很可能与不停向前运行的实践之间有相当大的差距。大学生应该经过实践的锻炼以发展自己的适应能力。为了在实践中更好地发展大学生的适应能力，我们还可以采取一些技术性的措施来促使适应变化，使适应能力逐步发展。这种技术性的实践方式是很值得深入探讨的。另外，在适应能力的培养过程，运用意识调节是发展适应能力的必要因素。但以个体意识而言，对适应能力的发展有时候呈现"水能载舟，亦能覆舟"的形态。

（四）培养广泛的兴趣

兴趣对于大学生的成长和生活起到很重要的作用，从兴趣中找到职业理想的源头。开阔视野眼界，接触多个领域，了解众多专业及分类，寻找、发掘感兴趣的专业及分支，从中挑选、筛出感兴趣的专业，总有一个专业是有吸引力的。大学生不但要记知识，更要懂得、理解知识的来龙去脉，弄清弄透，并善于提出问题。要互相学习，不懂就问。问老师、问同学、问学长，要不耻下问，直到清楚明白。学会独立思考的方法，独立决策的能力，即分析问题、解决问题的能力。据统计，大学生在校所学专业与社会就业岗位有70%不对口。可以看出，如果仅仅是学到专业，没学到学习的能力，分析解决问题的能力，在社会上就难于找到立足之地。专业不仅仅要作为安身立命的根本，更要作为理想的承担者。培养对专业的兴趣和爱好，做好人生职业规划，明确志向和理想。

（五）重视能力补偿

职业适应中关键的心理因素是人的能力结构。如果能力结构与职业要求相符，人的职业适应性就越强；反之，则弱。但是，人还可以通过能力的补偿效应来增进职业适应性，尽量使活动不受影响。能力的补偿效应是指在个体身上发生的不同能力之间的相互替代或补偿作用，从而保持或维持活动的正常进行。这种补偿不仅发生在不同能力之间，而且表现在气质与能力、性格与能力和个性中的积极性与能力之间的互补互替。例如，"勤能补拙"就是性格与能力之间的补偿；"熟能生巧"是活动对能力的增进；"兴趣是最好的老师"也说明人可以培养兴趣从而克服能力上的欠缺。

（六）提高就业能力的具体措施

提高就业能力的具体措施很多，主要有参加职业道德培训、参加职业资格证书考试培训、参加技术技能大赛培训等。

参考文献

[1] 习近平谈治国理政（第三卷）［M］. 北京：外文出版社，2020.

[2] 陈虹. 大学创新创业教育［M］. 北京：文化发展出版社，2020.

[3] 十八大以来重要文献选编（下） ［M］. 北京：中央文献出版社，2018.

[4] 十八大以来重要文献选编（上、中） ［M］. 北京：中央文献出版社，2016.

[5] 张志胜，周芝庭，林琼. 创新思维的培养与实践［M］. 南京：东南大学出版社，2018.

[6] 德波诺著，何道宽等译. 思维的训练［M］. 北京：生活·读书·新知三联书店，1987.

[7] 毕研俊，侯振华，邹仲平等. 高校大学生创新能力培养微体系构建与实践——以山东建筑大学材料科学与工程学院为例［J］. 高教学刊，2022，8（12）：30-33+37.

[8] 曹国. 面向企业需求的大学生创新能力评价研究［J］. 现代营销（经营版），2021（12）：154-156.

[9] 柴燕. 全国大学生工程训练竞赛对工科类专业大学生创新能力培养的作用与启示［J］. 西部素质教育，2022，8（09）：35-37.

[10] 陈怀杰，郑志玲，蔡幸怡等. 供给侧结构性改革背景和大学生职业规划教育［J］. 文教资料，2020（13）：151-152+166.

[11] 谌红艳. 浅析新时期大学生创新能力的培养路径［J］. 营销界，

2023（05）：122-124.

[12] 丁继峰．就业视域下高校学生职业生涯规划的必要性及途径探析 [J]．陕西教育（高教），2023（10）：67-69.

[13] 付滢，徐晓英，吴海波，黄凯珊．高校大学生创业能力培养路径研究 [J]．江西中医药大学学报，2023，35（02）：106-110.

[14] 高全义，陈加洲，王乐乐．大数据人才类别研究 [J]．软件工程，2019，22（09）：50-52.

[15] 张雯．浅议大学生的生涯辅导 [J]．西部学刊，2020（21）：122-124.

[16] 菅晓霞，吴和保，熊仁龙，邓林．大学生创新能力培养的实践与改革 [J]．教育信息化论坛，2022（11）：84-86.

[17] 刘春放，谢孝河．"双创"背景下大学生创新能力培养现状与对策 [J]．科技创业月刊，2022，35（07）：147-149.

[18] 刘洋，王晓伟．基于知识共享的大学生创新能力培养策略 [J]．创新创业理论研究与实践，2023，6（16）：112-114.

[19] 刘语欢，阳馨，过晓婕．"三全育人"视域下基于创新能力培养的科研育人路径研究——以四川水利职业技术学院为例 [J]．四川水利，2023，44（04）：181-184.

[20] 陆广．基于创新教育的高校研究生创新能力培养研究 [J]．佳木斯职业学院学报，2023，39（08）：61-63.

[21] 苗鑫，施华伟，高宇峰，刘雅静，曹新鑫．课外学术科技活动视角下大学生创新能力培养路径探索 [J]．河南化工，2023，40（08）：63-65.

[22] 倪雪倩，张升，张召．研究生创新能力培养中存在的问题与思考 [J]．科教导刊，2023（06）：68-70.

[23] 孙彦玲，孙锐．新时代人才强国战略背景下人才分类问题研究 [J]．科学学研究，2023，41（07）：1186-1196+1210.

[24] 王珂，李侠．影响国家创新能力的社会基础条件 [J]．中国科技论坛，2022（09）：18-24.

[25] 钟柏昌，龚佳欣．学生创新能力评价：核心要素、问题与展望——

基于中文核心期刊论文的系统综述［J］．中国远程教育，2022
（09）：34-43+68.

［26］ 王黎莉，邱文伟．基础、提升、实现：当代大学生创新能力培养模
式建构［J］．河北职业教育，2022，6（01）：79-83.

［27］ 王路，徐伟丽，张华．高校研究生创新能力培养过程中的问题反思
与对策［J］．黑龙江教师发展学院学报，2022，41（09）：12-14.

［28］ 王增磊，张开兴．新时代大学生科技创新能力培养方法研究［J］．
科技风，2023（01）：34-36.

［29］ 魏鹏，黄淑婧．应用型本科职业生涯规划教育质量提升：问题及其
路径［J］．山西青年，2023（19）：64-66.

［30］ 谢小军，薛申芳，付苗苗．应用型本科高校创新人才培养模式的研
究与实践［J］．才智，2023（19）：149-152.

［31］ 薛亚强．研究生创新能力培养存在的问题及应对措施［J］．现代职
业教育，2023（21）：149-152.

［32］ 阎海玲．大数据背景下大学生创新能力培养研究［J］．上海商业，
2021（10）：74-75.

［33］ 于浍，胡军，武志辉，陈才，张红旭．基于实践创新能力培养的数
学专业课程改革探索［J］．高教学刊，2023，9（25）：125-128.

［34］ 赵丽丽．大学生创新能力培养的教学管理改革探究［J］．教育教学
论坛，2021（52）：169-172.

［35］ 郑丽莉，邢朝云，陈丙春，董伟，刘云．"三阶三融三课堂"职业
生涯规划教育模式探索［A］．2023年第五届生活教育学术论坛论
文集：中国陶行知研究会，2023：4.

［36］ 朱权洁，刘晓云，梁娟，欧阳振华，王奕，赵启峰，盖德成．以科
创竞赛为载体的大学生创新能力培养探索与实践［J］．华北科技学
院学报，2023，20（04）：105-111.

［37］ 杨萌．高职大学生职业生涯规划与创新创业能力提升路径探索
［J］．就业与保障，2021（13）：90-91.

［38］ 杨伟华．大学生创业精神及创业能力反思——评《大学生职业规划
与就业创业指导》［J］．中国高校科技，2020（05）：104.

[39] 杨亚皇."十四五"时期高校大学生就业工作创新思考[J].就业与保障,2022(06):154-156.

[40] 于宏凯,王金玲.双创背景下大学生职业规划[J].中国多媒体与网络教学学报(中旬刊),2020(03):239-240.

[41] 袁娇.心理健康教育在大学生职业规划中的作用探讨[J].劳动保障世界,2020(18):51.

[42] 张芳丽,蒋杰锐.大学生创新能力培养路径研究——以某高校财务管理专业为例[J].山东商业职业技术学院学报,2021,21(05):23-28.

[43] 张兰华,王晓艳,马敏等.从知识图谱看当代大学生创新能力培养的发展——基于CSSCI数据库的可视化分析[J].创新创业理论研究与实践,2022,5(17):86-90+102.

[44] 张梦萨.创新创业教育视角下提高大学生就业能力的有效路径[J].教育信息化论坛,2022(09):105-107.

[45] 邹嘉唯.基于大学生职业生涯规划的创新创业教育改革研究[J].决策探索(中),2021(06):65-66.